W0325394

Silvio Bertoldi

Colpo di Stato

Venticinque luglio 1943: il ribaltone del fascismo

Rizzoli

ISBN 88-17-84484-5

Prima edizione: ottobre 1996

Colpo di Stato

A un angelo

«Noi aspettiamo nuovi cieli e una terra nuova, nei quali avrà stabilmente dimora la giustizia.»

San Pietro, 2 *Pt* 3.8-14

PREMESSA

Il 25 luglio 1943 accaddero due fatti paralleli, entrambi decisivi per il corso successivo della storia d'Italia: la caduta di Mussolini e della dittatura fascista, e il colpo di Stato. Due avvenimenti con lo stesso fine, mettere l'Italia in condizioni di trattare un armistizio essendo la guerra ormai perduta. Ma due avvenimenti condotti in modo opposto e soltanto casualmente concomitanti. La caduta di Mussolini, di cui fu protagonista Dino Grandi, si rivela un'operazione «democratica», di tutto imputabile fuorché di tradimento: una votazione del massimo organo istituzionale del fascismo mise in minoranza il Duce, al quale non sarebbe rimasto che presentare le dimissioni al sovrano. Il colpo di Stato fu opera del re e dei generali: un'azione autoritaria per abbattere il governo, con arresti di personalità e di ministri (in primo luogo Mussolini), movimenti di truppe, proclamazione dello stato d'assedio. Un «golpe», non dissimile da quelli sudamericani. Grandi non era al corrente del piano dei militari, i quali aspettavano soltanto che si concretizzasse la sua manovra politica per prendere il potere. Questo libro cerca di spiegare come e perché i due fatti ebbero luogo, e chi furono le *dramatis personae.*

I

GRAN CONSIGLIO A PALAZZO VENEZIA

Roma, luglio 1943

Trentadue gradi di temperatura, lo scirocco porta dall'Africa un caldo soffocante, afoso, qualche scroscio di pioggia verso mezzogiorno non serve a mitigare il senso di oppressione sulla città. Questo è il clima di Roma sabato 24 luglio 1943, Santa Cristina. Alle cinque del pomeriggio, nella sala del Pappagallo a Palazzo Venezia, si terrà il Gran Consiglio del fascismo, il centottantasettesimo. Le strade sono quasi deserte, l'estate e la giornata torrida hanno spinto i romani verso il mare di Ostia e verso i Castelli. Torneranno carichi di sporte, sudati, stravolti dalla fatica della gita, i bambini con la pelle bruciata dal sole, nervosi, stralunati. Mucchi di cartacce anche in centro, il servizio della nettezza urbana non ha ripreso a funzionare dopo il bombardamento aereo del 19 luglio e nelle zone colpite si leva una polvere acre dalle macerie degli edifici distrutti. La centrale del latte è ferma, larghe zone della città sono ancora prive di telefono. Mussolini, rievocando l'atmosfera di quella giornata, scriverà: «Nel pomeriggio di sabato 24 luglio Roma impallidì. Anche le città hanno un volto».

Della riunione i romani non sapevano nulla. Nessuna notizia era stata data dai giornali, l'avvenimento doveva restare interno al partito. Ma anche se ne fossero stati informati, la loro reazione sarebbe stata quella ormai abituale di fronte al susseguirsi degli avvenimenti: una indifferenza apatica, una estraneità fatalistica, una rassegnata abitudine ad accettare qualsiasi svolta del destino. Una società snervata, cinica, delusa e sfiduciata non mostrava più interesse per nulla, nemmeno per la guerra. Andava incontro passivamente alla catastrofe, convinta che non vi fosse più niente da fare per evitarla. Non sapeva nemmeno odiare. Solo deridere. Il 10 luglio, giorno decisivo per l'Italia nella storia del conflitto, quando gli Alleati erano sbarcati in Sicilia, la reazione all'annuncio non era stata certo quella preannunciata orgogliosamente dal Duce nell'eventualità (da lui ritenuta impossibile) che il nemico mettesse piede sul territorio nazionale. Ossia lo stesso scatto di fierezza e di patriottismo del 1918, dopo Caporetto. La gente intuiva che stavolta non ci sarebbe stato nessun Piave. Il generale commento alla notizia era riassunto in una battuta gergale beffarda, espressione più di una speranza liberatoria che di un timore incombente: «Adesso la va a pochi». Cioè siamo vicini alla fine. Nessuno si poneva il problema di quale sarebbe stata questa fine, se la conclusione sognata di un lungo dramma o la completa rovina.

Roma, luglio 1943, ultimo mese di vita del fascismo. La divisione tra il popolo e il potere è diventata una voragine. Da un lato un'etnia di piccola borghesia impiegatizia, bottegaia, di modesto benessere, abituata a un'esistenza mediocre, di sacrifici, indifferente alla retorica mussoliniana, dimentica degli iniziali e lontani entusiasmi per i trionfi del regime. Provata da anni di privazioni a causa di una guerra forse accettata all'inizio, subìta poi, e ora maledetta e imputata a condanna di chi l'aveva voluta. Gente senza opinioni, esasperata dalle difficoltà quotidiane, dalla penuria di tutto, dall'impoverimento in crescita ogni giorno, irridente per antica vocazione plautina al dileggio come estrema difesa dalle disgrazie e dagli abusi di chi comanda. Senza legami con le autorità costituite, di cui ignora tutto e, tranne per due o tre personaggi, perfino le facce.

Dall'altro lato i gerarchi e la loro *coterie*, trasformatasi negli anni e passata dalle iniziali frequentazioni provinciali di media estrazione alle amicizie negli ambienti dell'aristocrazia, alle amanti costose, al lusso, alla disponibilità di denaro, premesse di quella che negli anni Cinquanta, negli stessi luoghi e con le stesse abitudini, diventerà la dolce vita. Se questa ha avuto un regista, Federico Fellini, che l'ha descritta in un film memorabile, quella del 1943 è stata tramandata da uno scrittore italoamericano, protagonista e osservatore dall'interno, il quale visse con disincantato cinismo una stagione di decadenza e di illusioni perdute, finendone travolto e pagandone il prezzo.

Giorgio Nelson Page, nipote di un ambasciatore degli Stati Uniti in Italia, era cresciuto nel nostro Paese, ne aveva preso la cittadinanza, era divenuto un funzionario di rango elevato del Ministero della Cultura popolare, la cui sede stava nella fatale via Veneto. Ricco e mondano, con una bellissima casa, una decorativa e capricciosa moglie americana, molte amicizie nel giro alto del regime, socio dei due Circoli della società del sangue e del denaro, quello degli Scacchi e quello della Caccia, era tra quanti davano del tu a Ciano e a Edda. Gran giocatore (e perditore) nelle partite di poker che ogni sera vedevano crescere o svanire patrimoni nei saloni della Roma cosiddetta bene, Page si rendeva conto di vivere in un ambiente irreale, estraneo e indifferente al dramma quotidiano della guerra, distaccato dalla gente comune e ignaro dei rischi che questo distacco comportava.

L'importante era il potere, erano i rappresentanti del potere. L'importante era far parte della corte di Ciano, il Delfino, il pronosticato erede di Mussolini, l'elegante e fatuo ministro degli Esteri che impersonava il lato snob e mondano del fascismo. Ciano aveva quarant'anni, molti denari (la fortuna familiare si calcolava a un miliardo di allora), un titolo nobiliare di fresca data ma pur sempre qualificante (il re lo aveva concesso a suo padre Costanzo, facendolo conte di Cortellazzo in riconoscimento delle sue gesta in guerra), ottima padronanza della lingua inglese, molte amicizie d'immagine nel mondo del giornalismo e dello spettacolo, alcune amanti titolate e pertanto di notevole importanza sociale. Soprattutto era il «genero», il marito di Edda, la pupilla degli occhi del Duce.

Naufraghi dorati

Galeazzo Ciano sembrava, fisicamente e nel comportamento, l'opposto del fascista tipico. Amava la società e la *way of life* anglosassone, detestava la grossolanità dei gerarchi e le loro esibizioni militaresche, si circondava di divini mondani per condurre in regime totalitario una esistenza da quartieri alti inglesi o americani. La gente tra cui Ciano primeggiava si collocava al di fuori della guerra. Nessun sacrificio per gli *happy fews.* I loro giorni consistevano in una successione di partite al golf dell'Acquasanta, accompagnati dalle loro bellissime donne dai nomi di principi, di cardinali e di condottieri del passato romano, di pranzi e cene dove erano sconosciute le restrizioni alimentari, di sere in ristoranti neppur sfiorati dal tesseramento, di brindisi con champagne da cinquecento lire la bottiglia (allora lo stipendio mensile di un sottotenente era di ottocento lire), di notti ai tavoli da poker dove imperava Edda, sfrenata perdente. E dove l'amministratore della Banca del Lavoro Arturo Osio, il gioielliere Costantino Bulgari, il palazzinaro Salvatore Scalera, il presidente dell'Agenzia Stefani Manlio Morgagni e il direttore della cinematografia littoria Luigi Freddi vincevano o lasciavano senza emozione anche trecentomila lire per sera.

C'era davvero la guerra per costoro, il dramma della fine incombente? In una sfatta atmosfera da *après moi le déluge*, questi naufraghi dorati continuavano a vivere come se gli avvenimenti e il futuro non li coinvolgessero. Le notizie della catastrofe militare non penetravano oltre i muri del Circolo della Caccia e del Circolo degli Scacchi, o di Villa Medici del Vascello, dove Gigi Medici, ridotto senza una lira, continuava a indebitarsi per offrire agli amici famose serate orgiastiche, con odalische reclutate per la circostanza e convenientemente compensate. La fine della resistenza in Africa settentrionale, quasi duecentocinquantamila prigionieri catturati dagli Alleati? La resa vergognosa di Pantelleria, con un ammiraglio che chiede il permesso di cedere le armi dopo cinque giorni di combattimenti e il capo supremo delle forze armate pronto a concederglielo via radio? Lo sbarco in Sicilia, preludio all'invasione dell'intero territorio nazionale? Il bombardamento di Roma, fine dell'illusione d'una immaginaria intangibilità della città del Papa? Voci lontane, echi di fatti estranei. Voci di una cronaca al di fuori del giro dei privilegiati, schernitori del regime nelle frivolezze dei salotti, ma non per una ribellione culturale o soltanto estetica, e nemmeno per un'opposizione concreta, per un antifascismo interiore. Questa gente si appassionava unicamente al pettegolezzo circoscritto all'ambiente delle sue frequentazioni: il nuovo flirt di Galeazzo, la nuova scappatella di Edda chiusa da giorni in una camera dell'hôtel Excelsior di Venezia con un giovane patrizio, gli schiaffi del principe Alighiero Giovannelli al diplomatico Mario Pansa a causa della moglie Lola, a un pranzo in casa del principe Ruspoli. Con seguito di duello e di immancabile rappacificazione. Ancora, le cene a Palazzo Venezia, quando scendevano a Roma i gerarchi tedeschi o i ministri delle potenze minori legate all'Asse. Mussolini partecipava per obbligo, annoiato e inappetente, mentre l'aristocrazia romana assimilata al regime si batteva per i posti e le precedenze, e le ninfe del Trianon (come veniva chiamato il giro femminile di Ciano, con riferimento ai palazzetti del piacere di Maria Antonietta) esibivano le loro elegantissime *toilettes* nello svavillìo dei gioielli e delle occhiate.

Ancora, i ricevimenti di Galeazzo per i diplomatici stranieri, le leggende su certi suoi vizi segreti, la lussuosa doccia della sua camera da bagno, sotto la quale si infilavano con lui le naiadi titolate sempre pronte a compiacerlo e il conte che le offriva generosamente agli amici invitati a rinfrescarsi. Ancora, le visite periodiche di Goering, ridicolo Falstaff teutonico accampato con la sua numerosa corte all'hôtel Excelsior: occorre provvederlo ogni volta di ragazze disponibili (o di ragazzi?) e di indirizzi di antiquari da saccheggiare, i quali presenteranno il conto al Ministero degli Esteri, ossia al contribuente italiano.

I boys di Galeazzo

C'è l'aristocrazia salita sul carro del partito e l'altra che si è chiusa nei suoi privilegi di casta e non ha accettato di contaminarsi con quegli «straccioni di fascisti», come li chiamerà, con uno schizzo di veleno, Vittorio Emanuele nel suo ultimo colloquio con Mussolini, il 25 pomeriggio, quando dal Duce non ha più nulla da temere. L'aristocrazia del primo tipo non si potrebbe per l'esattezza definire vicina al partito. Lo è piuttosto a Galeazzo Ciano e ai suoi *boys* del Ministero degli Esteri, il bellissimo Filippo Anfuso, Falchetto Malaspina, Marcellino del Drago, Raffaele Casertano, Ottavio de Peppo, Renato Prunas, Nardino Vitetti, Blasco d'Ajeta. Li accoglie ogni sera nel suo salotto di piazza Santi Apostoli la principessa Isabel Colonna, *first lady* della nobiltà romana, che ha fatto del suo palazzo una succursale mondano-diplomatica di Palazzo Chigi. Là domina e brilla, adulato e insidiato, Galeazzo Ciano, atteso per ascoltare dalla sua bocca le maldicenze più fresche sulla infingardaggine dei gerarchi, sulla grossolanità dei dirigenti del partito, sul peggio in procinto di arrivare.

A un Mussolini ormai assente e malato, incapace di decidere la politica e le scelte, il genero non manca di indirizzare strali ambigui, imprudentemente, perché il giorno seguente verranno riferiti al destinatario. La presenza nel salotto di casa Colonna è il sigillo dell'*élite* superciliosa magistralmente definita da Collodi «il bel numero»: gli eletti, coloro che sanno come vanno veramente le cose, che sono negli elenchi degli invitati d'obbligo, che stanno «nel vento», che fanno la moda. Ad essi è permesso tutto quanto non è consentito ai comuni mortali: il privilegio di chiamare Galeazzo il conte Ciano, di dargli del tu, di sedere al suo tavolo da poker, di essere invitati nella sua casa di via Secchi, di accompagnare Edda qua e là nelle varie serate, quando la coppia si divideva e lui preferiva altre compagnie e altri svaghi.

L'aristocrazia che si nega è quella «nera», le grandi famiglie papaline, ostili non soltanto al fascismo, ma prima ancora ai Savoia e alla monarchia calata dal Piemonte. I Sacchetti, i Barberini, i Pallavicini, gli Odescalchi, i Serlupi, i Lovatelli, patrimoni imponenti accresciuti da pingui doti di ricchissime mogli americane in cerca di un blasone, porte serrate anche ai fascisti più presentabili e ripuliti, gli Alfieri, i Grandi, i Bottai, i Federzoni, i Bastianini. Puntualmente esclusi dall'uno e dall'altro clan i buzzurri del genere di Starace, pur aspirante a esservi accolto, al punto di scegliere una contessa per amante nella speranza di salire così di qualche gradino nella scala sociale; o del rozzo Farinacci inviso agli stessi fascisti; o del rigido Scorza, inizialmente creduto una specie di Fouché e poi rivelatosi un precipitoso calabrache; o dell'equivoco Buffarini Guidi; o del fanatico Pavolini, piccolo moralista ridicolizzato dalla notoria relazione con la fruibile diva Doris Duranti.

Pettegolezzi al bar

Esiste ormai una profonda dicotomia nel fascismo e riguarda sia l'idea della politica, sia la fede nel partito, sia il costume e la concezione della vita, sia la condotta nel momento in cui si fa chiara la fine della guerra e la inevitabile sconfitta, con la conseguenza della fine del potere e del ciclo. Addirittura franano la considerazione e il rispetto per Mussolini, non più nume insindacabile e *fons honorum*, bensì capo in crisi e dunque da sostituire. Da un lato stanno i personaggi vicini a Ciano, indifferenti all'ideologia delle Camicie Nere, espressione d'un distacco irreversibile dalle masse, dai tesserati, dai superstiti della «prima ora». Sono i romani del giro alto dei ministeri e delle cariche redditizie ottenute grazie al partito, diventati una *élite* snobistica senza convinzioni, irridente di chi si sforza ancora di mostrarsi fedele agli antichi ideali. Rappresentano la degenerazione di un movimento di cui hanno rimosso volutamente il passato e i programmi. Hanno scelto la vita comoda, i denari facili, le mode forestiere, l'ostentazione della ricchezza: una quotidianità paradossale in un Paese provinciale, dalle frontiere chiuse alla circolazione intellettuale, culturalmente isolato, di risorse economiche modeste e dunque abituato a uno standard di vita ben diverso da quello delle democrazie europee.

Questo campionario di società fascista, estenuata nel cinismo, nidifica nei grandi alberghi, il Grand Hôtel, l'Excelsior, il Quirinale, il Flora, l'Ambasciatori, dove il 10 giugno 1940, giorno dell'entrata in guerra dell'Italia, Page vede Ciano a colazione con un amico toscano e si sente dire da lui: «È deciso per stasera». Come per un invito a un poker e invece si tratta della partecipazione dell'Italia al conflitto.

I bar dei grandi alberghi sono il punto d'incontro del *jet set* littorio, delle stinte camicie nere ora decisamente sostituite dallo smoking. Pettegolezzi, frivolezze, ironie, ore e giorni di ozioso disimpegno, non un pensiero alla guerra, non uno a chi la combatte e a chi la patisce. Facili esenzioni hanno sottratto questi privilegiati al rischio di sgradite chiamate alle armi. Nessuno è stato al fronte anche solo per pochi mesi. Quasi tutti nutrono una profonda antipatia per i tedeschi, sebbene convivano senza schizzinosità con i loro rappresentanti a Roma. Asvero Gravelli il 25 luglio non vuole nemmeno sapere cosa sia accaduto in Gran Consiglio, ha fretta di portare nella sua *garçonnière* la bella americana con cui è andato a cavalcare a Villa Borghese.

Farinacci, che pure di quella drammatica notte è stato uno dei protagonisti, fa come se nulla fosse accaduto e passa la giornata in campagna, giocando a bocce con gli amici. Buffarini Guidi e Tringali Casanova, altri due presenti alla riunione dov'è stato sancito il crollo di Mussolini e del fascismo, vanno tranquillamente a colazione a mezzogiorno al ristorante San Carlo, bei tappeti, belle cristallerie, impeccabile servizio e cibi esclusi da qualsiasi ipotesi di restrizione. Là, sudati per il caldo e per il vino, li raggiunge il colonnello Dollmann, cervello informativo delle gerarchie naziste in Italia. Gli raccontano ogni cosa con il distacco con cui si narrerebbe la trama di un film, come se le prevedibili conseguenze dell'evento non li riguardassero. Dollmann ne capisce subito la gravità, chiede cos'abbiano in mente di fare, come reagiranno. Nessuna risposta seria, prima pensiamo a finire l'eccellente branzino al sale appena servito.

La colonia tedesca

Dollmann è il principale esponente della colonia di diplomatici tedeschi dell'ambasciata di Villa Wolkonski, anch'essi per necessità o per scelta partecipi della corte di Ciano. Le loro frequentazioni quotidiane riguardano i *boys* di Galeazzo a Palazzo Chigi, le loro case, certi salotti aristocratici dove sono ammessi per vecchie amicizie familiari prenaziste. Dollmann coltiva le principesse, d'una di esse (la chiama «Bibi») si vanta d'essere l'amante, sebbene tutti sappiano dei suoi gusti particolari. Ha porte aperte sia all'ambasciata, sia in casa dell'ambasciatore Hans Georg von Mackensen, la cui moglie, figlia dell'ex ministro degli Esteri Konstantin von Neurath, una delle dame più raffinate e più colte di Roma, nutre simpatia per lui, inesauribile indagatore di retroscena piccanti.

C'è anche un Bismarck, Otto, discendente del grande Cancelliere, con una moglie splendida e sbarazzina, bellezza in vista della diplomazia germanica in questo tramonto dell'Asse. C'è un'altra giovane donna affascinante negli uffici dell'ambasciata. Si chiama Felicitas Beetz, bionda, formosa. Una fotografia la mostra sulla terrazza di Villa Wolkonski durante la pausa del dopocolazione, seduta sul parapetto, Dollmann le si rivolge con galanteria e intorno giovani funzionari la corteggiano. Tutti a Palazzo Chigi sono al corrente delle sue mansioni di dipendente del servizio segreto tedesco, tranne Galeazzo Ciano, il quale non le presta particolare attenzione. Più tardi gliene presterà molta, quando se la troverà accanto a Verona, in carcere, segretamente innamorata di lui e impegnata nell'estremo, disperato tentativo di salvargli la vita.

C'è il generale Enno von Rintelen, addetto militare. Sta benissimo a Roma, non vorrebbe andarsene mai. Vede tutto rosa e non si accorge di nulla, specie dei traffici e delle trame dei suoi colleghi italiani. Cadrà dalle nuvole il 25 luglio, come del resto l'ambasciatore von Mackensen, il quale quello stesso giorno ha rassicurato Hitler sulla stabilità del fascismo e della posizione di Mussolini. Rintelen, crollato il regime, si angoscia al pensiero di dover tornare in Germania e non tanto per le prevedibili reazioni del Führer alla sua sprovvedutezza, quanto per essere costretto a staccarsi dalla dolce vita a cui era abituato, i ricevimenti, le feste, i saloni delle case patrizie, Capri nell'incanto dell'estate e Cortina nello splendore dell'inverno. Adesso lo aspettano le città tedesche sventrate dalle bombe, la desolazione delle macerie, il sibilo degli allarmi, la noiosa e nefasta presenza di superiori tipo Keitel, Jodl, Ribbentrop.

C'è il consigliere Doertenbach, bene introdotto nell'alta borghesia romana. La sera del 25 luglio è atteso a cena a casa di Nino e Giacinta Bonmartini, con la moglie e con Mario Zamboni, consigliere nazionale intimo di Grandi e di Acquarone. Passa il tempo e Doertenbach non arriva, finché ecco una sua telefonata di scuse, farà tardi. Infatti piomba affannato a notte inoltrata, lo hanno informato all'ultimo momento del «ribaltone» fascista al Gran Consiglio. Non riesce a capire, non si è ancora rimesso dall'emozione. Soprattutto perché a dargli la sbalorditiva notizia è stato personalmente il nuovo presidente del Consiglio, Badoglio. Tra i tedeschi di Roma vi sarebbero anche altri personaggi saliti in seguito a vasta e trista notorietà, per esempio il poliziotto Kappler, maggiore della Gestapo accreditato presso il nostro Ministero degli Interni, ma si tratta di individui che non si ricevono. Ministri e gerarchi li ignorano deliberatamente.

Dovranno accorgersi a loro spese quanto abbia silenziosamente e accuratamente lavorato Kappler, il quale ha già pronti i dossier di ciascuno di loro, con indirizzi riservati, nomi di amanti, consistenze patrimoniali, giudizi espressi in privato sulla Germania e sulla guerra, colloqui segreti e ogni altra cosa. Cioè il materiale che dopo l'8 settembre costringerà alla fuga e alla latitanza chi sarà riuscito a sottrarsi all'arresto.

Piccolo mondo romano

Dall'altro lato della barriera, ossia tra gli esclusi dal «bel numero», sta la gente comune. I romani senza cariche, senza relazioni importanti, senza conoscenza delle segrete cose della politica, senza più fiducia in Mussolini, impreparati a un avvenimento per essi inimmaginabile, la sua caduta. I romani hanno avuto finora col fascismo un rapporto passato dall'iniziale adesione all'abitudine, alla rassegnata accettazione. Ora non nutrono dubbi su come finirà la guerra, aspettano soltanto l'arrivo degli Alleati, sebbene non pensino al contemporaneo crollo del Duce. Dal giorno del bombardamento della capitale si sono resi conto di non appartenere più a una ristrettissima schiera di privilegiati che della guerra avevano soltanto letto e sentito parlare, senza averne alcun contatto. Ora le bombe li hanno risvegliati dal lungo torpore e tuttavia la loro reazione è stata tipica della mentalità capitolina: la sera del 19 luglio, con le macerie ancora fumanti, tutti in piazza San Pietro sotto le finestre del Papa a invocare Pio XII, ci pensi lui a pregare il Signore affinché quella tragedia non abbia a ripetersi.

Il popolino romano è rimasto lo stesso di sempre, anche nella angosciante novità di un conflitto destinato a cambiare il mondo (e soprattutto la sua condizione umana). Il popolino, riavutosi dal chiasso propagandistico e dall'emozione del 10 giugno 1940, quando Mussolini aveva annunciato l'entrata in guerra dell'Italia, ha continuato nella *routine* delle sue abitudini: la «pennichella» dopo pranzo, abbioccati dal vino di Frascati e dalla spaghettata ripetuta a cena; la Messa alle undici della domenica; le lunghe ore oziose in ufficio, poiché quasi tutti hanno impieghi nell'amministrazione dello Stato e Roma è una città di burocrati; gli scatti di anzianità; la lettura del giornale prima di cominciare il solito tran-tran lavorativo; un rapporto di istintiva scortesia con il pubblico; un litigioso senso gerarchico tra colleghi. I superiori guardano con distacco i dipendenti, vestono l'uniforme imposta agli alti funzionari da Mussolini, qualcosa tra la divisa degli ufficiali di Marina e quella da sera del partito.

Il popolino romano si sforza di andare avanti come sempre, come prima: la città attraversata in tram perché nessuno possiede mezzi di trasporto privati, tranne la bicicletta; qualche volta al cinema con la moglie; qualche gelato la sera d'estate; qualche mezz'ora ad ascoltare la radio prima di dormire, e adesso non c'è più quella famosa rubrica, i «Commenti ai fatti del giorno», nella quale giornalisti famosi tentavano di convincere la gente dell'immancabile vittoria: Mario Appelius, Giovanni Ansaldo, Aldo Valori, Giovanni Artieri, Roberto Forges Davanzati, Virginio Gayda. Forse il colpo di grazia alle auliche conversazioni lo ha dato Appelius, fanatico autore del nefasto slogan «Dio stramaledica gli inglesi», il quale si era inventato un finto interlocutore britannico in grado di inserirsi sulla lunghezza d'onda del suo programma per provocarlo, ma naturalmente lui riusciva a metterlo in fuga con irruente dialettica. Poiché tutta l'Italia rideva della buffonesca trovata, fine dei «Commenti ai fatti del giorno».

Avanti come sempre, come prima. Le amicizie da coltivare con qualcuno in Vaticano, per procurarsi attraverso quella via qualche genere fuori tessera, a prezzi non da mercato nero; la raccomandazione richiesta e puntualmente ottenuta pagando la mazzetta per esoneri militari, certificati medici falsi, giustificazioni di assenze dal lavoro, assegnazioni di merce contingentata; i molti figli messi al mondo per godere dei vantaggi previsti dal regime per le famiglie numerose, a ogni figlio un avanzamento, in una lunga carriera impiegatizia; l'atteggiamento adulatorio verso i superiori e quell'ambìta, seppur misera autorità con cui l'astuto Mussolini ha saputo gratificare la nullaggine di chi non era nessuno e adesso si sente improvvisamente importante: capo. Capo di qualsiasi cosa, ma capo. Capofabbricato, capomanipolo, capoclasse, caposezione, caposquadra, caporale. La gerarchia della vanità.

Eppure tante cose sono cambiate dal 10 giugno 1940 e continuano a cambiare. Prima c'era, per ogni piccolo borghese romano, il protettore fascista, il personaggio con qualche posizione di rilievo nel regime, da ossequiare e coltivare perché in caso di bisogno assicurava autorevoli appoggi alla famiglia dei liberti. Adesso quel punto di riferimento ha perso importanza, si è scolorito con il passare dei mesi e con il crescere delle sconfitte. Non soltanto il personaggio, ma addirittura il fascismo non hanno più il prestigio e il peso di prima, servono meno, quasi nulla.

Sono scomparse le adunate. Nel luglio 1943 non si ricordano manifestazioni in piazza Venezia. Da quando Mussolini tenne il discorso per annunciare l'entrata in guerra e gridò «Vincere!» (un verbo malefico, quando qualcuno lo pronuncia costringe a una serie di scongiuri) non ci sono state altre chiamate per mostrare l'entusiasmo popolare, altre riviste, altre sfilate al passo romano. I gerarchi e gli ufficiali della Milizia si incontrano di rado e non perché siano scomparsi, bensì perché la maggior parte di essi, fuori servizio, preferisce indossare abiti civili. Meglio passare inosservati sapendo quanto sia vasto il malumore della gente: quella rabbia interiore, accumulata in silenzio, per cui si addebitano le sofferenze patite e le disgrazie incombenti a chi sta dalla parte di coloro che le impongono.

I divi sfacciati

Il filosofo nazionale Giovanni Gentile ha tenuto il 24 giugno in Campidoglio un discorso per esortare, con alate parole e aulici riferimenti, gli italiani all'unità e alla fede. Sono andati ad ascoltarlo solo gli obbligati a farlo, per cariche o funzioni o impossibilità di sottrarsi, dovendo evitare di far notare la loro assenza. Dunque, un pubblico su misura: e scarsa l'eco di quelle parole, pochi a leggerne il resoconto sul «Messaggero», a discuterne nelle case e negli uffici. Le conversazioni si fondano sulle difficoltà quotidiane, sulle mormorazioni contro i gerarchi che predicano il combattimento ma stanno tutti nelle loro belle dimore, per poi finire immancabilmente con le barzellette, il cui diffondersi crescente costituisce un segnale che Mussolini dovrebbe tenere in conto. Sono il termometro di un umore popolare capace di esprimere, attraverso l'ironia e la beffa, la sfiducia e il disfattismo imperanti dovunque.

La sensazione dello sfaldamento, della dissoluzione imminente emerge da tanti piccoli segnali. Quando mai si sono visti, come ora, i militari tornare a casa la sera a dormire lasciando le caserme, tanto bastano quei dieci o venti di guardia? E quando mai i soldati si sono mostrati nelle vie del centro con divise sbrindellate, sbracati, la bustina di traverso, simili a fattorini e non a ipotetici guerrieri? E quando mai gli ufficiali non hanno richiamato i coscritti che non salutavano, o avevano le giubbe slacciate, o vociavano nelle strade del centro? Quando mai l'arroganza dei bottegai e dei commercianti, arricchiti con le vendite sottobanco dall'inizio del tesseramento, era giunta al punto di rispondere con malagrazia a chi si rivolge supplichevole, invitando a togliersi di torno e a non far perdere tempo?

Molte, troppe cose irritano la gente e suscitano commenti acidi, malumori sempre più apertamente manifestati. Per esempio i tanti, troppi incomprensibili esoneri dai richiami, quei baldi giovanotti a spasso la sera tutti «allisciati» per via Condotti o a piazza del Popolo, quei figli di famiglie dai nomi importanti o di padri eminenti nel partito, seduti ai tavolini dei caffè o impegnati a giocare a tennis al Club dei Parioli, a prendere il sole sui pontoni dei Canottieri sul Tevere, a divertirsi alle feste organizzate dalle loro ragazze. Dove ci si infischia se il ballo è proibito e li vedi appiccicati *cheek to cheek* sulla musica di «Polvere di stelle». I piccoli borghesi romani hanno i figli sotto le armi da anni, molti sono lontani e non tornano in licenza da mesi, molti sono morti e padri e madri disperati non sanno perché. Com'è possibile non vedere le ingiustizie, il trattamento di questi privilegiati, non sentire dentro di sé la rabbia sorda provocata dalle parzialità, dai soprusi, dai favoritismi?

I divi di Cinecittà sono facce note. I film li hanno resi popolari, il cinema si fa a Roma ed è facile incontrarli, riconoscerli, Nazzari, Centa, Rimoldi, Serato... Anche nel loro caso la gente si chiede perché questi belli e amati, robusti e vigorosi, combattano solamente nelle pellicole di guerra e poi eccoli lì, negli alberghi di lusso al volante delle loro automobili a cui non manca l'introvabile benzina, con bellissime compagne, eleganti, tutto un baciamano e un darsi appuntamenti per le cene, le serate in terrazza, i viaggi. I ricchi sono sempre più ricchi, le guerre alimentano improvvise fortune. Sono diventati ricchi molti fascisti e Mussolini sembra avere dimenticato l'antico comandamento, nudi alla meta e altre simili sciocchezze. Il fascismo delle origini, duro e puro, è passato in archivio. Se qualcuno lo ricorda, suscita sorrisi di compassione.

Edda gioca centinaia di migliaia di lire al poker, spende e spande in vacanze tumultuose, macchine di lusso, ricevimenti per gli amici di Galeazzo (o tutto finirà nel bilancio del Ministero degli Esteri?). Grandi, da cronista del «Resto del Carlino», è ora proprietario di quel giornale, sua moglie gli ha portato in dote terreni, appartamenti, ville. Ciano gode dell'eredità del padre Costanzo, partito semplice ufficiale di Marina e grazie al fascio divenuto amico di grandi armatori genovesi, ministro dei Trasporti, miliardario degli anni Quaranta. Badoglio, fascista *ad honorem* e per convenienza, ha messo all'incasso la vittoria ottenuta in Etiopia: una villa faraonica, cinque milioni in contanti del 1936, stipendi cospicui e cumulati a mano a mano che lasciava un incarico per assumerne un altro.

Armistizio: far presto

Tutto ciò salta agli occhi e le critiche investono l'intero partito, senza distinzioni. Sono «loro» che comandano e sono «loro» che ci hanno condotto a questi passi. Ha ragione Farinacci, dal suo punto di vista, quando osserva: «Il Partito è assente, impotente. Dovunque, nei tram, nei caffè, nei cinematografi, nei treni, si critica, si inveisce contro il regime e si deride non più questo o quel gerarca, ma il Duce. E la cosa gravissima è che nessuno insorge».

Ma Mussolini non aveva ammonito: «Siamo dinnanzi ad un anno, il 1943, che sarà veramente di importanza fondamentale nella storia italiana. È l'anno in cui il regime deve manifestare la sua forza e il popolo italiano superare un collaudo che si presenta serio»? Non c'era bisogno di spirito profetico o di intuizione di condottiero per rendersi conto che così sarebbe stato. Si era giunti alla svolta: disastro in Africa settentrionale, tragedia in Russia, l'impero perduto in pochi mesi, il Mediterraneo diventato il cimitero dei nostri convogli, l'intervento dell'America. E la desolante dimostrazione di mediocrità e di incapacità dei nostri capi militari a rendere ancora più fosco il futuro: tutti bocciati o rimandati a ottobre, da Badoglio a Bastico, da Graziani a Guzzoni, da Roatta a Cavallero.

Di andare verso la catastrofe l'aveva già capito l'uomo della strada, come aveva capito che ormai nessuno era in grado di rimediare. Ogni cosa precipitava fatalmente verso una tragica conclusione, senza nemmeno un palpito di passione popolare, di recuperato orgoglio. All'una si ascoltava il bollettino di guerra, nelle famiglie sedute a tavola o nei locali pubblici dov'era obbligatorio alzarsi in piedi. Le notizie erano sempre le stesse, eroica resistenza, ripiegamento su nuove posizioni, gravi perdite inflitte al nemico, località abbandonate dopo strenua lotta, durissimi combattimenti in corso... Tutto generico, una melassa purtroppo intrisa di sangue. Quanti erano i morti? Dov'era veramente arrivato il nemico? I prigionieri erano tanti quanti si sussurrava? Quante navi erano andate perdute, quanti aerei, quanti carri armati, se mai ne avessimo avuto ancora qualcuno? Come sempre, quando non si crede più in nulla, la realtà sembrava lontana, non coinvolgente per chi era indifferente al suo evolversi e aspettava soltanto una fine purchessia. Conoscere la verità sugli avvenimenti era diventato inutile.

Così appariva Roma nell'estate 1943, una città apatica con una classe politica da basso impero, avulsa dal resto dell'Italia e insensibile al suo stesso destino. In un simile clima politico e militare, una sola cosa accomuna le due categorie in contrapposizione, i favoriti del fascismo e la gente qualunque: la consapevolezza dell'inarrestabilità della rovina e l'accertata, evidente incapacità di Mussolini a guidare un Paese ridotto agli estremi. Mentre il popolo romano, privo di qualsiasi potere, si lascia trasportare passivamente dalla corrente verso una fine annunciata, molti di coloro che finora sono stati a fianco del Capo e ne hanno avuto cariche e onori, obbedendo a qualsiasi sua intimazione, silenziosi per vent'anni senza mai una critica o un dissenso, pensano a una via d'uscita, a una scialuppa di salvataggio per abbandonare in tempo la nave avviata al naufragio.

La necessità di intervenire ha motivazioni diverse tra quanti, nelle posizioni dominanti del regime, decidono di giocare la loro carta. Va riconosciuta ad alcuni una sincera preoccupazione per la sorte d'Italia, al di sopra degli obblighi e delle convenienze di partito. Il fascismo ha portato la nazione a un passo dal baratro, l'estremo rimedio consiste nel sacrificarlo all'interesse della patria, anche se questo sacrificio coinvolgerà le loro persone. Altri, più egoisticamente, pensano soprattutto a se stessi. Il tracollo significherebbe le loro posizioni spazzate via, le loro fortune compromesse o addirittura cancellate, la fine dei benefici e il ritorno a una antica condizione non più creduta ripetibile. Bisogna evitarlo.

Tutti concordano su un punto, non sarà Mussolini a far uscire l'Italia dalla tempesta. Non sarà lui – stanco, malato, chiaramente succubo del magnetismo e della superiorità di Hitler – a imporsi ai tedeschi per staccarsi dall'alleanza e chiedere la pace. Non sarà Mussolini a fare la sola cosa ormai indilazionabile, un armistizio con gli Alleati, prima che essi occupino l'intero territorio nazionale e lo distruggano con i devastanti bombardamenti aerei. Così non si può continuare, ma Mussolini sembra non rendersene conto. Oppure finge di non rendersene conto per fatalismo, per l'attrazione dell'abisso tipica di chi ha perduto la volontà di lottare. Conclusione, Mussolini deve essere rimosso o quanto meno privato dei suoi poteri, per consentire di intervenire all'unica persona in grado di farlo. Il re.

Tocca a Vittorio Emanuele

Questa convinzione è radicata in molti del giro alto del regime. Così la pensa soprattutto Dino Grandi, il miglior cervello politico del fascismo, al quale ha aderito con riserva e ne ha tratto ogni vantaggio possibile, qualificandosi poi con un'attività diplomatica assai apprezzata all'estero. Ora è il solo a possedere l'astuzia e l'energia necessarie per mettere il Duce di fronte alle sue responsabilità. Così la pensa anche Giuseppe Bottai, l'intellettuale che ha visto con disperazione il crollo delle sue illusioni e si tormenta nell'assistere all'indolenza colpevole del suo odiosamato Mussolini, idolo in crisi. E come loro altri pezzi da novanta del regime, Federzoni, De Bono, De Vecchi, Acerbo, De Marsico, perfino Ciano. Tutti concordi nell'unica certezza da cui nessuno, tranne il Duce, dissente: la guerra è perduta e non resta molto tempo per fare la sola cosa ragionevole, tentare di uscirne con il minor danno possibile.

Anche il nuovo segretario del partito, Carlo Scorza, nominato il 17 aprile al posto di Vidussoni, si rende conto di dover fare qualcosa sia pure nel senso sbagliato, per scuotere gli italiani dalla rassegnazione in cui sembrano essersi adagiati. Scorza è un calabrese di Paola (Cosenza), ha quarantasei anni, un passato di violenze al tempo dello squadrismo, la fama di duro. Si è creata una immagine di sé quanto più possibile simile a quella del Duce, accentuando una certa rassomiglianza fisica. È calvo come il Capo e come lui sporge la mascella, inarca il busto con le mani sui fianchi. Un Mussolini in sedicesimo. Dopo la normalizzazione del fascismo, come altri intransigenti estremisti non ha avuto aperte le porte alle grandi carriere. Soltanto segretario federale a Lucca e a Forlì, poca cosa, e un lungo periodo d'ombra durante l'era Starace, nonostante le sue dieci medaglie al valore militare, la campagna d'Abissinia e dell'Africa settentrionale, entrambe combattute da volontario. Riportarlo alla ribalta nel momento della crisi e delle defezioni, puntando sulla sua fama di intransigente e di inflessibile, è stata una scelta personale di Mussolini. Come quella del suo predecessore Vidussoni, ora liquidato dopo il prevedibile fallimento: troppo giovane, una specie di alieno caduto per caso sul pianeta fascismo. Scelte sbagliate entrambe.

Ma Scorza non trova nessuno disposto ad assecondare le sue iniziative. In linguaggio ciclistico si direbbe che i capi fascisti si preparano allo sprint e intanto stanno in *surplace.* Qui lo sprint consiste nell'arrivare in tempo a togliere dai guai la patria (i disinteressati) o se stessi (i preoccupati del proprio tornaconto). Accomunati, nell'un caso e nell'altro, dall'urgenza di fare qualcosa e così la pensano anche quelli di un terzo schieramento, propensi a stringere ancora di più l'alleanza con la Germania, affidando ai tedeschi il comando della guerra e restando al loro fianco fino alla vittoria. Comunque occorre agire, decidersi, uscire dall'atarassia in cui pare caduto il governo. Mettere Mussolini di fronte all'obbligo di scuotersi dal suo letargo. Dica cos'ha in animo di fare e lo faccia.

Coloro che pensano di staccarsi dai tedeschi nel supremo interesse del Paese, saranno in seguito chiamati traditori da Mussolini e dai fantasmi di Salò.

Questa sarà per essi l'unica possibilità dialettica per tentare di giustificare la loro condotta e i loro errori, scaricandoli su chi aveva agito per il bene dell'Italia pur sapendo di perdersi. Mussolini e i fantasmi di Salò non ignoravano il sacrificio di quanti avevano avuto il coraggio di scegliere la fine del fascismo, per evitare quella dell'Italia. Sacrifici, non tradimento. «Chi li accettava, obbedendo a una necessità di ordine superiore, collegata alla vita totale della nazione e del popolo, distruggeva il valore dei propri sentimenti, del proprio passato, annullava i legami di amicizia, gratitudine, amore; cancellava – come l'uomo in guerra che uccide il proprio simile senza conoscerlo – in sé ogni principio morale. Lasciamo nel loro latino tutte le sentenze e i proverbi che pongono il bene della Patria al di sopra del livello umano. Cesare non dice a Bruto: "Traditore"; e Bruto, nell'intuizione di Shakespeare, scioglie per l'eternità il tragico nodo: *Not I loved Caesar less, but I lov'd Rome more.* Non perché amassi Cesare meno, ma perché ho amato Roma più di lui. E dunque la sola considerazione etica basta a confinare, nella regione che le è propria, la cosiddetta crisi del "tradimento", insostenibile al lume dell'esposizione dei fatti, letti e considerati secondo un metodo appena tinto di serietà storiografica.» (Artieri.)

Non si può chiamare traditore chi ha agito per il bene, specie da chi a quel bene si è opposto irragionevolmente perfino davanti all'abisso.

II

I TORMENTI DI MUSSOLINI

L'ossessione dei convogli

Mussolini è malato. Ne parlano tutti e dappertutto, ma non si dice apertamente cos'abbia. Lo si sussurra, però, come capita sempre in casi del genere: un cancro allo stomaco. Invece non è vero, nessun cancro. I sintomi potrebbero farlo sospettare, dolori a volte fortissimi, perdita di peso, disgusto per la carne, conati di vomito. Sono stati fatti tutti gli esami, le radiografie non hanno rivelato nulla, tranne – e non è nemmeno certo – un'ulcera. Secondo sua moglie Rachele le crisi sono cominciate nell'estate del 1942, al ritorno del marito dall'Africa settentrionale. Dopo le vittorie di Rommel, Mussolini credeva di poter entrare ad Alessandria d'Egitto alla testa delle truppe. Era stato fatto arrivare anche il cavallo bianco e invece l'avanzata si era fermata, quasi fosse stato lui a portare sfortuna. Rommel aveva evitato di incontrarlo, il Duce era stato costretto a passare giornate inutili al margine del deserto a caccia di piccioni, nella nuovissima uniforme kaki fatta confezionare per l'occasione. Poi il ritorno in Italia, furibondo per l'insuccesso, per il tempo perduto, per le chiacchiere malevole su quella spedizione finita in niente. Perfino col rimorso per la morte del fido barbiere, ucciso dall'elica del suo aeroplano.

Mussolini non riesce più a controllarsi quando lo assalgono i dolori, nemmeno di fronte agli estranei. Si preme lo stomaco, mormora: «La mia malattia sono i convogli...». Cioè sono le preoccupazioni, le ansie, i dispiaceri per le continue notizie di affondamenti di navi destinate a trasportare in Africa settentrionale i rifornimenti e le truppe. La flotta inglese le blocca inesorabilmente nel Canale di Sicilia e le cola a picco, già sono andati in fondo al mare i grandi piroscafi della marina mercantile, i gioielli ammirati in tutto il mondo sulle rotte transatlantiche prima della guerra. In Africa mancano la benzina, le armi, i complementi, com'è possibile sperare di vincere? Mussolini è un uomo angosciato. Le sue notti sono spesso insonni e qualche volta, pur cercando di non darlo a vedere, lo coglie un senso di disperazione lacerante, sente che il futuro gli prospetta soltanto scenari cupi. La fortuna lo ha accompagnato durante l'intera esistenza e ora gli ha voltato le spalle. Rendersene conto significa dover fare un esame di coscienza e porsi inquietanti interrogativi: non solo sul destino dell'Italia, di cui pure è responsabile, ma sul suo, di uomo avviato ai sessant'anni e forse a concludere nella polvere una vita sempre vissuta sugli altari.

Se Rachele è preoccupata, lo è di più la figlia Edda che ha conoscenze di medicina, uso di mondo, intelligenza viva e amore per il padre. Lo vede deperire, afflosciarsi, tormentarsi. A ridurlo così, oltre alle preoccupazioni e allo stress, devono essere cause fisiche, organiche: ed Edda non si limita alle raccomandazioni da donna del popolo di sua madre, alle terapie della camomilla, del riposo, delle bistecchine in bianco. Edda parla dello stato di salute del padre con Galeazzo, insieme vanno da Mussolini e lo esortano a curarsi seriamente, a sentire specialisti di fama e non soltanto il medico condotto di Predappio. Lui, rassegnato, acconsente e così comincia la sfilata dei luminari al capezzale dell'illustre infermo. Ognuno dice la sua, ognuno consiglia la sua cura. Tutti confermano la presenza dell'ulcera e ne fanno la causa dei dolori. Poi, dopo la sua morte, l'autopsia rivelerà che non esisteva alcuna ulcera, Mussolini avrebbe potuto vivere ancora chissà quanti anni. Con una serie di visite accurate, lo aveva già diagnosticato il dottor Zachariae, il medico inviato a Salò da Hitler, capace di rimetterlo in carreggiata in pochi mesi nutrendolo con intelligenza, facendogli recuperare peso ed energie. Sebbene a Salò nel 1944 Mussolini avesse pensieri ancora più gravi di quelli dei convogli.

Sempre più spesso, per trovar requie, Mussolini si ritirava nell'amata Rocca delle Caminate, nella terra delle sue radici, staccandosi dai tormenti e dall'assillo romani. Il 17 gennaio 1943 accorrono lassù due dei massimi clinici italiani, Cesare Frugoni e Domenico Cesabianchi. Sono del parere che il Duce soffra di gastrite, forse di duodenite. Sempre meglio della folle diagnosi dello specialista in malattie tropicali, Aldo Castellani, il quale sosteneva trattarsi di ameba. Terapia: iniezioni antiacidi, magnesia effervescente, antidolorifici sintomatici, latte magro, riso in bianco, frutta e verdura fresche. Mussolini osserva le prescrizioni, ma non ricava alcun beneficio dalle cure. Lui vorrebbe cancellare i pensieri assillanti nella quiete della Rocca; l'idea di tornare a Roma e di ripiombare nella corrente di tribolazioni quotidiane gli ossessiona le giornate. Può un uomo ridotto in questo stato guidare un Paese del quale ha voluto essere il solitario e unico condottiero? Può farlo in un momento in cui la situazione precipita, occorrerebbero decisioni immediate e un lucido distacco dalla realtà per consentire di affrontarla?

Il 30 maggio il custode della Rocca, entrando di prima mattina per le pulizie nello studio di Mussolini, lo vede rotolarsi sul pavimento, mordendo il tappeto per non gridare, in preda a spasimi insopportabili. Allarmatissimo, lo aiuta ad alzarsi, a stendersi sul divano. Accorrono i familiari, vedono un uomo livido, con la schiuma alla bocca, semisvenuto; allora ecco precipitarsi di nuovo in Romagna Frugoni con il suo assistente Arnaldo Pozzi, ecco l'ennesima visita e l'ennesima generica rassicurazione: si tratta del solito attacco di gastrite, questa volta più violento, causato dalla difficile condizione psicologica del paziente, dalla sua perenne tensione nervosa. Si aumentino le dosi delle medicine, cinque giorni di riposo assoluto a letto e il professor Pozzi resterà d'ora in avanti accanto al malato, per dirigere le terapie.

Non saranno le medicine a dargli sollievo. Avrebbe bisogno di ben altro. Si ritrova, alla svolta decisiva della vita, senza un amico, senza nessuno a cui confidarsi. Con una intricata situazione familiare, un'amante possessiva e ingombrante, i camerati della vigilia allontanati e delusi, i gerarchi più in vista chiaramente orientati ad abbandonarlo e a togliersi dal pericolo, sebbene gli debbano potere e fortuna. Il primo gennaio, quando comincia un anno di cui egli stesso ha detto che: «... sarà fondamentale nella storia d'Italia. Il popolo italiano stupirà il mondo», si sente depresso e sconfortato. Esce in abito borghese da Palazzo Venezia nel pomeriggio festivo d'una Roma impigrita dai magri resti d'un triste cenone di fine d'anno. Va da solo e senza scorta a casa di una vecchia amante, Angela Curti Cucciati, mai abbandonata nemmeno ora, quando la scena è tenuta da Claretta. La Cucciati abita in via Porpora ai Parioli, l'affitto lo paga lui, hanno avuto una figlia dalla relazione cominciata a

Milano ai tempi dell'«Avanti!». La Petacci, al corrente del rapporto, è gelosa, eppure non riesce a imporre a Mussolini di troncare.

Ora eccolo lì, nel modesto salotto borghese, seduto di fronte all'amica come tante altre volte, a sfogarsi e ad ascoltarne gli assennati consigli, di cui non terrà conto. Un dittatore sull'orlo di una crisi di nervi, in preda alla depressione, senz'altro conforto tranne la comprensione di una indulgente fiamma del passato.

In febbraio si cambia

Da quel primo gennaio non c'è stato per Mussolini un solo momento di pace, il sollievo d'una buona notizia. Prima il terremoto al Comando Supremo, via Ugo Cavallero («Ormai è superato. Un uomo che ha sempre e solamente servito ai fini dei suoi interessi e della sua carriera») e al suo posto Vittorio Ambrosio. Via l'uomo legato ai tedeschi, sostituito dall'uomo del re. Poi lo sconquasso del cambio dell'intero governo. Il 5 febbraio chiama Ciano e gli comunica l'inatteso siluramento: lascerà gli Esteri, penserà lui a trovargli un altro posto. Ma è come dirgli hai chiuso con i tuoi giochi, sei stato scoperto (e Ciano si salva per il momento scegliendo di fare l'ambasciatore in Vaticano, una sinecura con possibili prospettive future). Tre giorni dopo, l'annuncio ufficiale del cambio della guardia. Agli Esteri andrà lui stesso, Mussolini, agli Interni pure (con sottosegretario Umberto Albini), alla Giustizia Alfredo De Marsico, all'Educazione nazionale Carlo Alberto Biggini, alle Comunicazioni Vittorio Cini, alle Finanze Giacomo Acerbo, alle Corporazioni Tullio Cianetti, alla Cultura popolare Gaetano Polverelli, ai Lavori pubblici Zenone Benini, agli Scambi e valute Oreste Bonomi. Sottosegretario agli Esteri Giuseppe Bastianini. Silurati Grandi, Bottai, Ricci, Buffarini Guidi, Pavolini, Thaon di Revel, Riccardi... Resta al suo posto solamente il generale Carlo Favagrossa alla Produzione bellica. Sottosegretario alla Guerra (ministro Mussolini) diventa il generale Antonio Sorice, al posto del generale Antonio Scuero.

Forse il colpo di spugna è stato dato per liberarsi di collaboratori su cui ora scarica la responsabilità del suo fallimento. Forse è dipeso dalla necessità di dimostrare a Hitler, preoccupato per la «tenuta» dell'Italia, di avere ancora la situazione in pugno, di essere in grado di fare e disfare a piacimento, di liberarsi da un giorno all'altro di gerarchie usurate per sostituirle con uomini nuovi e fidati. Il 16 febbraio Hitler gli scrive una lettera da cui è facile intendere quali siano a suo giudizio le prospettive dell'Italia (e dunque del fascismo: a buon intenditor...): «Io non escludo, Duce, che venga tentato uno sbarco in Sardegna, in Corsica e persino in Sicilia». Lui, in data 8 marzo, esclude questa possibilità, ostentando sicurezza e consapevole determinazione: «Una invasione vera e propria della penisola è un'impresa che gli anglosassoni non possono progettare». Lo conforta il parere del nuovo capo di Stato Maggiore Generale, Ambrosio, un fulmine di guerra, il quale profetizza: «Non credo a una invasione della penisola, perché sarebbe cosa lunga e non decisiva per il risultato finale della guerra».

Con Hitler si ritrova il 7 aprile nel castello di Klessheim, presso Salisburgo. Cade la neve, il freddo è pungente, l'atmosfera tesa. Si legge in faccia ai tedeschi la disistima per questi italiani venuti per l'ennesima volta a chiedere e ai quali bisognerà per l'ennesima volta dare una mano per rimediare ai loro pasticci. Mussolini ha una crisi di dolori allo stomaco, Hitler durante il colloquio nota la sua cera giallastra, la pelle del viso raggrinzita, l'espressione sofferente. Sa dei disturbi dell'alleato, vorrebbe convincerlo ad accettare di farsi curare da medici tedeschi, è pronto a inviargli in Italia i migliori. L'altro rifiuta, sarebbe una umiliazione, una diminuzione del prestigio nazionale. Invece avrebbe fatto bene a mettersi nelle loro mani.

Torna a Roma e decide un altro giro di vite. Ormai ogni sua mossa è tesa a dimostrare a Hitler la solidità del suo potere, la sua capacità di intervenire duramente e senza guardare in faccia nessuno. Cambia il segretario del partito, chiude il fallimentare esperimento del giovane Vidussoni, messo a quel posto nel tentativo di rinnovare una istituzione anchilosata dalla gestione di Starace. Con Scorza si torna alla vecchia guardia, agli uomini della prima ora. Un ripescato, per dimostrare a chi non crede più in nulla che si riparte dalle origini, dai duri, come ha fama di essere questo personaggio dal burrascoso passato. E una volta su quella strada, via anche il capo della Polizia, Carmine Senise, sostituito da un console della Milizia romagnolo, Renzo Chierici, ignaro d'ogni metodologia relativa al nuovo incarico, altra scelta cervellotica di cui pagherà le conseguenze quando sarà il momento della prova.

Anche nel privato soltanto beghe e seccature a rovinargli ancor più, se possibile, il sistema nervoso. Si presenta a Palazzo Venezia una furibonda Edda e gli mette davanti agli occhi le prove degli intrallazzi dei familiari dell'amante. Come non capisce di andarne di mezzo? Come non si accorge del discredito del suo nome? Come consente di venire preso in quel giro sporco d'interessi e di chiacchiere? Per Mussolini, Edda ha sempre ragione e anche questa volta l'ascolta. Dà ordine di interdire l'accesso a Palazzo Venezia alla signora Petacci, basta con la quotidiana divagazione delle cinque nell'appartamento Cybo, tra vestaglie e languori. Forse è contento del pretesto offertogli per liberarsi del peso troppo gravoso d'un legame trascinato ormai stancamente. Ma dovrà affrontare le recriminazioni di Claretta, le sue lacrime, i suoi deliri e proprio nel momento in cui avrebbe bisogno di dedicarsi a ben altri problemi, a ben altre scelte. Poi naturalmente si pentirà, Claretta verrà riammessa, alla fine sarà la sola persona a restargli al fianco, pagando con la vita.

Ai «gialli» non crede

I viaggi alla Rocca si fanno sempre più frequenti. Non è soltanto la salute a indurlo alla fuga da Roma. La fuga da Roma è divenuta la fuga dalle responsabilità, l'illusione di poter sottrarsi all'incubo quotidiano, con la scusa della necessità di cercare sollievo altrove. Spesso i ministri, in luogo del salone del Mappamondo, vengono convocati alla Rocca e sono andati a prendere ordini lassù Buffarini Guidi, Cavallero, anche Ciano quand'erano ai posti di comando. Sempre alla presenza del professor Pozzi, ormai ombra del Capo, impegnato a tentare di assicurargli, se non la guarigione, almeno tregua ai dolori.

Chissà se si tratta soltanto dello stress, come lui crede e come i medici cercano di stabilire, nell'incapacità di formulare una diagnosi precisa. C'è chi fa risalire a ben altro i disturbi. Il capo della Polizia Arturo Bocchini, il predecessore di Senise, uno che di queste cose se ne intendeva, prima di morire fulminato dagli eccessi enogastronomici, aveva fatto presente a Ciano l'opportunità di convincere Mussolini a sottoporsi a una energica cura antiluetica. Bocchini, nella sua concretezza di sbirro, vedeva forse meglio di tanti medici. Pensava alla infezione contratta dal Duce da giovane, quando era maestro a Gualtieri, e sapeva che la malattia, a quei tempi, non si guariva e lasciava pericolosi strascichi. Anche altri s'erano accorti delle precarie condizioni fisiche del dittatore. Aveva frequenti amnesie, lui sempre vantatosi della sua memoria di ferro; si era ridotto a pesare 67 chili, ne aveva persi venti in due mesi; Bottai aveva notato il suo fiato grosso quando saliva gli scalini a due per volta; si era fatto irascibile, scontroso, sempre più insofferente a ricevere collaboratori e ministri; l'usciere Navarra faticava a tenere il conto del diradarsi delle udienze.

I tedeschi non nascondono la loro preoccupazione. Goebbels lo scrive nel suo diario: non gli importa tanto la salute di Mussolini, quanto il fatto che a capo del fascismo vi sia un malato inaffidabile e così possa saltare uno dei cardini dell'alleanza. Le complicazioni sessuali e sentimentali non aiutano a ritrovare serenità. Osserva Bottai: «Il Duce è tutto chiuso nei suoi livori e rancori. Dicono che abbia liquidato la sua ganza, estraniandola da Palazzo Venezia, e il suo famigerato fratello, Marcello, facendolo arrestare o imbarcare su una nave da guerra. Nella seconda ipotesi, egli avrebbe restituito alle navi da combattimento il loro antico ufficio di galere». Questo per dire dell'atmosfera intorno al Capo. Chi mai avrebbe osato confidare cose del genere, sia pure al proprio diario, soltanto sei o sette anni prima?

Dovunque a Roma, dove si sa tutto di tutti e ogni segreto è pubblico, si parla di armistizio, di trattative con gli Alleati, di congiure di generali per farla finita. Possibile che a Mussolini non arrivi nessuna eco di questo montante vociò? Possibile che non sappia nulla di nulla? Gli echi gli arrivano, le cose le sa, le trame gli sono note. Ma dichiara che si tratta di bubbole, chiacchiere da portineria, niente degno di essere preso in considerazione. Non gli piacciono i «gialli». Questa definizione di «giallo» la sbatte in faccia a quanti vanno a fargli confidenze di cui dovrebbe tenere conto, a rivelargli maneggi pericolosi sia per lui sia per il partito. Si rifiuta di prestar fede a voci di contatti del re con i generali, di incontri segreti tra i capi fascisti di cui pure non ignora la dissidenza e la preoccupazione di salvarsi. Non dà nemmeno ordine ai suoi servizi segreti, i quali sono millanta, di appurare cosa vi sia di vero.

Perché si comporta così? Le ipotesi possono essere svariate. Può farlo per mostrare di non avere paura di nessuno, di tenere sempre saldamente in pugno lo scettro. Oppure perché i tedeschi, dei quali teme le reazioni, non lo pensino intimorito da quattro malfidati che può cacciare quando vuole. Ma anche perché, conoscendo la realtà della situazione, ha capito di non essere in grado di dar soluzione ai problemi. E allora una via d'uscita potrebbe venire proprio dalle trame degli infedeli. Lui si lascerebbe volontariamente togliere di mezzo e toccherà agli altri portare la nave fuori dalle secche, soprattutto vedersela con Hitler e la sua intransigenza. Trattino loro col Führer, vadano loro a dirgli che l'Italia ha deciso di uscire dalla guerra, lo invitino a dare il suo *placet* a sgombrare dal nostro Paese. Lui sarà alla Rocca delle Caminate, dove si ritirerà a scrivere le sue memorie e ad assistere dall'esterno allo spettacolo.

Questa potrebbe essere una delle spiegazioni del suo atteggiamento passivo la sera del Gran Consiglio, quando diede l'impressione di essere d'accordo con coloro che volevano mandarlo in pensione. Il Gran Consiglio lo avrebbe riunito per dimostrare a Hitler di saper dominare ancora il partito a suo piacimento e di imporsi ai gerarchi ribelli. Cosa poteva farci se essi avevano preso il sopravvento (o meglio, se lui glielo aveva lasciato prendere)?

Non vi sono dubbi che fosse stato informato di tutto e dalle fonti più diverse. In primo luogo dagli ambienti familiari. Sua moglie Rachele non era affatto la semplice massaia dell'iconografia tradizionale, lontana dalla politica, tutta pasta sfoglia e bucato a mano. Aveva i suoi informatori privati in ambienti dove mai la si sarebbe pensata capace di introdursi, per esempio a Casa Reale (alcune dame di Corte), presso i tedeschi (Dollmann), addirittura al Comando Supremo e al governo (Buffarini Guidi). Proprio una dama di Corte le aveva rivelato le visite segrete di Bottai e Federzoni a Castel Porziano e lei le aveva riferite al marito. Niente. Come parlare al vento. Malignità da non tenere in conto.

Così Mussolini non teneva conto nemmeno degli ammonimenti di Claretta, la quale – anche lei attraverso Buffarini Guidi – di cose ne sapeva ancor più di Rachele. Né di quelli della sorella Edvige, donna religiosissima e puntuale nel fargli pervenire le premonizioni di una mistica calabrese, suor Elena Aiello («Ultimo avviso del Signore...»). Neppure badava ad Angela Curti che, non sapendo come fare per metterlo in guardia, gli invia un biglietto anonimo dove gli svela il complotto dei gerarchi e Dio sa come ne fosse venuta al corrente. Lui appallottola il foglio e lo butta nel cestino.

Il «castello complottardo»

C'è in Mussolini la volontà fin troppo evidente di respingere una realtà inoppugnabile e qui si torna a sospettare una sua scelta di lasciare andare avanti le varie trame deliberatamente. Non può ignorare che Bottai, estromesso dal governo, tiene i fili di molte «iniziative» miranti, nella più benevola delle ipotesi, a convincerlo a farsi da parte ed almeno a delegare alcuni dei suoi poteri. Bottai parla apertamente di pace separata: «Una formula che corre di bocca in bocca. Ma nessuno sa che cosa vuol dire. "Vincere", "resistere", "pace separata", nessuno sa più cosa vuol dire, che cosa comportino. Si può, al punto in cui siamo, *separare* una nostra pace dalla guerra comune? Propendo a pensare che, non avendo noi, nella guerra comune, fatta una *nostra* guerra, concepita, cioè, e condotta secondo una chiara autonomia di princìpi, non sia possibile, oggi, una *nostra* pace: o gli angloamericani ci imporrebbero la loro o i germanici la loro. E forse, sulla linea del Po, le due "paci" verrebbero a farsi guerra, tra più o meno partecipi spettatori». Indubbiamente Bottai, mente sottile, vede bene nel presente e nel futuro. Ma vi è chi più in concreto pensa superate le posizioni intellettualistiche e necessario prospettare al Duce la minaccia incombente.

Il 27 giugno un fumantino Farinacci va a Palazzo Venezia, accompagnato da un misterioso generale di Corpo d'armata. Denuncia a Mussolini entrambi i «complotti» in corso, quello Grandi-Bottai interno al partito e quello Acquarone-Ambrosio gestito da Casa Reale. Per essere certo di non parlare al vento, e per mettere il dittatore con le spalle al muro, due giorni prima ha raccontato le stesse cose all'ambasciatore tedesco von Mackensen e ora lo dice ricattatoriamente al Duce, perché dopo non tenti di smentirlo. Risultato: non gli crede (o finge di non credergli) Mussolini e non gli ha creduto il diplomatico tedesco, il cui candore si rivelerà in seguito prossimo alla dabbenaggine.

Il console della Milizia Renzo Montagna è uno dei fedelissimi della prima ora. Uno dei consoli che, dopo l'assassinio di Matteotti, si sono presentati a Mussolini e gli hanno posto brutalmente l'alternativa o di mostrare di possedere gli attributi, o di togliersi di mezzo. È sempre rimasto nei ranghi con cariche di media autorevolezza, molte medaglie nelle varie guerre fasciste e molte amicizie ben coltivate nel regime; dopo l'8 settembre la fedeltà gli varrà la carica di capo della Polizia di Salò. In maggio Montagna mette per iscritto le molte cose a lui note sulle trame di Badoglio per prendere contatto con gli Alleati e togliere di mezzo Mussolini. Chiude la denuncia in una busta e la spedisce al vecchio camerata Scorza, ora segretario del partito. Scorza la legge e la porta al Capo. Questa è un'accusa in piena regola, con tanto di firma sotto. Mussolini non cambia atteggiamento: «È priva di fondamento». Eppure, prima ancora di Montagna, Scorza stesso è andato a dirgli press'a poco le stesse cose, ormai ne parla mezza Roma. E l'altro sempre con la stessa risposta: «Io non credo ai gialli».

Dunque il suo atteggiamento non dipende né dall'interlocutore, né dal «peso» delle sue rivelazioni, perché a metterlo in guardia hanno provato le personalità a lui più vicine, Buffarini Guidi, Manlio Morgagni, il vecchio collaboratore del «Popolo d'Italia» Ottavio Dinale. Tutti a dirgli delle riunioni dei gerarchi estromessi dal potere con la purga governativa di febbraio, e cioè i Grandi, i Bottai, i Ciano. Non crede o non vuole credere? Non vi è peggior sordo di chi non vuole sentire.

Si apre con Dinale: «Di tutto questo massiccio castello complottardo, se realmente esiste, avrò bene il mezzo di accertarmene presto. Comunque, non posso accettare che si creda o anche soltanto che si supponga che un regime come quello fascista possa essere abbattuto da quattro o da quaranta congiurati. Una perfetta organizzazione statale, quattrocentomila uomini di una vecchia milizia fedele ed agguerrita, tre milioni di iscritti, la massa che rispetta e teme questa potenza, il capo fermo al suo posto e più deciso che mai... ma andiamo! Non scherziamo... Vorrei proprio augurarmi che i complottardi si decidessero a giocare la loro carta. Sarebbe una bella occasione per sbarazzarsene in dieci minuti o in un paio d'ore. Forse è ancora la fortuna che mi viene incontro e che mi offrirà il gusto di sterminarli con la giustificazione legale della legittima difesa». Una dichiarazione che, al di là del tenore autoritario, rivela la trama d'un disegno intuibile, proprio quello di lasciar mano libera a chi vuole eliminarlo, perché questa è l'occasione di smascherarli. «Vorrei proprio augurarmi che i complottardi si decidessero a giocare la loro carta... » Allora sa e queste parole tradiscono le sue reali intenzioni. Il resto è per la platea, perché Dinale vada a raccontare di averlo trovato fermo e forte, con la situazione in pugno. Ma se un dittatore vuol veramente liberarsi di quattro o quaranta «complottardi» non ha bisogno che la fortuna gli fornisca la giustificazione legale della legittima difesa. Li fa arrestare senza tanti discorsi. Se non lo fa, evidentemente non gli conviene.

Tutti congiurano all'italiana, ossia in maniera segretamente palese. Congiura il Maresciallo Caviglia, ai margini della vita pubblica da vent'anni, più prossimo ai novanta che agli ottanta. Non si sa cosa si aspetti, forse mira alla successione di Mussolini e infatti l'8 settembre correrà a Roma per tentare di portare via il posto a Badoglio. Il vecchio Maresciallo detesta Badoglio e con lui non tratta, ma sono continui e ridicoli i suoi colloqui romani perché non si capisce cos'abbia da proporre: con Soleri, con Alberto Theodoli, con Ambrosio, con Alberto Bergamini, con Cini, con Umberto Zanotti Bianco, con Paolo Thaon di Revel e, manco a dirlo, con Vittorio Emanuele. Al quale ritiene opportuno far avere l'immancabile memoriale.

Trama il duca Aimone d'Aosta, succeduto nel titolo al fratello Amedeo morto in prigionia a Nairobi. Uomo esuberante e impulsivo come tutti gli Aosta, vuole inserirsi anche lui nel grande gioco e a Ginevra fa sapere agli inglesi d'essere pronto a mettersi alla testa di una sollevazione di militari per abbattere il regime, d'accordo con Umberto di Savoia. Il piano è di costituire in Sardegna un governo «esterno», come fece De Gaulle, previo sbarco alleato nell'isola, perché la sicurezza non è mai troppa. Due punti fermi in cambio: nessuna richiesta angloamericana di consegna della nostra flotta, di cui Aimone è ammiraglio, e garanzia della conservazione della monarchia dopo la fine della guerra. Non viene preso sul serio.

Maria José e l'alta finanza

Trama, nei limiti di una autonomia familiare molto limitata e affidandosi forse più agli entusiasmi del suo temperamento che alla concretezza delle iniziative, la principessa ereditaria Maria José. È in gioco la monarchia e occorre liberarsi del fascismo, se si vuole salvarla. Lei cerca in tutti i modi di indurre a muoversi lo sfingeo suocero Vittorio Emanuele, il cui proposito segreto consiste nel far togliere di mezzo il fascismo dagli stessi fascisti, senza compromettersi. Maria José è focosa, il gioco in cui si è gettata le piace. Muove molte pedine e molti le danno ascolto, nella speranza di arrivare grazie a lei a premere sul vecchio sovrano, ad aprirgli gli occhi. La principessa prende contatto con la Santa Sede attraverso monsignor Montini, sostituto segretario di Stato di Pio XII; con le forze armate attraverso il capo di Stato Maggiore Generale Ambrosio; con l'antifascismo *ancien régime* (Bonomi, Soleri, Croce, Casati) e con quello *nouveau régime* (Ugo La Malfa, Camillo Morra, Manlio Brosio, Nicolò Carandini, Carlo Antoni); con l'alta finanza (Raffaele Mattioli, Adriano Olivetti, Sinibaldo Tino, Luigi Burgo); con gli intellettuali da sempre o da poco all'opposizione (Concetto Marchesi, Massimo Bontempelli, Francesco Flora, Elio Vittorini, Zanotti Bianco); con i giornalisti di successo tempestivamente pentiti (Luigi Barzini jr., Paolo Monelli, Domenico Bartoli, Manlio Lupinacci).

Riceve molto, senza troppe precauzioni. L'OVRA la tiene sotto sorveglianza. Mussolini conosce ogni sua mossa e sa di avere in lei un'avversaria confusionaria, ma intraprendente. Non la prende sul serio, però l'avverte indirettamente di stare in guardia, quando nell'ultimo discorso pronunciato dal balcone di Palazzo Venezia grida: «Onore a chi combatte, disprezzo per chi s'imbosca e piombo per i traditori di qualunque rango e razza». Dove appare chiaro a chi alluda nell'ultima invettiva. Non soltanto Mussolini conosce il lavorìo sotterraneo di Maria José e non soltanto lui la giudica superficiale. Secondo Grandi, la principessa è una «chiacchierona», secondo Badoglio «meglio che non s'impicci», secondo Bottai è «una velleitaria con fantasticherie intellettualistiche», secondo Ciano è «bizzarra e impulsiva», secondo il suocero è «una ficcanaso». Benevoli solamente Balbo, «la migliore della famiglia», e Croce, sensibile al fascino femminile, «intelligente e bella».

La principessa fece molte cose con notevole rischio, data la sua posizione. Era coraggiosa e si esponeva, sebbene con qualche sprovvedutezza. Arrivò a stabilire un contatto con gli Alleati attraverso il presidente del Portogallo Salazar. La risposta degli inglesi fu negativa e il precipitare degli eventi (la caduta del fascismo e l'essere stata mandata dal suocero in esilio a Sant'Anna di Valdieri per bloccarne le mosse) resero impraticabile quella strada. Resta il fatto che aveva capito di dover agire quando ancora, sia nella famiglia reale, sia nell'antifascismo, sia nell'ambiente militare, si aspettava una soluzione dal cielo. O meglio, si aspettava che a levare le castagne dal fuoco fosse colui che ve le aveva messe, Mussolini. Un po' perché sopravviveva una parte del magnetismo del personaggio e della sua fortuna, un po' perché lasciandogli libertà e obbligo di agire si sarebbe strangolato con le sue stesse mani.

C'erano malumore e preoccupazione crescente nel mondo della grande industria e della finanza. La guerra perduta, e le conseguenze derivanti dalla sconfitta, allarmavano gli ambienti della produzione e dell'economia. Non tanto per amor di patria, quanto per i propri interessi, sebbene gli industriali si fossero arricchiti con le commesse e gli ordinativi militari. I bombardamenti aerei, la minaccia della distruzione delle fabbriche, il crollo della lira, il colossale indebitamento e la prospettiva di vedere l'Italia ridursi a campo di battaglia tra Alleati avanzanti e tedeschi in ritirata li spingevano a cercare di rimuovere l'ostacolo maggiore alla conclusione di un armistizio: Mussolini. Come si saprà dal memoriale difensivo di Cavallero, scritto dopo il 25 luglio e lasciato a bella posta sulla sua scrivania da Badoglio al momento di fuggire in modo da farlo trovare ai tedeschi e segnare così la rovina dell'odiato rivale, l'industriale Burgo aveva messo a disposizione cento milioni per finanziare una congiura di militari contro il Duce. Altri cento, pare, li aveva stanziati la Montecatini per lo stesso scopo, affidandoli al sottosegretario alla Guerra Sorice (Tomkins).

C'era il Gotha dell'industria e della finanza dietro i tanti tentativi in corso di far cadere Mussolini. Basta citare Alberto Pirelli, Vittorio Valletta, Agostino Rocca dell'Ansaldo, Mattioli della Banca Commerciale, il senatore Aldo Rossini della Banca Popolare di Novara, Adriano Olivetti, Emilio Gonzales, Adolfo e Sinibaldo Tino, il duca Acquarone, ministro della Real Casa e presidente della Società Trezza di Verona, un colosso nel campo dell'esazione dei tributi. Il conte Cini, nominato ministro delle Comunicazioni nel nuovo governo di febbraio, si dimette il 22 giugno, dopo una coraggiosa requisitoria nel corso dell'ultimo Consiglio dei ministri del regime, il 452°. Denuncia la disastrosa condizione del Paese, l'economia allo sbando, l'impreparazione militare, il malcontento della gente e la necessità di rapide decisioni: l'Italia non è più in grado di continuare a combattere, bisogna finirla. Un altro dei nuovi ministri, Alfredo De Marsico, titolare della Giustizia e grande giurista, si associa al collega pur senza arrivare alle dimissioni. Sarà infatti presente la notte del Gran Consiglio, rinnoverà le sue critiche e voterà a favore dell'ordine del giorno Grandi.

La presa di posizione di Cini è indicativa del cambiamento d'umore dei ceti produttivi. Finché le cose sono andate bene, industria e finanza hanno appoggiato Mussolini, la cui politica era di loro pieno gradimento: scioperi proibiti, ordine, bassi salari, rispetto delle gerarchie, protezionismo. Il tocco finale dell'autarchia aveva messo al riparo dalla concorrenza e consentito di non dannarsi per la qualità delle merci prodotte. Ora, girato il vento, di fronte ai rischi incombenti, industriali e finanzieri ritirano l'antico sostegno. Ora si deve badare a chiudere la partita finché c'è il tempo.

Subito prendono le distanze dal dittatore sconfitto. Vittorio Cini, che si espone pericolosamente e personalmente dimettendosi, è una figura esemplare per evidenziare questo *revirement* all'ultimo minuto. Industriale di grande classe e di grande abilità imprenditoriale, senatore per censo, fatto conte dal fascismo, è sempre stato vicino al regime, anche senza spendersi in adulazioni: intimo amico di Grandi e di Balbo (il primo di Imola, il secondo di Ferrara come lui), bellissimo uomo alto quasi due metri, con occhi di fuoco e piglio aristocratico, uno dei tre «dogi» della nuova Venezia confindustriale (gli altri due sono Volpi e Gaggia). Quando il fascismo ha deciso di autocelebrarsi con la gigantesca esposizione universale del 1942, poi svanita nel nulla a causa della guerra, Cini è stato nominato commissario dell'opera destinata a stupire il mondo.

Cini scrive orgogliosamente: «Tutte le forze operanti della Nazione saranno mobilitate e gli italiani si sentiranno di contribuire, attraverso gli organi che il Regime ha creato, alla realizzazione della grande rassegna, che, per quanto di breve durata, lascerà una traccia profonda negli spiriti...». Altri tempi. Altri orgogli. Altre forze operanti. Altri spiriti. Spesso Cini incontra Grandi e da qualche tempo i loro discorsi hanno cominciato a lasciar intravedere che la fiaccola, se non spenta, va ormai illanguidendo. Grandi racconta di aver parlato con una punta di spirito accusatorio di Mussolini con Ciano e di essersi sentito rispondere: «Senza di lui saremmo niente». E Cini, maliziosamente, a Grandi: «E lui, senza di voi, che sarebbe?». Grandi non ha ancora deciso di fare retromarcia, per il momento non gli conviene: «Lui? Be', lui è un'altra cosa. Non escludo che senza di lui sarei un avvocato di Ferrara. Tutti gli dobbiamo quello che siamo... Io sì. E quando, Dio ce ne scampi, lui dichiarasse la guerra... Be', rimarrò alla galera, e il mio remo non perderà un colpo». Finché non sarà meglio sbarcare da quella galera, però.

Il distacco della Chiesa

La Santa Sede segue con attenzione questo ribollire di inquietudini, questo avvio di irrequiete trame salvifiche, prossime a trasformarsi in una corsa al «si salvi chi può». La grande alleanza clerical-fascista, i grandi anni del sostegno della Chiesa al regime, di Mussolini definito «Uomo della provvidenza», dei vescovi ricevuti a Palazzo Venezia e dei cappellani militari iscritti alla Milizia che sfilano davanti al Duce sono lontani. La Chiesa ha cercato in ogni modo di impedire l'entrata in guerra dell'Italia. Ora, attenta al contingente, ne favorisce dietro le quinte l'uscita. La favorisce anche grazie alla sua posizione «strategica»: si tratta di uno Stato indipendente, neutrale, estraneo al conflitto, con rapporti diplomatici con tutte le parti belligeranti. In Vaticano, accanto all'ambasciatore tedesco, si trovano quelli inglese e francese. Attraverso di loro si possono far giungere a Londra e a Parigi le informazioni sulle mosse dei militari italiani e più ancora di quei fascisti ormai persuasi che la guerra è perduta e dunque in cerca di finirla in qualsiasi modo.

Il segretario di Stato di Pio XII è il cardinale Luigi Maglione, preoccupato per il futuro dell'Italia perché indirettamente coinvolge la Santa Sede. Maglione ha frequenti contatti con il nuovo sottosegretario agli Esteri Bastianini, in pratica titolare del dicastero. Dei grandi gerarchi, Bastianini è tra i più convinti dell'urgenza di arrivare a una pace separata. Coltiva un suo personale disegno, piuttosto utopistico, ma questo è tempo di utopie. Basti pensare che nessuno sembra preoccuparsi delle reazioni della Germania a nostre scelte non contrattate con lei e nemmeno tener conto delle divisioni tedesche presenti e combattenti nel nostro Paese. Bastianini ha in mente una specie di unione tra gli alleati minori dell'Asse (Ungheria, Romania, Bulgaria) sotto l'egida dell'Italia, per concordare insieme una uscita «neutrale» dal conflitto. E Mussolini? E Hitler? Secondo Bastianini, i due potrebbero mettersi d'accordo, il Führer consentire al progetto, mentre gli Alleati – di fronte a un'intesa italo-tedesca con il Duce garante – non insisterebbero a pretendere la nostra resa incondizionata.

Il sottosegretario agli Esteri si reca più volte in Vaticano a esporre il piano a Maglione, il quale lo ascolta benevolmente e promette per quanto possibile di aiutarlo perché Bastianini ha parlato della cosa con Mussolini e ne ha avuto facoltà di proseguire i contatti. Un giorno Maglione lo informa d'una ventilata iniziativa dell'antifascismo per un governo in esilio presieduto da Sforza e riconosciuto dagli Alleati. Un progetto già coltivato da molti. Si è detto di Aimone d'Aosta, si vedrà più avanti Badoglio far pervenire agli inglesi una proposta del genere. Non risultano invece confidenze di Maglione all'ambasciatore d'Italia presso la Santa Sede, un Galeazzo Ciano ormai emarginato e per sua stessa scelta prudentemente estraneo alla politica. Tanto da passare la maggior parte del tempo in casa, con la scusa d'una otite con labirintite. A metà maggio Maglione vede Blasco d'Ajeta e gli lascia intendere che la Santa Sede si aspetta un intervento del sovrano, dell'esercito, di persone di buona volontà, insomma di qualcuno dotato di potere e di iniziative. Perché, se per caso non se ne fossero accorti, «questa» Italia ha i giorni contati.

Il cardinale è al corrente degli incontri del sostituto Montini con la principessa Maria José. Anzi, è lui a pilotarli e a gestirli, riferendo poi a Pio XII. Il Papa è personalmente impegnato a pervenire a uno scioglimento rapido e indolore della gravissima crisi italiana. Favorisce i contatti della principessa, attraverso Montini, con l'ambasciatore inglese in Vaticano, Osborne d'Arcy, e con quello portoghese Antonio Pacheco, per coinvolgere nel gioco il presidente Salazar. Fa giungere il pensiero e le intenzioni di Maria José al rappresentante di Roosevelt, Myron Taylor, e all'ambasciatore inglese a Madrid, sir Samuel Hoare. Segue con attenzione la diaspora del regime, conosce le crisi di coscienza (o di opportunismo) dei futuri protagonisti del 25 luglio. Non ha rapporti diretti con Mussolini e non ne cerca; anche perché conosce l'avversione mal mascherata del Duce nei suoi confronti. Si dovette soltanto a un intervento di Ciano se Mussolini non rese pubblico il suo malumore per il discorso di capodanno del Papa, da lui giudicato pacifista e favorevole al nemico.

Tutti gli ambienti cattolici hanno ormai preso le distanze dal fascismo. A Milano padre Agostino Gemelli, fino all'altro ieri fascistissimo, ha fatto dell'Università Cattolica, da lui presieduta, e degli intellettuali che vi fanno capo, un centro di dissenso prudente, ma attivo. A Roma, dalla sua modesta scrivania di bibliotecario vaticano, muove le fila dell'organizzazione dei cattolici antifascisti colui che ne diventerà il capo dopo la guerra. Alcide De Gasperi, successore di don Sturzo alla testa dei popolari. Nel giro vaticano c'è un giovane professore veronese, Guido Gonella, il quale pubblica sull'«Osservatore Romano» una silloge commentata dei fatti del giorno, col titolo «Acta diurna», abilissimo concentrato di critiche al regime. Gonella manda quotidianamente in bestia un furibondo Mussolini, sempre sul punto di far sequestrare il giornale della Santa Sede.

Il Vaticano ha mano in ognuno dei tanti segretissimi progetti per uscire dalla guerra, noti a tutti tranne a Mussolini. O meglio, anche a lui, che finge però di non preoccuparsene. Il Vaticano ha fidi informatori tra gli stessi membri del Gran Consiglio. Il 25 luglio, dopo la fatale riunione durata tutta la notte e conclusa con un Mussolini esautorato dai suoi, l'ex ministro delle Finanze Alberto De Stefani, già vicinissimo al Duce benché da anni in ombra, alle otto del mattino, senza nemmeno essere andato a letto, piomba a casa di monsignor Costantini, convoca l'onnipresente Montini, e quando il sostituto arriva fa un preciso ed esauriente racconto dell'accaduto, retroscena compresi. Così i due prelati possono riferire d'urgenza a Pio XII, rimasto alzato in attesa dello svolgersi degli eventi.

III

IL COMPLOTTO DEI GENERALI

Gli uomini del «golpe»

Il complotto è ordito dai generali in accordo con Vittorio Emanuele. I generali hanno finalmente capito, a tre anni dall'intervento, che anche grazie a loro la guerra è persa. Se non vi si mette fine, il disastro è certo: Paese occupato, condizioni di pace catastrofiche, anni di desolazione e miseria, prospettive nerissime. Saranno costretti a staccare dalle maniche delle giubbe quelle belle file di galloni, dal petto quelle patacche di nastrini multicolori, e, se va bene, cercarsi un posto grazie ai favori fatti nei giorni del potere. Dal momento dello sbarco alleato in Sicilia i generali hanno sperato di convincere Mussolini a chiudere la partita parlando chiaro e forte a Hitler. Quando hanno preso atto che il Duce non si sarebbe mosso, per paura delle reazioni tedesche e perché ancora fiducioso in un miracoloso capovolgimento della situazione, si sono decisi ad agire. L'ostacolo alla cessazione dei combattimenti era lui, Mussolini, e il suo regime. Andavano tolti di mezzo, con l'unico sistema conosciuto dai generali, il «golpe», il colpo di Stato militare. Saranno i generali, d'accordo con il re, gli autori della parte vergognosa e squalificante del 25 luglio.

I generali golpisti sono i titolari degli incarichi più importanti del Comando Supremo: il capo di

Stato Maggiore Generale Ambrosio, il suo uomo della mano sinistra Giuseppe Castellano, il capo di Stato Maggiore dell'esercito Mario Roatta, il comandante del Corpo motorizzato per la difesa di Roma Giacomo Carboni, il sottosegretario alla Guerra Antonio Sorice. Dietro a costoro, accettato come capo supremo e come punto di riferimento perché più famoso di tutti e perché disposto a qualsiasi cosa pur di eliminare l'uomo a cui fa carico della propria disgrazia, il Maresciallo Pietro Badoglio. Fa da tramite tra gli autori della congiura e il re il ministro della Real Casa Acquarone. Tiene le fila del complotto, sceglie quali personaggi coinvolgere e quali escludere, decide i tempi e le mosse, vede Vittorio Emanuele ogni giorno e perciò è in grado di influenzarne le decisioni.

I generali non si amano tra loro e delle loro rivalità si parla dovunque. Badoglio, rimasto tanti anni alla testa delle forze armate, si è fatto pochi amici (ma sa come approfittarne) e molti nemici. Nessuno ignora la sua avversione per Cavallero, piemontese delle sue parti e suo collaboratore nel 1918 al Comando Supremo. Cavallero ha preso il suo posto quando Mussolini lo ha cacciato, ritenendolo responsabile delle sconfitte in Grecia. Badoglio sa che a provocare il suo allontanamento è stato Farinacci, di cui Cavallero era il consigliere militare privato. Morale: Badoglio incolpa l'altro della sua disgrazia e passa dall'avversione all'odio. Quando viene nominato capo del governo il 25 luglio, uno dei suoi primi provvedimenti è di far arrestare senza alcuna motivazione il suo nemico. A Carboni, mandato a interrogarlo al Forte Boccea dov'è detenuto, raccomanda: «*Cai cava 'l sang*», gli cavi il sangue. E quando il re, disgustato da quell'indecenza, fa liberare Cavallero, lui lo rimette dentro. Sicché i tedeschi dopo l'8 settembre lo avranno in mano e potranno scegliere tra l'ucciderlo e lasciarlo uccidersi.

Badoglio non disprezza soltanto Cavallero. Gli stessi sentimenti nutre per Graziani, colpevole d'essere divenuto una specie di suo contraltare dopo i successi in Etiopia. Sentimenti cordialmente ricambiati. Ambrosio detesta Roatta, Castellano non sopporta Carboni, Carboni giudica Ambrosio e Castellano immeritevoli del posto occupato perché se vi fosse giustizia toccherebbe a lui. E ancora, il trio Ambrosio-Castellano-Carboni concorda su una sola cosa: togliere di mezzo il sottosegretario alla Guerra Scuero e sostituirlo con uno del loro giro, Sorice, altro generale golpista.

Sono tutti personaggi mediocri, modestissimi dal punto di vista militare e nulli da quello politico, pasticcioni, impulsivi, screditati come comandanti in guerra, avidi di riconoscimenti e ambiziosi fino al ridicolo. Dopo il colpo di Stato Castellano pretendeva di essere nominato in premio ministro degli Esteri e Carboni della Stampa e propaganda. Per fortuna parve troppo al re, il quale cancellò i loro nomi dalla lista e gli fece sapere di calmarsi. Si può immaginare quale «golpe» sarebbero stati capaci di organizzare personaggi del genere. Infatti i risultati si videro, sia nella ideazione sia nelle conseguenze.

Ambrosio, il cervello della trama, il 18 giugno scrive a Mussolini che non esiste alcun indizio di preparazione alleata d'uno sbarco in Sicilia, caso mai gli angloamericani attaccheranno in Provenza. Il 7 luglio, a tre giorni dallo sbarco, assicura ad Alberto Pirelli: «In Sicilia siamo quasi pronti». Dove quel «quasi» è una perla, il riconoscimento di un ritardo non ancora preso sul serio, alla vigilia d'un avvenimento annunciato. L'impreparazione della Sicilia gli è nota. Egli stesso è stato al comando delle truppe dell'isola, con l'incarico di predisporne la difesa. Purtroppo, come gli altri prima e dopo di lui delegati a quel compito, ha fallito: così Ezio Rosi, così Roatta, così l'ultimo, Alfredo Guzzoni, il quale prima dello sbarco alleato si preoccupa di mandare alla moglie il suo orologio d'oro per salvarlo, vedendosi già sconfitto e prigioniero. Scrive De Felice di Ambrosio: «... non era come generale un fulmine di guerra e come politico era pressoché inesistente. Ma Castellano e Carboni erano ancora peggio». Per dire in quali mani fossimo. Generali messicani, senza alcuna impresa almeno decorosa al loro attivo (Roatta, comandante in Spagna, era lo sconfitto di Guadalajara), disposti a qualunque bassezza (tra le eventualità del «golpe» avevano previsto anche di far uccidere Mussolini), abili solamente nell'intrigo. Forse proprio per questo, attraverso la mediazione di Acquarone, scelti dal re per liberarsi del capo del governo e del regime. Un re esperto di colpi di Stato, basti pensare a quello del 1915 per entrare in guerra rovesciando le alleanze e a quello del 1922 per consegnare il potere al sovversivo Mussolini.

Vittorio Emanuele viene puntualmente informato del piano in via di elaborazione da parte di simili personaggi. Ambrosio ha dato incarico a Castellano di risolvere il problema. Castellano, il più giovane generale dell'esercito, basso, atticciato, vestito come vestono soltanto i prefetti e certi avvocati meridionali, capelli nerissimi imbrillantinati, nessuna lingua straniera in suo possesso (e in quelle condizioni andrà prima a Lisbona e poi a Cassibile a discutere l'armistizio con gli inglesi, senza capire cosa gli dicono), si mette subito all'opera. Sono i giorni dello sbarco americano in Africa settentrionale e già allo Stato Maggiore danno tutto per perso. Come unica via di scampo pensano di liberarsi di Mussolini e del suo governo. Questo può ben essere considerato tradimento, perché Mussolini è il loro comandante, capo delle forze armate per delega del re; perché il Paese è in guerra e gli italiani hanno il diritto di pretendere dai generali la fedeltà che essi hanno giurato come ogni soldato.

Il «pronunciamiento»

Ecco le parole di Castellano a proposito della congiura: «Il mio progetto, battuto a macchina dal tenente colonnello De Francesco, comprendeva tre parti: nella prima erano elencate le misure da prendere in precedenza per fronteggiare l'eventuale reazione fascista; nella seconda gli atti da compiere per la cattura del capo e dei suoi più pericolosi seguaci in tutta Italia; nella terza le misure d'indole militare per opporsi a una probabile reazione tedesca». Si vedrà come tutto ciò fosse campato in aria e come l'esito di quel «papocchio» sia stato fallimentare. Non occorreva molto per prevederlo, vista la statura dei congiurati. Nessuna misura fu presa per fronteggiare «l'eventuale reazione fascista», anche perché non ve ne fu bisogno. Nessuna misura d'indole militare per opporsi a una «probabile reazione tedesca» (e quel «probabile», come il precedente «eventuale», è una perla) fu predisposta. Quando la reazione tedesca puntualmente si verificò, Castellano e Ambrosio pensarono soltanto a salvarsi scappando. Non vi riuscì Carboni, sebbene avesse tentato di farlo, e si scoprì piantato in asso dai suoi. Ragione per cui passò il resto della vita a scrivere di loro peste e corna, mentre avrebbe fatto meglio a discolparsi di non avere difeso Roma, come era suo dovere e compito.

Quanto alla sorte di Mussolini, non sembrano

decidersi. Prima pensano di arrestarlo al Quirinale dopo un'udienza dal re, poi gli pare meglio prenderlo mentre torna dall'aver assistito a una esercitazione militare, infine non sanno più che pesci pigliare. Solo all'ultimo momento scelgono l'autoambulanza, idea di Carboni, dopo essere riusciti a convincere Vittorio Emanuele a tendere proprio a casa sua l'indecente tranello al presidente del Consiglio.

Non basta. L'irresponsabile generale Castellano, notoriamente vicino a Ciano e al corrente della contrarietà del ministro a proseguire nell'alleanza con i tedeschi, tenta il colpo maestro. Confondendo l'audacia con l'incoscienza, va da Galeazzo e gli consegna una copia del piano, quasi ad assicurarsi la sua complicità. Non tiene conto del fatto che Ciano è il genero di Mussolini e che sarebbe assurdo pensarlo consenziente alla proposta di arrestare colui che non è soltanto il suo capo, ma soprattutto il padre di sua moglie. Infatti Ciano, per quanto di carattere leggero, prende immediatamente le distanze dal generale golpista e corre a chiudere a chiave il foglio nella sua cassaforte, senza commenti. Purtroppo non va oltre, segno della sua mancanza di giudizio: perché avrebbe dovuto fare una sola cosa, chiamare due carabinieri e far arrestare immediatamente chi veniva a coinvolgerlo in un tradimento. E subito dopo consegnare il documento alla vittima designata, cioè a Mussolini.

L'elaborazione del complotto procede di pari passo con la constatazione sempre più evidente della imminente sconfitta. In aprile, dopo il crollo delle forze italo-tedesche in Tunisia (250.000 prigionieri), Ambrosio chiama il maggiore Luigi Marchesi, altro uomo di sua fiducia, e lo manda da Castellano a dirgli di studiare una variante al suo piano: meglio l'arresto di Mussolini a Palazzo Venezia. Il brillante generale si mette subito all'opera, ma intanto la situazione precipita, gli Alleati hanno preso l'imprendibile Pantelleria che dopo cinque giorni si è arresa col permesso dei superiori. Allora nuovo avviso di Ambrosio a Castellano, rielabori il piano, il re può dare da un momento all'altro il segnale del via e dunque bisogna tenersi pronti. Non basta. Il capo di Stato Maggiore Generale convoca il nuovo comandante dei carabinieri, Angelo Cerica, e gli ordina di prepararsi a far sparire, se necessario, Mussolini «come Matteotti». Ossia ad ammazzarlo.

Né il re, né la sua *longa manus* Acquarone, né questi generali da «pronunciamiento» pensano alla possibilità che un'azione politica, e non un colpo di Stato, riesca a risolvere il problema della pace separata. Vittorio Emanuele dà in pari tempo fiducia a Grandi, il quale a una soluzione politica stava lavorando, però lo fa soltanto allo scopo di avere attraverso di lui un appiglio costituzionale per poter dire d'avere agito nella legalità. Ma, avutolo, passerà la mano ai generali. Perché non basteranno le dimissioni di Mussolini, occorrerà toglierlo di mezzo in un modo o nell'altro, e liberarsi dei gerarchi e del regime insieme con lui. Per faccende del genere, per essere sicuri dell'esito, meglio un buon colpo di Stato della politica. Meglio affidarsi a questi generali, gente esperta nelle operazioni di cui non si può parlare senza vergognarsene; soltanto un generico ringraziamento a Grandi per aver offerto al sovrano il salvacondotto richiesto.

La follia di Roatta

Se la caduta del fascismo fu opera degli stessi fascisti con la seduta del Gran Consiglio, il colpo di Stato si dovette esclusivamente ai militari. «Golpe» vero e proprio, paragonabile grosso modo a quello di Pinochet in Cile o di Papadhopulos in Grecia, anche se poi ridimensionato all'italiana, ossia finito a tarallucci e vino. «Golpe» con l'arresto del capo del governo, la parte esecutiva affidata ai carabinieri, l'intervento delle forze armate, lo stato d'assedio, la cattura di ministri e personalità, la repressione sanguinosa di eventuali forme di resistenza. Per fortuna dei generali, sia il capo del governo sia i ministri avevano più fretta di andarsene di quanta ne avessero loro di cacciarli. Non vi fu necessità di particolari azioni per debellare un regime già autodebellatosi. Ciò non toglie che fossero state decise, con una scelleratezza pari all'impudenza, misure balcaniche. Il forsennato generale Roatta resterà tristemente noto (quasi non bastassero i suoi incidenti di condottiero) per la circolare diramata il 27 luglio e ben meritevole di non essere dimenticata.

«Presi gli ordini dal Comando Supremo comunico e dispongo: 1) Nella situazione attuale, col nemico che preme, qualunque perturbamento dell'ordine pubblico, anche minimo e di qualsiasi tinta, costituisce tradimento e può condurre, ove non represso, a conseguenze gravissime; qualunque pietà e qualunque riguardo nella repressione sarebbe pertanto delitto. 2) Poco sangue versato inizialmente risparmia fiumi di sangue in seguito. Perciò ogni movimento deve essere inesorabilmente stroncato all'origine. 3) Siano assolutamente abbandonati i sistemi antidiluviani, quali i cordoni, gli squilli, le intimazioni e la persuasione, e non sia tollerato che i civili sostino presso alle truppe intorno alle armi in postazione. 4) I reparti devono assumere e mantenere grinta dura e atteggiamento estremamente risoluto. Quando impiegati in servizio di ordine pubblico, in sosta o in movimento, abbiano il fucile a "pronti" e non a "bracciarm". 5) Muovendo contro gruppi di individui che perturbino l'ordine o non si attengano alle prescrizioni delle autorità militari, si proceda in formazione di combattimento e si apra il fuoco a distanza, anche con mortai e artiglieria senza preavviso di sorta, come se si procedesse contro truppe nemiche. Medesimo procedimento venga usato da reparti in posizione contro gruppi di individui avanzanti. 6) Non è ammesso il tiro in aria; si tira sempre a colpire come in combattimento. 7) Massimo rigore di controllo e attuazione di tutte le misure stabilite da noto manifesto. Apertura immediata del fuoco contro automezzi che non si fermino all'intimazione. 8) I caporioni e istigatori dei disordini, riconosciuti come tali, siano senz'altro fucilati se presi sul fatto, altrimenti siano giudicati immediatamente dal Tribunale di guerra sedente in veste di Tribunale straordinario. 9) Chiunque, anche isolatamente, compia atti di violenza e ribellione contro le forze armate e di polizia o insulti le stesse o le istituzioni, venga immediatamente passato per le armi. 10) Il comandante di qualsiasi grado che non si regoli secondo gli ordini di cui sopra, venga immediatamente deferito al Tribunale di guerra competente che siederà e giudicherà nel termine di non oltre ventiquattr'ore.

«Confido che i comandanti – consci della gravità dell'ora, e che da falsa pietà, lentezza e irresolutezza potrebbe derivare la rovina della patria – daranno e faranno dare la più ampia esecuzione a quanto sopra disposto. Si tratta di imporsi subito con rigore inflessibile. Firmato: *generale Roatta, capo di Stato Maggiore Esercito.*»

Questo generale Roatta, membro autorevole del clan dei golpisti, dirama ordini da colpo di Stato con la brutalità che, dopo l'8 settembre, gli varrà l'accusa d'essere un criminale di guerra per le atrocità commesse in Croazia. Il piglio repressivo è lo stesso, senonché le intimidazioni e le apocalittiche minacce non sono rivolte ai partigiani di Tito, ma agli italiani, ai quali si indirizza col suo tonitruante militarese. Questo la dice lunga sulla mentalità e i propositi di gente come lui, cioè del clan dei generali venuti alla ribalta vantandosi di ridare all'Italia la libertà di cui Mussolini l'aveva privata. In realtà essi debuttavano sostituendo alla dittatura fascista la loro dittatura, fortunatamente durata soltanto quarantacinque giorni. Durante i quali furono uccisi più «sovversivi» di quanti ne abbia mandato a morte il fascismo in vent'anni.

Nel piano dei generali era previsto l'arresto di centinaia di persone, secondo la tecnica messa in atto nel dopoguerra dai loro epigoni cileni, libici, iracheni, greci e argentini. L'elenco è lungo: Ciano, Grandi, Farinacci, Scorza, Bastianini, Starace, Albini, Buffarini Guidi, Alfieri, Bottai... d'ogni erba un fascio. Si immaginerebbe che il re sia intervenuto per cancellare almeno il nome di chi agiva in accordo con lui, per esempio Grandi. Nessun intervento. Si vide poi, anzi, il trattamento riservato da Vittorio Emanuele proprio a Grandi. L'uomo al quale doveva la caduta del fascismo, e quindi la possibilità di ordinare il colpo di Stato, viene liquidato dal sovrano il giorno dopo il 25 luglio e ringrazi il cielo d'avere ottenuto dal suo amico Guariglia il passaporto per salvarsi in Portogallo. Lo stesso documento sarà negato a Ciano, collare dell'Annunziata, costretto per disperazione a mettersi nelle mani dei tedeschi, finendo fucilato. Addirittura il re avrebbe aggiunto di suo pugno all'elenco altri due nomi e sfortunatamente non si è saputo di chi fossero.

Ambrosio ha trattato con tutti, da Caviglia a Bonomi, a Badoglio, a Orlando, a Ciano, ad Albini, a Bastianini, a Maria José, a Volpi, a Cini, per scoprire una concreta possibilità di influire su Mussolini o, in caso negativo, per toglierlo di mezzo. Non venendo a capo di nulla, si è orientato esclusivamente sul re. Sia lui a coordinare l'azione dei militari e a gestire il trapasso dalla guerra all'armistizio.

Vi sono due curiose osservazioni da fare a proposito di Ambrosio e dei generali. La prima, che essi non tengono in nessun conto, quasi non esistesse o fosse stata revocata, la decisione degli Alleati di imporre all'Italia e alla Germania la resa incondizionata. Agiscono nella candida illusione che gli angloamericani siano pronti a usare nei loro riguardi un trattamento preferenziale, tirando un frego su quella loro risoluzione. La seconda, che né Ambrosio né alcun altro dei congiurati prende in considerazione l'eventuale esistenza di un antifascismo non di cariatidi governative, ma di formazione successiva al 1922 e forse disponibile a un'azione concreta e addirittura armata. Ambrosio e i generali, oltre ai colloqui con i vari Bonomi, Soleri, Orlando e compagnia, non vanno.

A loro giustificazione si poté constatare a posteriori l'inesistenza dell'apporto dell'antifascismo, vecchio e nuovo, alla caduta della dittatura. Zangrandi riconosce che gli antifascisti, per liberarsi del fascismo, non hanno fatto nulla. Acquarone, *trait-d'union* tra politici e militari, confidava il 9 giugno a Vitetti: «Tu questi antifascisti non li conosci; sono dei rammolliti, e non hanno che un solo desiderio, quello di prendere il governo dopo che il Paese verrà gettato nel caos. Io ne ho visto qualcuno e mi ha fatto un'impressione disastrosa. Bisogna uscire dalla guerra, ma non bisogna fare la fine della Russia, e questi vecchi parlamentari sono debolissimi».

C'era, nel clan dei congiurati, un generale al quale forse non sfuggiva l'importanza di un aggancio con le masse popolari attraverso certi esponenti clandestini, per dare del cambiamento di governo un'immagine sia pur vagamente democratica. Questo generale era Carboni, il quale teneva contatti con i comunisti. Ad essi farà distribuire l'8 settembre qualche centinaio di fucili, perché contribuissero alla difesa di Roma che toccava a lui, fuggito a nascondersi in casa di Susanna Agnelli. Purtroppo, dei membri militari del complotto, Carboni era il peggiore. Bell'uomo, nero di capelli, prestante, elegante, eccellente cavallerizzo, di madre americana, reputato *tombeur de femmes* al punto di farsi prendere in giro da Mussolini, Carboni dalla fine di giugno 1943 era il capo del SIM, il servizio segreto militare. Nessuna impresa bellica al suo attivo. Nel 1940 comandava l'Accademia militare di Modena, posto dove non risulta si affrontasse il nemico, nel 1941 una divisione d'assalto ma di stanza a Livorno per partecipare alla gita turistica dell'occupazione della Corsica. Con tutto ciò Carboni si credeva un genio e, interessato più agli intrighi della politica che ai piani di battaglia, aveva scelto di puntare su Ciano, nel quale – come tanti – intravedeva il successore di Mussolini.

Galeazzo ricambiava favorendone la carriera, portandolo a Roma, appoggiandolo con la sua autorità nello Stato Maggiore. Ora però Carboni sentiva avvicinarsi il momento in cui Mussolini sarebbe stato costretto ad andarsene, mentre Ciano, cacciato dal governo proprio dal suocero e confinato alla periferia della politica, si presentava come un altro perdente. Meglio salire in tempo sul carro dei colleghi dello Stato Maggiore, impegnati in una congiura di cui tiene le fila il re. Carboni si inserisce tra i vari Ambrosio, Castellano, Roatta, Sorice e Cerica: e poiché è convinto di essere il migliore di tutti, il più astuto, e giudica gli altri dei presuntuosi incapaci, eccolo tentare di prendere le redini del complotto per fare a modo suo.

È Carboni a suggerire di cacciare Scuero per mettere al posto di sottosegretario alla Guerra Sorice, a far sostituire il capo di Stato Maggiore dell'esercito, Rosi, con Roatta, a brigare per ottenere il comando del nuovo Corpo motorizzato per la difesa di Roma. Il colpo di Stato, da cui dovrebbe discendere l'uscita dalla guerra e la pace separata, ossia un avvenimento epocale, è nelle mani – tra gli altri – di un personaggio come Carboni, comparso a Roma solo nel marzo 1943 dichiarandosi «... risoluto ad agire senza concedermi respiro, per affrettare la soluzione della crisi nazionale ed il crollo di Mussolini». Volendo lasciar subito intendere quanto sia astuto, prende casa a Grottaferrata dove abita Kesselring, in modo da controllarne ogni mossa. Si inserisce in una cellula comunista, si propone come «il centro e il motore di tutto». Dalla sua scrivania di capo dei servizi segreti ordisce ogni genere di machiavellismi, alla prova dei fatti rivelatisi demenziali (o peggio).

Nonostante la sua furberia, non si accorge che i colleghi golpisti non si fidano di lui e al momento del *redde rationem*, ossia l'8 settembre, lo scaricheranno, scappando col re e lasciandolo nelle peste. Si sfogherà accusandoli del disastro dell'armistizio, ma non solo: anche di ogni altro errore commesso prima e dopo la caduta di Mussolini. Al convegno di Feltre Ambrosio, secondo Carboni, chiese ai tedeschi nuove divisioni, quando bisognava invece far rientrare in Italia le nostre dislocate oltre confine per opporsi alla Wehrmacht. Peggio il re: «... fece appello alla costituzionalità del voto del Gran Consiglio per dimettere Mussolini da capo del governo, ma violò poi la costituzionalità della visita di Mussolini, lasciandolo arrestare dai carabinieri a casa sua». Incapaci e inefficienti non soltanto Ambrosio, Castellano, Roatta e Sorice, ma anche Soddu, Scuero, Caracciolo e Graziani (e per la verità aveva ragione). Quanto a Badoglio, riverito per convenienza da capo del governo e detestato dopo la fuga a Pescara, cosa aspettarsi da uno che era l'amante della moglie di suo nipote, nel caso specifico il colonnello Valenzano?

Il ruolo di Badoglio

Badoglio, in questo quadro golpista di greche e di sciabole, è la figura più eminente per notorietà, per età, per grado e per una autorevolezza nell'ambiente militare non scalfita dalla catastrofe di Grecia e dalle conseguenti dimissioni. I congiurati sanno di avere in lui un punto di riferimento e, se il colpo riuscirà, sarà Badoglio l'uomo scelto dal re per sostituire Mussolini. Lui li ascolta, ne condivide i piani, gli dà la sua benedizione. Tuttavia prende le distanze, preferisce agire in proprio, tessere le proprie trame personali. Vede spesso Bonomi perché attraverso di lui tiene i contatti con l'antifascismo antemarcia. È pieno di riguardi con Acquarone, perché lo sa vicino al re e influente sulle sue decisioni. Accetta di incontrare a Cogne, in Val d'Aosta, in una villa dell'industriale Necchi, la principessa Maria José schierata contro Mussolini. Non trascura la massoneria, alla quale è iscritto come tutti gli alti gradi militari. Ascolta due «muratori» sudamericani conosciuti ai tempi della sua missione di ambasciatore in Brasile, l'ex diplomatico Vinicius de Vega e il «rosacroce» Giuseppe Cambareri, i quali gli raccontano di avere appoggi negli Stati Uniti per organizzare addirittura il rapimento di Mussolini.

Ma ha in mente progetti più seri. Il primo febbraio 1943 il ministro degli Esteri inglese Eden scrive all'incaricato d'affari americano a Londra e al rappresentante sovietico in Inghilterra di aver saputo da un informatore in Svizzera che il Maresciallo intende prendere il potere in Italia e instaurare un governo militare. Badoglio propone di inviare un emissario, il generale Gustavo Pesenti, in Cirenaica a discutere con gli Alleati una azione interna ed esterna per rovesciare il fascismo. Nello stesso tempo Pesenti dovrebbe reclutare tra i prigionieri di guerra e gli italiani all'estero una forza da affiancare a quelle angloamericane, dopo il cambio di campo. Purtroppo per il Maresciallo, in chiusura della sua comunicazione, Eden avverte saggiamente di non essere propenso a prendere in considerazione l'offerta.

Badoglio non si scoraggia. Ha in corso altri contatti con lo spionaggio inglese in Svizzera attraverso Luigi Rusca fin dal 1942 e il suo legame con l'Inghilterra non si spezza. Anche il Vaticano va coltivato e il Maresciallo scambia lettere e messaggi con il cardinale Maglione, di cui è evidente l'interesse a ogni iniziativa tesa ad abbattere il Duce. Vede un paio di volte il re e nell'incontro del 16 luglio, quando gli parla degli amici del prefascismo per indicarli come uomini per il dopo Mussolini, si sente rispondere con la famosa frase, giusta peraltro: «*I sun di revenants*», sono dei fantasmi. Risponde con una battuta altrettanto amara, ma appropriata: «Maestà, anche noi due siamo dei fantasmi».

Nel suo gran trafficare, tiene un piede ben fermo nella congiura di Ambrosio. Quella è la strada più sicura per arrivare a vendicarsi di Mussolini ed è bene non trascurarla. Al momento opportuno faranno capo a lui e lui è pronto a rispondere alla chiamata. Acquarone e Ambrosio lo hanno avvertito che può giungere da un momento all'altro. Infatti, quando arriva, il pomeriggio del 25 luglio, e i due si presentano a casa sua in via Bruxelles per condurlo dal re, è già al corrente e ha preparato la sceneggiata. Finge di farsi trovare ignaro mentre gioca a bridge con i soliti amici, simula di meravigliarsi della fretta dei messaggeri, i quali vogliono portarlo a Villa Savoia così com'è. Risponde di non essersi mai presentato al sovrano se non in uniforme secondo il protocollo e va a indossare la divisa, mentre Ambrosio e Acquarone fremono nell'attesa. Ma è tutto combinato. Come la scherzosa intimazione del Maresciallo ai familiari, uscendo di casa: «Da questo momento e fino a nuovo ordine, nessuno si muova di qui. Siete tutti consegnati». Per mostrare quanto fosse militarmente felice: e nel frigo c'era lo champagne per il brindisi, messo in fresco il giorno avanti.

Da quando ha dovuto dimettersi, Badoglio si è scoperto antifascista. Un suo collaboratore dirà: «Il Maresciallo aveva avuto una grande stima di Mussolini, e un elevato concetto. Forse non fu proprio fascista, ma nemmeno antifascista. L'urto tra loro avvenne soltanto dopo la sostituzione con Cavallero». Alla signora Vanna Vailati, la sua biografa, aveva detto del Duce: «Era un uomo che possedeva uno *charme* e una intelligenza non comuni. Era dotato di un intuito politico notevole e di una straordinaria prontezza nel percepire i problemi più disparati. Ma di lui bisogna distinguere due periodi. Fino al 1936/37 Mussolini fu grande e in un certo senso si lasciò anche guidare. Ma l'impero gli diede alla testa. E poi c'è un veleno che corrode le dittature: l'incenso. La rovina delle dittature sono i ras osannanti...». Insomma, fino al 1936 un idillio, cioè fino all'anno della conquista dell'Etiopia, il più luminoso nella parabola di Badoglio. Il male viene dopo, perché occorre salvare quella data.

La grande ora della vendetta arriva con la caduta del nemico, quando va dal re e si sente offrire la successione. Scrive, con finta modestia: «Capisco che un mio rifiuto avrebbe posto in gravissimo imbarazzo Sua Maestà». Un suo rifiuto? Ma se non aspettava altro.

IV

I TORMENTI DI MUSSOLINI

Come reagirebbero i tedeschi?

Non è vero che il Mussolini dei mesi tra gennaio e luglio 1943 fosse ormai estraneo a ogni interesse politico, un uomo incapace di cogliere il senso degli avvenimenti e di studiare un'iniziativa per uscire dalla crisi. Certamente i dolori di cui soffriva lo debilitavano e gli impedivano di dedicarsi ai problemi urgenti. Lo stress lo logorava. Trovava e cercava pace soltanto alla Rocca perché lassù erano interrotti i contatti con Roma, perché lassù sia pure per brevi periodi poteva «staccare». Non era però uomo da lasciarsi trascinare dalla corrente, un vinto rinunciatario e inaffidabile, privo di reazioni, già lontano dalle cose del mondo, un cervello spento e tuttavia, in simili condizioni, responsabile d'un Paese prossimo allo sfascio. Sarebbe un errore crederlo.

Che la situazione divenisse sempre più critica, che vi fossero ormai scarse speranze per l'Italia di salvarsi, che fosse necessario staccarsi dalla Germania e chiedere una pace separata, Mussolini lo sapeva. Quanto e forse più di chi lo accusa, per la sua inerzia e la sua soggezione a Hitler, di ostacolare l'unica soluzione possibile della crisi. Ossia un armistizio. Anche Mussolini era convinto della fatalità della sconfitta. Ma il suo problema era di mettere fine al conflitto in Italia salvando la sua ventennale costruzione. La sua ossessione non erano gli Alleati avanzanti, bensì la Germania: «Si fa presto a dire di sganciarsi dalla Germania. Quale atteggiamento prenderebbe Hitler? Pensate che ci lascerebbe libertà di azione?». Di tutti quanti si proponevano di risolvere il problema della guerra, era il solo a vedere con realismo le possibili conseguenze d'una pace separata. Cioè a temere la reazione del Führer, di cui conosceva la spietatezza. Ne aveva subìto a Klessheim le severe reprimende per la debolezza del governo fascista e per essere divenuta l'Italia un peso senza contropartita per i tedeschi. Ne aveva ben presenti le dure minacce di Feltre, di fronte all'inazione italiana e alla resa sul campo delle nostre truppe in Sicilia.

Mussolini sapeva molte più cose dei generali e dei gerarchi. Si sforzava di migliorare la propria posizione chiedendo tempo all'unica persona informata quanto lui, e in grado di concederglielo. Il re. A Feltre il Duce era stato posto da Hitler di fronte alla richiesta di mettere le forze armate italiane sotto comando germanico e, se necessario, di affidare ai tedeschi anche la gestione degli affari interni. In altre parole, di consegnargli il Paese senza bisogno di occuparlo militarmente. In ogni caso – aveva lasciato intendere Hitler – lo avrebbe fatto se la risposta fosse stata negativa. La risposta doveva giungere in tempi brevi, altrimenti sarebbero seguiti i fatti. Ecco cosa angosciava Mussolini, ecco cos'era andato a raccontare al re al rientro dall'incontro di Feltre, chiedendo due mesi di tempo per tenere a bada la Germania mentre concludeva l'uscita dalla guerra. Due mesi: durante i quali, pensava, potevano succedere tante cose, anche l'impiego delle armi segrete su cui il Führer contava per capovolgere le sorti del conflitto. In ogni modo, sufficienti per consentirgli di trovare una via d'uscita dall'imposizione teutonica.

Lui si preoccupava della reazione tedesca in caso di sganciamento non concordato. I generali e i gerarchi del Gran Consiglio (ma non Grandi) pare non si ponessero il problema. Agli spensierati militari del «golpe» e ai fascisti preoccupati di salvare insieme la patria e le poltrone sembrava uscito di mente che i tedeschi tenevano in Italia la terza divisione *Panzergrenadiere* in Toscana, la sedicesima di fanteria e la ventiseiesima corazzata in Campania e in Puglia, la ventisettesima corazzata «Goering» in Sicilia, più vari reparti autonomi. Sembravano trascurare che essi potevano – e ne daranno dimostrazione l'8 settembre – impadronirsi in pochi giorni d'un Paese già moralmente sconfitto, le cui forze armate erano pronte a sfaldarsi al più piccolo urto e in Sicilia avevano offerto l'incredibile spettacolo di un esercito vinto che corre incontro ai nemici applaudendoli.

Mussolini, da tempo, cercava di realizzare un suo disegno politico, consistente nel tentare di convincere Hitler a fare la pace con l'URSS. Ciò avrebbe permesso alla Germania di ritirare da quel fronte le divisioni che vi si stavano dissanguando senza speranza, per rivolgerle contro gli Alleati. Si eliminava così l'insostenibile sforzo della duplice guerra e, nel disegno del Duce, parte di quelle truppe si sarebbe potuta trasferire in Italia, a contrastare fruttuosamente l'avanzata degli angloamericani.

«Dopo le recenti sconfitte in Africa e in Russia, anche il vertice fascista e lo stesso Mussolini si erano convinti che bisognasse trovare una nuova via d'uscita. Ma non era facile. Infatti, è dalla ricerca di questa soluzione che si evince tutta la superficialità della classe politica e militare, fascista e monarchica, che in tutto quell'armeggiare fu guidata solo dalle ambizioni di carriera e dalle possibilità di avanzamento. Si comincia con gli sforzi per convincere Hitler a un accordo con Stalin o almeno a una stabilizzazione del fronte orientale, in modo da spostare tutto il baricentro della potenza tedesca sul Mediterraneo contro gli Alleati; si prosegue con la pretesa che i tedeschi accettino una uscita unilaterale dalla guerra degli italiani; si finisce con l'assurda idea di Dino Grandi (che pure era un uomo di molte qualità) di un ribaltone del fronte, con l'immediato passaggio dell'Italia a fianco degli Alleati. Evento tanto incredibile allora, quanto impossibile dopo. Con tutte le conseguenze che ancora scontiamo.

«C'è un passo di Rosario Romeo che dà un giudizio definitivo sui vertici militari e politici del Fascismo: "Dopo aver corso l'avventura a fianco della Germania fino a quando il successo parve a portata di mano, si scoprirono antifascisti e antitedeschi alla venticinquesima ora, mostrarono in questa occasione di essere non solo tecnicamente ma anche moralmente troppo inferiori alle esigenze del conflitto che coinvolgeva il destino di interi popoli e non poteva essere chiuso con manovre ispirate allo stile della settecentesca politica di gabinetto".» (De Felice.)

Purtroppo Mussolini non teneva conto che per Hitler il principale nemico erano i sovietici, con cui non si sarebbe mai inteso, mentre con gli Alleati avrebbe potuto in futuro collaborare «in difesa della comune civiltà occidentale». Soprattutto fingeva di ignorare che Hitler aveva segnalato di temere uno sbarco in Sicilia e si era sentito rispondere di non preoccuparsi, caso mai lo sbarco sarebbe avvenuto in Sardegna, in Corsica o in Provenza. Il Führer aveva capito fin da maggio che il suo amico italiano era in crisi e non ci si poteva fidare né di lui, né del fascismo, né dell'esercito. Perché avrebbe dovuto prestare orecchio ai suggerimenti politici di un uomo stanco e sfiduciato, in balìa di generali incapaci e felloni e di ministri traditori ai quali non sapeva più imporsi? Inoltre su Hitler influivano i vari Keitel, Jodl, Warlimont, Burgsdorf, gli ufficiali del Comando Supremo, da tempo persuasi della mediocrità delle nostre forze armate e del fatto – come diceva Keitel – che il «solo esercito italiano a non tradire è un esercito inesistente».

Si aggiunga il giudizio negativo sul Duce di Goebbels: «È un vecchio stanco di tutto», quello di Rommel dopo la sconfitta in Africa settentrionale: «Un uomo stanco e senile, capace ancora di qualche intuizione, ma inetto a emanare precisi ordini politici...». Già una settimana prima dell'incontro di Feltre, Hitler dava l'Italia al collasso e dichiarava che se le cose non cambiavano era inutile impegnarvi forze nuove. Come si vede, l'ipotesi di convincere il Führer a distaccare sul nostro fronte truppe provenienti dalla Russia dopo una problematica pace con Stalin sembra chiaramente irrealizzabile.

Non si può dire che, pur nello stato d'angoscia delle sue giornate, Mussolini si sia lasciato andare fatalisticamente, limitandosi ad aspettare di vedere dove sarebbe finita la barca. Anzi, lavorò fino all'ultimo in una duplice direzione: premere sui tedeschi per convincerli a non infierire sull'Italia in caso di armistizio e sforzarsi di cercare un contatto con gli Alleati. Per premere sui tedeschi studiò con il sottosegretario agli Esteri Bastianini un progetto teoricamente attuabile, sebbene di esito assai incerto, eppure forse il solo possibile per presentare alla Germania il distacco dell'Italia come un evento sia pure deprecabile, ma non come un tradimento. Il progetto consisteva, si sa, in una unione concordata sotto l'egida di Roma delle potenze minori dell'Asse, Ungheria, Romania e Bulgaria, tutte ormai con l'acqua alla gola. Si doveva prospettare al

Führer la loro necessità assoluta di uscire dalla guerra, ma dopo averla pattuita con lui. La garanzia di astenersi da qualsiasi azione militare, e quindi di assicurare il Reich dai pericoli sulle loro frontiere, poteva avere un peso per indurre Hitler a considerare la proposta. O almeno a discuterla.

Il Duce vuole trattare

Bastianini ebbe molti colloqui sul tema e mandò avanti le trattative, vedendo anche a notte alta il cardinale Maglione suo mallevadore e tenendo informato degli sviluppi Mussolini. Ma anche questa strada si rivelò impercorribile. Non fu possibile nemmeno ottenere dalle potenze minori una dichiarazione comune di disponibilità. La paura della reazione tedesca bloccava ogni mossa. Tutti temevano ciò che sarebbe potuto accadere, tranne gli scanzonati generali italiani.

Mussolini, pur ostentando assoluta intransigenza verso qualsiasi accenno di contatti con gli Alleati, e anzi minacciando piombo e morte ai traditori «d'ogni rango e razza», nelle sue ore segrete si sforzava di trovare anch'egli una soluzione. Non era tanto cieco da non vedere le cose nella loro drammatica luce: l'esercito quasi disarmato e sconfitto su tutti i fronti; le poche divisioni efficienti di stanza oltre confine e inutilizzabili per ostacolare l'avanzata angloamericana; la gente stanca; la Sicilia perduta in venti giorni o poco più; i nemici considerati liberatori; la penuria di viveri giunta al limite della sopportabilità; le città distrutte dai bombardamenti aerei; il malcontento crescente di cui aveva notizia dagli informatori dell'OVRA e dai pochi coraggiosi (Farinacci più d'ogni altro) azzardatisi a dirgli la verità.

Contattare gli Alleati... Non soltanto lo pensò, ma lo fece per quanto gli fosse difficile mantenere il segreto e reperire canali sicuri. Provò in Svizzera, patria di ogni intrigo della diplomazia coperta. Non ottenne alcun risultato. Lo sapevano giunto alla fine, aveva in Inghilterra nemici potenti e irriducibili come il ministro degli Esteri Eden, decisi a vederlo affogare stando a guardare dal bordo dello stagno. Per contro, aveva qualche amico: per esempio Churchill, con il quale era rimasto in corrispondenza anche dopo l'entrata in guerra, quando si sarebbe immaginata una barriera di ferro calata tra loro. Churchill poteva essere disponibile a dargli una mano. Lo disse a Scorza, la sera della conclusione del Gran Consiglio: «Con Churchill forse si potrebbe trattare, gli inglesi sono realistici, non si lasciano incantare dagli ideologismi. Ma ci vorrebbe almeno una vittoria militare...». Non era possibile chiedere qualcosa da una posizione di debolezza come quella in cui si trovava. Una vittoria sarebbe stata una carta importante da giocare e a Churchill poteva servire per convincere i suoi di avere di fronte non un perdente, bensì un nemico ancora in forze e dunque da ascoltare se voleva arrendersi. Purtroppo una vittoria militare, in quel torrido luglio 1943, era più aleatoria dell'Araba Fenice...

Un tentativo di aprirsi una strada per arrivare a trattative lo fece con Acerbo, nuovo ministro delle Finanze dal febbraio. Acerbo era uno dei fascisti «autorevoli», come De Stefani, come De Marsico, come Federzoni, la vecchia guardia dei notabili. Di essi, alcuni erano stati mummificati in incarichi prestigiosi senza peso politico, altri – e Acerbo tra questi – avevano avuto un *cursus honorum* di grande risalto, con posizioni eminenti nel partito e nel governo. Nella seconda metà del gennaio 1943, nella sua veste di presidente dell'Istituto internazionale di agricoltura, Acerbo era andato a Berna e a Zurigo per riunioni di lavoro e aveva incontrato anche colleghi inglesi e americani. Naturalmente avevano parlato della guerra. Acerbo godeva, nel suo campo, di buona reputazione: gli avevano detto apertamente di adoperarsi per convincere Mussolini a uscire dal conflitto in cambio di condizioni favorevoli ed eque.

Tornato in Italia, Acerbo riferì al Duce. La risposta fu questa: «Puoi trovare in qualsiasi momento un pretesto plausibile per andare in Svizzera per conto dell'Istituto?». Acerbo rispose di sì. Mussolini gli disse di tenersi a disposizione e lo pregò di tacere con tutti: «Con Ciano e con tutti». Chiuse il colloquio impegnandosi a riparlare della cosa alla fine dell'estate. Un tempo troppo lontano, perché gli avvenimenti precipitarono. Vi fu il Gran Consiglio e in quel consesso anche Acerbo diede la sua spinta per far cadere il dittatore. Avrebbe dovuto decidersi prima. Però non soltanto a lui Mussolini aveva fatto intendere di voler rivolgersi agli Alleati. Quando Giacomo Paulucci di Calboli fu inviato ambasciatore a Madrid, nell'aprile 1943, il Duce lo ricevette a Palazzo Venezia prima della partenza e come direttiva, con grande sorpresa del diplomatico, gli suggerì di prendere contatti con i suoi colleghi inglese e americano. Paulucci lo fece, ma inutilmente. Ormai era tardi. In ogni modo anche questi episodi dimostrano l'intenzione di Mussolini di chiudere la partita e l'errore di giudicarlo testardamente intransigente nei mesi del crollo dell'Italia.

Doveva poi rimettere la maschera bellicosa, per dimostrare di non deflettere dalla sua linea e di tener fede al grido lanciato dal balcone il 10 giugno 1940: «Vincere!». Infatti in Gran Consiglio dirà: «Guai se noi abbandoniamo la lotta, sarebbe il peggior disastro. Io la proseguirò anche a costo di dovermi ritirare ai piedi delle Alpi». Si levò una voce: «Ma nel frattempo l'Italia sarà letteralmente spianata». Replicò: «La ricostruiremo. Meglio la distruzione totale che una resa agli angloamericani i quali abbasserebbero l'Italia a una potenza di terz'ordine; la nostra nazionalità verrebbe lacerata, il popolo condannato a servire da gregge alle potenze vincitrici e l'Italia ridotta a luogo di diporto licenzioso dei padroni del mondo». Erano discorsi per la platea. Avevano lo scopo di intimorire i pavidi, di togliere le illusioni ai moderati e forse di far coraggio a se stesso. Quando uno sta tentando segretamente di prendere contatto con il nemico per arrendersi, e Mussolini stava facendolo, deve pur fingere per non lasciar trapelare le proprie reali intenzioni.

Questo groviglio di speranze e di delusioni, di cattive notizie e di annunciate sciagure, di amici e nemici uniti nel tramare alle sue spalle, in una situazione di logoramento e di stanchezza fisica e nervosa, poneva Mussolini nelle condizioni peggiori per farvi fronte. Si può capirlo se mostrava una tensione sconosciuta in passato, se la sua sicurezza talvolta vacillava, se cedeva all'irritabilità. Secondo Bottai non era più normale, ma nessuno glielo diceva (nemmeno lui, però). Altri notavano le improvvise amnesie, mai riscontrate prima in un uomo dalla memoria «da elefante». Con tutto ciò basta ripercorrere le vicende da lui attraversate nel 1943, specie nel giugno e luglio, per giustificare certi suoi crolli psicologici e certe fughe alla Rocca per non mostrarsi in crisi.

Il 5 giugno compare casualmente al balcone di Palazzo Venezia. È l'ultima volta, poi da quel pulpito non si affaccerà più. È il giorno della nomina del nuovo Direttorio del partito e il segretario Scorza ha tenuto il suo discorso ricostituente all'Adriano. Un po' di gente si è raccolta in piazza e come d'obbligo lo ha acclamato. Lui ha finto di cedere alle insistenze e si è affacciato gridando, tra l'altro, la famosa frase: «Onore a chi combatte, disprezzo per chi s'imbosca e piombo per i traditori di qualunque rango e razza». Molti interpretano la minaccia come diretta a Maria José. Mussolini era informato dei suoi maneggi, sapeva da tempo di averla ostile.

«Radunerò il Gran Consiglio»

L'11 giugno, primo annuncio di ciò che fatalmente accadrà poi: si arrende Pantelleria con il suo pavido ammiraglio Pavesi, «... il primo in ordine di tempo degli ammiragli traditori». Mussolini passa notti insonni. Vorrebbe credere nello spirito di reazione degli italiani e lo dice a Farinacci: «Se il nemico metterà piede sul territorio nazionale, gli italiani torneranno ad essere quelli del Piave». Non è vero, torneranno a essere quelli di Caporetto. Il 24 del mese, per dare una scossa a un popolo rassegnato al peggio, ordina a Gentile di tenere un alato discorso in Campidoglio, per incitare alla lotta e sollevare gli spiriti. Ma il discorso è quello di un nobile professore, ci vuol altro per scuotere gente sfiduciata e cinica. Per sua sfortuna, Mussolini è incorso in uno strafalcione storico nemmeno gravissimo, ma che da allora dovunque gli si rinfaccerà per screditarlo. Ha sbagliato nel citare l'autore della massima «L'uomo è misura di tutte le cose», attribuendola ad Anassagora invece che a Protagora. Purtroppo per lui, ha completato l'opera pavoneggiandosi col dire: «E scusate l'erudizione». Un'altra delle sue allarmanti *gaffes*, rivelatrici della confusione a cui sta soccombendo; come quando disse bagnasciuga in luogo di battigia, per indicare la linea della spiaggia dove l'onda giunge e si ritira.

La svolta arriva il 10 luglio, quando gli Alleati sbarcano in Sicilia. Lo informano a Villa Torlonia all'inizio della giornata e peggiore notizia non potevano dargli. Spera che si riuscirà a ricacciare il nemico, non cambia il suo programma e va a Bracciano ad assistere a una esercitazione a fuoco della divisione «M». Il tempo è grigio, piove, *sunt lacrimae rerum.* Torna a casa e alle tredici ascolta il giornale radio come milioni d'italiani e come loro nella stessa incertezza su cosa accadrà. Si fa telefonare dai prefetti le reazioni della gente al disastroso annuncio. Si deprime sentendosi rispondere che non è successo nulla, soltanto indifferenza, apatia totale, uno stato d'animo da lasciare poche speranze. Il Paese ha chiuso, non ha più intenzione di sacrificarsi. Ben vengano gli angloamericani, i liberatori, e sia finita. Ora Mussolini comincerà a rendersi conto almeno che non vi è più scampo.

Crede di venirgli in soccorso Scorza con l'idea di convocare i rappresentanti più prestigiosi del partito e del governo e di mandarli nelle varie città d'Italia a tenere una serie di conferenze per spiegare la situazione. In buona sostanza, per ripetere le solite storielle sulla immancabile vittoria finale. I prescelti sono Grandi, Bottai, Farinacci, De Bono, De Vecchi, Teruzzi, Giuriati, Acerbo... ma sono tutti perplessi, cosa si può andare a raccontare agli italiani in un momento simile? Grandi per primo, da Bologna dove si è ritirato, fa sapere che non ci sta, non parlerà in nessun luogo. Così De Marsico e Ciano, malato. Gli altri decidono di farsi ricevere dal Duce per avere le sue direttive, per essere orientati sui temi da trattare.

Vanno a dirlo a Scorza e lui è d'accordo. Andranno insieme dal Capo. Lo fanno alle otto di sera del 16 luglio, mancano all'incontro Grandi, Federzoni e Ciano. Mussolini li riceve di malavoglia, quasi sgarbatamente. Dopo averli congedati si lascerà scappare un «Cosa vogliono in realtà questi signori malvestiti?». Malvestiti: cosa c'entra? Tra l'altro non è vero, sono tutti in sahariana nera, tranne il trasgressivo Farinacci ostentatamente in lino bianco. Lui continua ad adombrarsi: «Cosa volevano quei signori? Che autorità avevano? L'autorità degli oratori, che dura quanto il discorso». Non si capisce allora perché abbia convalidato l'iniziativa di Scorza e accettato di ricevere i gerarchi. Se ne sta impettito dietro la scrivania, gli altri all'impiedi davanti a lui, come scolaretti. Quella scrivania ormai celebre, descritta da Bottai: «... piena di gingillini, distintivi, medaglie, una aquiletta di ceramica, una biglia d'acciaio cromato tra le graffette reggicarte; e intorno, per uno spazio circolare che investe l'enorme finestra sulla piazza e il camino spropositato e gremito di termosifoni, lo stesso disordine fisso, immobile, metodico. Quello strano quadro raffigurante un gatto soriano dagli occhi verdi, appoggiato a uno degli alari del camino, e statuette di vittorie con le alucce stente da artigianato deteriore, e cumuli di libri, e mazzi di spighe con nastri tricolori». Un *bric-à-brac* che, salvo i libri, si direbbe nei gusti di Bossi.

Comincia con durezza: «Io non amo le riunioni improvvisate, semideserte e senza un programma come quella che si sta svolgendo qui. Ad ogni modo, dato che ci siamo, tanto vale parlare». I gerarchi osano una timida *avance*: «Non ci dici nulla. Non sappiamo cosa raccontare alla gente. Di quello che accade non fai parola con noi». Lascia cadere il rimprovero, chiede in sostanza cosa li abbia condotti da lui. Gli altri si fanno coraggio e propongono di tenere una riunione del Gran Consiglio per orientarli e fare il punto della situazione. Dall'inizio della guerra nel settembre 1939 il massimo organo istituzionale del fascismo non viene più convocato. La crisi attuale richiede un dibattito al massimo livello in quella sede. Mussolini dapprima si mostra reticente, poi concede: «Ebbene, radunerò il Gran Consiglio. Si dirà in campo nemico che si è radunato per discutere la capitolazione, ma l'adunerò». Quando? Non si facciano illusioni: «Quando avrò tempo. Dopo la vittoria. L'importante ora è l'incontro con Hitler». Bottai riflette tra sé: "L'Italia si sfalda in granelli, come quei paesi su rocce fatiscenti che se ne vanno ogni giorno un poco". Come dire: e in una situazione simile lui rimanda le decisioni a tempo indeterminato. Prima vuol vedere Hitler, forse farsi dire da lui cosa dovrà fare al ritorno. Delusi e perplessi, i gerarchi escono con la sensazione di non aver cavato un ragno dal buco.

«Maestà, due mesi soltanto...»

L'incontro con Hitler si svolge a Feltre (meglio, a San Fermo di Belluno) nella Villa Maria del senatore Achille Gaggia, grande industriale veneziano. Il Duce si sente chiedere brutalmente dal Führer di consentire ai tedeschi di assumere il comando militare in Italia, vista l'incapacità dei nostri generali di condurre la guerra. La Germania non può permettersi di avere per alleato un Paese guidato da traditori, infido, il ventre molle dell'Asse. Mentre gli risuonano nelle orecchie queste campane a morto, arriva la notizia del bombardamento alleato di Roma. Forse Mussolini si era illuso sull'intangibilità della città eterna, sulla protezione assicurata dalla presenza del Papa. Ora gli crolla il mondo addosso, non era preparato all'evento. L'incontro si chiude in fretta e disastrosamente per lui. Nessuna promessa, neppure generica, di aiuti; la drammatica richiesta formulata da Hitler e di cui parlerà con il re e con nessun altro; l'indifferenza assoluta dei tedeschi all'annuncio dell'incursione aerea sulla capitale. Le loro città sono colpite ogni giorno e ogni notte, i loro morti civili sono centinaia di migliaia, cosa può importargli se a Roma tocca la stessa sorte? Ringrazi il cielo, invece, perché si tratta della prima volta in tre anni di guerra.

Al ritorno il Duce deve atterrare a Centocelle, l'aeroporto del Littorio è stato devastato dalle bombe e le piste sono inutilizzabili. Dalla cabina di pilotaggio ha veduto il fumo degli incendi non ancora domati. Via radio gli sono giunte le prime notizie drammatiche, centinaia di vittime, quartieri sconvolti, case distrutte, linee ferroviarie interrotte, gente in fuga terrorizzata. «Mi recai a Villa Torlonia. Per strada incontrai una quantità di gente che si recava in campagna a piedi o con ogni mezzo possibile di locomozione. La città aveva un aspetto tetro. Lunghe code di popolo si affollavano presso le fontane, perché le condutture dell'acqua erano state interrotte. A sera, da Villa Torlonia, si vedevano ancora nel cielo i bagliori degli incendi. Roma aveva vissuto una spaventosa giornata di ferro e di fuoco, che aveva distrutto ogni illusione e creata una situazione piena di incognite.» Il Papa, accorso per primo, le braccia alzate verso il cielo, la candida veste macchiata del sangue dei feriti, pregava a una folla inginocchiata intorno a lui. Un quadro ben diverso da quello che il Duce aveva tentato di presentare a Hitler, tutti gli italiani decisi a resistere ad ogni costo.

Il giorno dopo, il 20, visita anche lui i luoghi colpiti, la stazione ferroviaria, l'aeroporto, il rione

San Lorenzo, «... ma detti ordine che non se ne parlasse sui giornali». Il partito ha mobilitato un centinaio di figuranti e li ha mandati ad applaudirlo, perché abbia la sensazione che i romani terranno duro e sono sempre al suo fianco. Chissà se ci crede. Ormai deve essersene reso conto, questi teatrini servono soltanto a mascherare la realtà. Nel caso specifico la rabbia impotente della popolazione, l'impopolarità dei fascisti e sua. I pochi venuti a comando a battere le mani tengono lontano i più, silenziosi e ostili. Brutti pensieri, meglio scacciarli. Meglio occuparsi di altri aspetti della realtà. Il giorno della caduta di Siracusa lo passa a Palazzo Venezia a controllare i figurini per le nuovi uniformi del partito...

Il 21 va a riferire a Vittorio Emanuele sull'esito dell'incontro di Feltre. Non esistono testimoni del loro colloquio. Resta però la confidenza fatta dal sovrano al suo aiutante di campo Puntoni: «Ho tentato di far capire al Duce che ormai soltanto la sua persona, bersagliata dalla propaganda nemica e dalla pubblica opinione, ostacola la ripresa interna e si frappone a una definizione netta della nostra situazione militare. Non ha capito o non ha voluto capire. È come se avessi parlato al vento».

Non è vero. Mussolini aveva capito benissimo. A non aver capito era lui, il re. Mussolini era d'accordo sull'impedimento rappresentato in quel momento dalla sua persona, aveva appena raccontato la minaccia di Hitler. Chiedeva due mesi di tempo, sufficienti a suo giudizio per sbrogliare la matassa, evitare l'intervento tedesco, uscire dalla guerra senza sfracelli e ritirarsi. Figurarsi se non sapeva di essere il bersaglio della propaganda nemica e della pubblica opinione. Ma i due mesi, fino a settembre, non li ebbe. Il colpo di Stato era stato già deciso per il 26 luglio, tra quattro giorni, indipendentemente dalla riunione del Gran Consiglio, non ancora programmata.

Mussolini la indice la sera stessa, il 21, dando ordine a Scorza di fissarla per il pomeriggio di sabato 24 luglio. Era deluso dell'insuccesso del suo incontro con il re. Disse al senatore Morgagni, vecchio amico, presidente dell'Agenzia Stefani: «I tedeschi non si fidano più di noi. Per intervenire vogliono il comando effettivo di tutto il fronte italiano, anche di quello interno. È questa una condizione che né il popolo italiano, né il re, né il sottoscritto potrebbero accettare... È necessario continuare a combattere, anche se ogni speranza è ormai morta. Ma tutti mi abbandoneranno, il popolo ed il re, ché entrambi hanno sempre rinnegato coloro che non donano fortuna e potenza. E questo è logico, oserei dire naturale». Si ha l'impressione che pensasse: considerato come stanno le cose, vediamo se da una riunione di gerarchi e di ministri può sortire qualche idea per risolvere la crisi. Da parte mia, non ho più niente da proporre.

Quando Mussolini riceve da Scorza la copia dell'ordine del giorno che Grandi presenterà in Gran Consiglio e che è venuto a portargli da Bologna, lo giudica «inammissibile e vile». Il giorno successivo, il 22, accoglie Grandi nel suo studio del Mappamondo, lo trattiene per un'ora e mezza, parlano dell'ordine del giorno e della riunione del Gran Consiglio, ma non vi è traccia di alcuna critica da parte del Duce all'iniziativa del presidente della Camera.

Difficile decifrare cos'abbia in mente Mussolini da questo momento in avanti. Difficile anche giudicare il suo comportamento. Il 23 luglio, con le notizie del disastro siciliano, con il Gran Consiglio incombente, con la tragica incertezza dei giorni futuri, passa molte ore a presiedere una interminabile riunione sull'inquadramento sindacale degli artisti lirici. Il 24 mattina, quasi non pensasse nemmeno alla riunione del pomeriggio, convoca il ministro dei Lavori pubblici Benini per sollecitare la fabbricazione di certe mine a base di resina. Ogni tanto ha dei soprassalti a dir poco singolari, come quanto esclama all'improvviso e a sproposito: «Ci vuole una repressione severa, spietata, di tutti i tentativi che mirano a incrinare la compattezza morale e materiale del popolo». Non si fa illusioni sulla fedeltà dei suoi: «Cristo non ebbe che dodici apostoli. Eppure, nell'ora della prova, uno tradì per trenta denari, un altro lo rinnegò tre volte e alcuni altri erano piuttosto incerti».

Dunque, cosa può aspettarsi dai ventotto del Gran Consiglio? Fiducia nei soldati? Non nei generali, certamente. Nei soldati sì, ed ecco un'altra uscita incomprensibile: «I migliori sono quelli di Brisighella». Chissà perché. Rachele si accorge della tensione del marito, il Gran Consiglio può diventare una trappola, lo mette in guardia. Lui alza le spalle, raccoglie le carte dal suo tavolo da lavoro e le prepara per portarle a Palazzo Venezia. Fa una carezza distratta al vecchio gatto soriano di casa, accoccolato come al solito sulla poltrona del suo studio.

Manca un quarto d'ora alle cinque quando lo avvertono che la macchina lo aspetta e la «presidenziale», ossia la scorta, è pronta. Si è vestito con l'uniforme da caporale della Milizia, per gli altri ha preteso la sahariana nera del partito. Una telefonata a Claretta prima di uscire. Ormai la rottura seguita all'intervento perentorio di Edda è stata ricucita, tra tanti affanni almeno da questo lato un poco di pace.

V

LE ASTUZIE DI VITTORIO EMANUELE

«Tutto merito mio...»

Il regista del colpo di Stato è il re. I generali sono soltanto le comparse di cui si serve per il gran finale. Nel 1943 Vittorio Emanuele ha settantaquattro anni, Bottai lo descrive «... sempre più bianco e tentennante... quasi sopraffatto, ormai, dalla sua miseria fisica... con una carineria svagata da vecchio signore». Non si fida di nessuno in famiglia. Non parla di politica con la regina. Il figlio è tenuto rigorosamente fuori dagli affari di Stato: il giorno della caduta di Mussolini, Umberto va in gita, l'8 settembre lo sorprende mentre si fa la barba in bagno. Quando la nuora Maria José s'impiccia di cose non di sua pertinenza, la spedisce senza tanti riguardi con i figli a Sant'Anna di Valdieri, un buco sperduto nelle montagne del Cuneese. Le due persone che tiene al suo fianco sono il ministro della Real Casa, duca d'Acquarone, e l'aiutante di campo, generale Puntoni. Ciascuno con compiti diversi: il primo per tradurre in pratica le sue direttive, prendere i contatti «mirati», fare da *trait-d'union* con i generali, riferirgli discorsi e stati d'animo dell'ambiente fascista; il secondo per testimoniare di certi suoi giudizi, di certe sue decisioni, perché Puntoni tiene un diario ed è bene vi figurino a futura memoria le confidenze del sovrano.

Nella sua mente insondabile, colui che Montanelli definirà «una sfinge coronata» comincia a pensare di liberarsi di Mussolini fin dall'inizio dell'anno. O almeno, così vorrà in seguito far sapere e a questo scopo, il primo giugno 1944, alla vigilia dell'ingresso a Roma degli Alleati, scrive da Ravello una lettera ad Acquarone. La rende nota perché spera di rientrare nella capitale e gli serve ogni possibile titolo di merito da rivendicare: «Caro Acquarone, fin dal gennaio del 1943 io concretai definitivamente la decisione di porre fine al regime fascista e di revocare il capo del governo Mussolini. L'attuazione di questo provvedimento, resa più difficile dallo stato di guerra, doveva essere minuziosamente preparata e condotta nel più assoluto segreto, mantenuto anche con le poche persone che vennero a parlarmi del malcontento del Paese. Lei è stato al corrente delle mie decisioni e delle mie personali direttive, e lei sa che soltanto queste dal gennaio 1943 portarono al 25 luglio successivo».

È vero in parte. Nel gennaio 1943 non si erano ancora verificati gli avvenimenti militari che in seguito gli fecero giudicare ormai perduta la partita. Cioè la resa in Africa settentrionale, la caduta di Pantelleria, lo sbarco in Sicilia. Lui stesso il 23 marzo dichiarava: «La situazione è grave ma non disperata, sia dal lato militare che da quello politico. Un fatto nuovo può sempre intervenire per capovolgere radicalmente situazioni che appaiono senza via d'uscita. In ogni modo un colpo di stato contro il Duce e contro il Regime, in questo momento, con la Germania in casa e alle porte, è assolutamente inopportuno».

Ma pochi giorni prima, il 16 del mese, ricevendo il generale Federico Baistrocchi, aveva detto esattamente il contrario: «Ormai non è più il caso di nascondersi la necessità di un gesto decisivo nei confronti di uomini e cose... bisogna scegliere il momento giusto... uno sbaglio nella scelta del tempo potrebbe essere fatale per il Paese». A questo punto si è portati a giudicarlo quanto meno incoerente e magari a trovargli qualche giustificazione: l'età avanzata, certe manifestazioni maniacali di probabile origine arteriosclerotica, il carattere chiuso e la lunga desuetudine dal decidere, avendo delegato o ceduto per forza gran parte dei suoi poteri al Duce. Non è così. Vittorio Emanuele si comportava come le navi da battaglia quando incrociano quelle nemiche e fanno fumo per impedire di essere centrate dai proiettili. Anche il re faceva fumo. Diceva prima una cosa e poi il contrario ad arte, perché il suo effettivo pensiero restasse coperto e nessuno potesse vantarsi di avere influito su di lui.

A liberarsi di Mussolini pensò più tardi quando si rese conto del pericolo per la monarchia, non soltanto per l'Italia. Quando ebbe tentato invano, in tutte le maniere, prendendola alla larga, di far capire al Duce che era il momento di ritirarsi. Quando gli ebbe detto di voler provvedere lui a guardargli le spalle e a garantire il suo avvenire («Sono l'ultimo amico che le resta»). Quando dovette prendere atto di sprecare il fiato. Quando misurò la gravità del rischio, dell'avversione che dal fascismo si stava trasferendo sulla Corona: gli era bastato andare con la regina sui luoghi colpiti dalle bombe e vedere le facce della gente, sentirne le maledizioni. Quando, in quell'occasione, lui, mai recatosi durante l'intero conflitto su alcun fronte, contrariamente a re Giorgio VI d'Inghilterra, vide le macerie delle case distrutte e si trovò per la prima volta davanti allo spettacolo della guerra. Allora capì. Allora diede il via libera ad Ambrosio, il quale già da tempo gli aveva sottoposto il piano Castellano. Allora a quel piano concesse il suo *placet* e fu lui, alle sette del mattino del 25 luglio, a ordinare di metterlo in esecuzione per il giorno successivo.

Era riuscito a portare a termine il suo disegno di fornire una giustificazione costituzionale alla sostituzione di Mussolini grazie al voto del Gran Consiglio. Ma non era questo il punto. Non si trattava di revocare il Duce dall'incarico, come avviene quando un governo è posto in minoranza, bensì di farlo sparire e con lui togliersi di torno i principali personaggi del regime. Piazza pulita. Per questo era necessario il «golpe» e per questo lo aveva ideato e voluto. Come riferisce Acquarone, il re aveva deciso di liberarsi di Mussolini «... prima che si riunisse il Gran Consiglio, e indipendentemente da ogni suo voto».

Vittorio Emanuele dice il vero, invece, nella parte della sua lettera da Ravello in cui si legge, a proposito di Acquarone: «Lei è stato al corrente delle mie decisioni e delle mie personali direttive». La frase ha un doppio significato: vuole rivendicare al re il merito esclusivo di avere «revocato il capo del governo» e nel contempo assicurarsi la testimonianza del ministro della Real Casa, compensandolo con il riconoscergli di avere bene operato secondo quelle «personali direttive».

La parte di Acquarone

Acquarone, messo sotto inchiesta dopo il giugno 1944 con l'assurda accusa di avere «compiuto atti rilevanti a sostegno del fascismo» (mentre era stato il braccio esecutivo del «golpe»), si difese esibendo le sue benemerenze: «Il 25 luglio non fu che il coronamento di tutta un'opera quotidiana di informazione e di persuasione da me svolta presso il Sovrano...». Forse non con risultati decisivi, perché Vittorio Emanuele non aveva bisogno di consigli e non ne accettava da nessuno, però l'opera «di informazione e di persuasione» la esercitò. Era l'unica persona ammessa quotidianamente a Villa Savoia e della quale il re si fidava. Il duca gli aveva risolto in passato una situazione privata da cui era stato a lungo angustiato. Lo aveva salvato da una grave crisi finanziaria dovuta a investimenti sbagliati, denari prestati a persone che ne avevano fatto pessimo uso, necessità familiari a cui bisognava far fronte accumulando debiti.

Acquarone era il presidente della Società Trezza di Verona, da cui dipendevano i servizi esattoriali di seicento comuni italiani, un fiume di denaro. Vi era entrato sposando la figlia del padrone, lasciando la carriera militare in cavalleria e dimostrandosi – una volta al timone dell'impresa – un autentico genio della finanza. Alla famiglia reale era già noto. Per un certo periodo era stato istruttore del principe Umberto su segnalazione di Badoglio, presso il quale aveva prestato servizio durante la prima guerra mondiale come ufficiale d'ordinanza. Vittorio Emanuele, avendone seguito l'ascesa nel mondo degli affari, ebbe buon fiuto a chiamarlo a Roma per riassestare il suo sgangherato patrimonio. Acquarone vi riuscì con brillanti risultati, arricchì il re e ne ebbe in ricompensa la nomina nel 1938 a ministro della Real Casa. Dopo un anno di frequentazione quotidiana era riuscito, con indubbia abilità, con la riservatezza e con l'approvare ogni idea del sovrano, a conquistarne la stima. Sapeva molte cose e aveva l'intelligenza di non dirle.

Acquarone era un genovese astuto, sui cinquanta, basso di statura, buon cavallerizzo, ricchissimo, con un palazzo a Verona, una splendida residenza fuori città nella Villa Musella, altre ville e castelli a Sanremo, a San Candido, a Giove. Come tutti coloro che avevano posizioni di rilievo nella finanza, nell'industria e nell'economia, era stato fascista e ammiratore di Mussolini, iscritto al fascio fin dal 1925, senatore del regno per censo. Ossia per l'entità del patrimonio: quello era infatti uno dei titoli per ottenere il laticlavio.

Mario Zamboni, suo amico e membro del consiglio d'amministrazione della Società Trezza, oltre che altrettanto amico di Grandi, lo descrive così: «... personalità curiosa, e complessa: intelligente e volitivo, politicamente superficiale, incline all'esibizionismo nonché al fasto della vita mondana, non era comunque privo di una sua umanità, capace anche di slanci generosi, nonostante un ostentato cinismo più apparente che reale». Per completare il ritratto, il fattorino del «golpe» era anche un impenitente *homme à femmes*. C'era stato uno scandalo a Verona quando uno dei funzionari della Società si era rivelato infedele e in quell'occasione era emerso che sua moglie era l'amante del duca. Un'altra delle sue conquiste era stata la soubrette Daisy Marchi, famosa ai tempi della Repubblica di Salò per essere la donna del torturatore Pietro Koch.

Il re riceve a Villa Savoia e al Quirinale i vari personaggi che Acquarone gli fa incontrare perché lo rafforzino in un proposito dove mostra di esitare: l'urgenza del cambio di governo per uscire dalla guerra. Sfilano davanti al sovrano, e gli espongono le loro geremiadi, i vari Bonomi, Soleri, Bergamini, Orlando, De Nicola, Porzio, geronti irrisi da Vittorio Emanuele con l'appellativo di *revenants*, fantasmi. Sono i rappresentanti della politica prefascista, divenuti antifascisti per emarginazione. Tutti infatti avevano votato a favore di Mussolini dopo la sua nomina a primo ministro.

Vanno dal re a prospettargli dubbi e preoccupazioni, convinti che il tempo sta per scadere, anche i gerarchi Grandi, Ciano, Acerbo, De Marsico, Bottai, Federzoni, l'ex ministro delle colonie Lessona, perfino Leandro Arpinati, l'eretico bolognese che aveva rinnegato il fascismo e pagato la miscredenza con persecuzioni e confino.

Li ascolta con finto interesse. Quando si tratta di impegnarsi in una risposta precisa, divaga. Lascia parlare Soleri per un'ora e mezza, senza mai interromperlo, e alla fine, sentendosi chiedere quasi con angoscia di intervenire, sorride e risponde: «Caro Soleri, venga a trovarmi a Sant'Anna di Valdieri, quest'estate...». Dà corda a Grandi perché gli ha fatto intravedere il modo di dare una verniciata di legalità costituzionale al colpo di Stato in preparazione. Grandi gli ha spiegato come un voto contrario del Gran Consiglio possa portare alle dimissioni di Mussolini. La Camera e il Senato possono essere convocati soltanto dal capo del governo e dunque la strada di servirsene per ottenere una votazione avversa al Duce è impraticabile. Alcuni senatori hanno provato a raccogliere le firme necessarie per presentare la richiesta d'una seduta straordinaria, ma hanno fatto un buco nell'acqua e sono stati costretti a ritirarle. L'unico organo istituzionale raggiungibile resta il Gran Consiglio. Grandi ha detto al re di voler tentare in quella sede di mettere in minoranza il dittatore. Poi toccherà a Vittorio Emanuele. Il suo compito si ferma lì. Nel suo disegno non figura alcun colpo di Stato, nessun arresto di Mussolini o di gerarchi. Della congiura dei generali non sa nulla, ma su questo il re sorvola. Gli basta far credere a Grandi che tutto dipende da lui, spingerlo ad agire. Quando avrà la famosa giustificazione costituzionale, penserà a dar ordine ai militari di procedere. Questa è la parte di sua competenza.

Il «collare» a Grandi

Tra i tanti ricevuti per ascoltarne le doglianze e le tirate antifasciste, Grandi è il solo a essere coccolato dal sovrano. Gli conferisce addirittura, il 25 marzo, il collare dell'Annunziata. La massima onorificenza sabauda fa dell'insignito un cugino del re. Grandi, maestro nell'arte dell'adulazione, coglie il destro per una delle tante indecenti sviolinate con cui liscia il pelo del Duce, attribuendogli il merito di avere indotto Vittorio Emanuele alla concessione: «Prima del mio incontro con te non ero che un cronista del *Carlino*, un modesto giornalista. Io sono una tua creazione. Ti devo tutto. Quello che ho raggiunto nella vita è opera tua. La mia devozione nei tuoi riguardi è illimitata, perché – lasciamelo dire – ti voglio anche bene». Dove, a parte la spudorata conclusione, il resto risponde a verità.

Si può pensare che il re gli abbia dato il collare per premiare le sue benemerenze, per legare a sé il coraggioso impegnato a fornirgli lo strumento di cui ha bisogno. Niente di simile. Il 12 marzo ha detto di Grandi a Puntoni: «Quell'uomo non mi soddisfa troppo. Non è un elemento sicuro, non ha schiena e con Mussolini recita una doppia parte». Invece, a recitare una doppia, anzi una tripla parte è lui: da un lato la preparazione segreta con i generali del colpo di Stato, dall'altra la stima e l'amicizia ripetutamente confermate a Mussolini mentre sta predisponendone l'eliminazione. Infine il silenzio sulla congiura dei militari tenuto con Grandi, premiato pubblicamente e privatamente criticato. Della congiura dei generali Grandi venne a conoscenza soltanto il pomeriggio del 25 luglio, dopo l'arresto di Mussolini.

Gli unici colloqui «concreti» del re sono quelli con Ambrosio, per mettere a punto il «golpe». Poi

Ambrosio va a riferire a Badoglio, scelto da Vittorio Emanuele quale nuovo capo del governo fin dal momento della decisione di liberarsi della dittatura. Badoglio lo sa e finge di non saperlo. Sa anche che il suo sarà uno dei tanti governi sabaudi «della sciabola», cioè guidati da un generale ma in pratica presieduti dal re, come è avvenuto con Carlo Alberto, con Vittorio Emanuele II e con Umberto I. I governi dell'ordine e degli stati d'assedio.

Passano nel salotto di Villa Savoia, per persuadere il re a intervenire, anche generali e ammiragli in pensione, mummificati nella riserva e ora in preda a soprassalti di salvatori della patria. Vanno, oltre a Badoglio, il venerando Caviglia, l'antenato Vittorio Zuppelli, l'immancabile Thaon di Revel sempre consultato e mai ascoltato quando si deve prendere una decisione, il quadrumviro De Bono. Baistrocchi, scatenato davanti al sovrano in un furibondo atto d'accusa del fascismo, dimentica di togliersi almeno il distintivo dall'occhiello. Vittorio Emanuele finge di tenere in gran conto i loro pareri, mentre l'unico parere di cui tiene conto è il suo.

Entra Bonomi, figura carismatica del prefascismo, gradito sia ai monarchici sia ai repubblicani, classico uomo per tutte le stagioni, destinato alla presidenza del Consiglio nei tempi prossimi venturi. Vittorio Emanuele ha simpatia per quel vecchio socialista all'acqua di rose, integerrimo e probo. Bonomi è venuto a parlargli dell'obbligo indilazionabile di abbattere il regime. Suggerisce alcuni nomi da coinvolgere nell'operazione, Ambrosio, Caviglia, Badoglio, i soliti... Il re non gli fa parola dei suoi piani, non rivela che proprio con Ambrosio sta concretando un «golpe». Anzi, per dissipare ogni sospetto, dice di lui: «È un professionale...», cioè gli si possono affidare soltanto compiti di *routine*. Caviglia? «È troppo vecchio.» Sorvola su Badoglio, poi si mette a discorrere dei suoi acciacchi, della vista che cala, dei dolori artritici. Un grande commediante. A Bonomi cadono le braccia: «Lascia andare ogni proposta, non la discute, non la oppugna. Torna a lamentarsi della sua salute». Lo giudica «vecchio, stanco... sfiduciato». In seguito sia lui sia gli altri visitatori dovranno constatare quanto fosse più sveglio di loro, l'energia non gli mancava, sapeva controllare meravigliosamente i suoi nervi. Si pensi alla notte in cui scappò da Roma l'8 settembre, a quel viaggio in macchina con la moglie e il figlio in un gruppetto di generali terrorizzati all'idea di venire catturati dai tedeschi, alla lucidità dimostrata durante le soste di Pescara e di Crecchio, alla gelida ironia con cui trattò dall'alto della corvetta *Baionetta* la massa di ufficiali in lotta per salire a bordo e salvarsi.

Tutti gli fanno il nome di Badoglio per la successione, ma non ce n'è bisogno. Lo ha già scelto da tempo. Si conoscono da tanti anni, sono entrambi massoni, come tutta l'Italia che conta. Vittorio Emanuele lo giudica più maneggevole di chiunque altro in un momento difficile quale sarà il «dopo Mussolini», quando a dare gli ordini toccherà soltanto al sovrano e il primo ministro dovrà eseguirli senza fiatare. Nel frattempo il Duce non deve sentirsi nel mirino. Occorre anzi convincerlo dell'amicizia sabauda. Lo rassicura: «Voi pensate al fronte, io vi guarderò le spalle». Ricorre alla mozione degli affetti: «Vi è restato un solo amico, il re». Non vada in Sicilia: «Sarebbe grave se per un passo del genere il Duce dovesse perdervi la vita» (ma aggiunge, come parlando tra sé, un cinico commento: «Quantunque, la cosa faciliterebbe la soluzione di questioni molto importanti»). Il 18 luglio, a otto giorni dal «golpe», intrattenendosi con Puntoni, si rammarica: «Eppure quell'uomo ha una gran testa». Come dire, mi tocca cacciarlo, però a malincuore.

Dentro di sé Vittorio Emanuele ha sempre pensato che la migliore soluzione sarebbe stata l'eliminazione di Mussolini, ma temporanea, e conservando il fascismo, sia pure con alcune modifiche. Lo si vide dopo il 25 luglio, quando Badoglio sostituì alla dittatura caduta un'altra dittatura ancora più dura e confusionaria, con la scusa dello stato di guerra. Non era questa l'intenzione del re. Il fascismo, o qualcosa di somigliante, gli avrebbe assicurato l'ordine interno, l'anestetizzazione del parlamento, l'obbedienza alle istituzioni e in una parola la sicurezza per la monarchia. Bastava togliere Mussolini, il vero ostacolo all'uscita dalla guerra, e metterlo provvisoriamente da parte. Il resto avrebbe potuto continuare.

Che fare del Duce?

Sapeva di dover molta gratitudine al Duce. Il suo realismo politico, o l'innato cinismo, o la tradizione familiare (Carlo Alberto abbandonò al suo destino Santorre di Santarosa, Vittorio Emanuele II non fu certo riconoscente a Cavour, né Umberto I a Crispi), imponevano di passar sopra ai sentimenti. Tuttavia si sentiva in obbligo per molte cose. Mussolini gli aveva messo tranquillo un Paese lacerato da un dopoguerra percorso da venti rivoluzionari; aveva rafforzato la monarchia e le aveva donato un impero e una nuova corona, quella d'Albania, accettata a malincuore ma pur sempre accettata. Gli aveva permesso di tenere all'estero i suoi capitali e di continuare a esportarne. Gli aveva sistemato nelle forze armate una quantità di parenti mediocri e inutili, in posizioni di spicco quasi fossero veri generali e ammiragli. Per esempio i vari duchi di Genova, di Pistoia, di Bergamo (dal re stesso definiti «quegli imbecilli»), per non parlare del conte di Torino. A tutti costoro, e a molti altri, garantiva la lista civile, cioè cospicui stipendi a carico del contribuente, e la sua lista personale di sovrano era tra le più alte d'Europa fin dai tempi di suo padre. Infine grazie a lui poteva vivere tranquillo nella sua villa tra il verde, coltivando l'hobby delle monete, senza pensieri e senza occuparsi di niente.

In maggio, quando non c'è più modo di tirare avanti ancora un poco, viene il momento di mettere da parte la gratitudine. In maggio il crollo in Africa settentrionale segna l'inizio della fine, perché ora vi è la certezza di un imminente sbarco alleato sul territorio nazionale. Questo è il mese in cui il re si risolve a muoversi per salvare il salvabile. Non c'è nemmeno da lambiccarsi il cervello per trovare la maniera di farlo. Basta liberarsi di Mussolini. Basta ricorrere ai generali, queste incombenze si sono sempre affidate a loro. A Puntoni Vittorio Emanuele confessa di trovarsi «in grave imbarazzo» e di voler agire, caso mai, senza sotterfugi, addirittura parlandone al Duce «per essere d'accordo sulla linea da seguire». Come al solito, è vero il contrario. Il colpo di Stato comincia a essere concretato da questo momento. Passa un mese e il 5 luglio chiama Ambrosio e gli illustra l'azione da portare avanti. Gli spiega il disegno parallelo del Gran Consiglio perché non commetta sbagli e inavvertitamente non inceppi l'ingranaggio. In pari tempo tace a Grandi le manovre dei generali. Il suo piano è ora completo in ogni particolare: arresto del Duce (la nomina a comandante dei carabinieri del fido generale Angelo Cerica è già avvenuta), dittatura militare e governo di «tecnici» presieduto da Badoglio, nessuna rivoluzione istituzionale fino alla fine della guerra e di partiti vecchi o nuovi non si parli nemmeno. Il dado è tratto. Ora dai preparativi si passi all'esecuzione.

Rimane inspiegabile come il re, per non dire dei generali, non si ponesse il problema di cosa fare dopo essersi liberato di Mussolini e del regime. Tirare avanti per qualche tempo, oltre a questo non si andava. Lo si capì dall'annuncio «la guerra continua», a cui non credette nessuno, ritenuto espediente necessario per evitare la rappresaglia tedesca. Di dover sganciarsi da Hitler, Vittorio Emanuele era cosciente e certamente non contava di poterlo fare con il beneplacito del Führer. Di dover arrivare a un armistizio con gli Alleati era parimenti persuaso: che senso avrebbe avuto, altrimenti, cacciare Mussolini? Né gli sfuggiva che le forze armate non volevano più battersi e non sarebbero state in grado di opporsi a un attacco tedesco. Lo dimostrò la catastrofe dell'8 settembre. Sperava di salvare in qualche modo l'Italia? O la monarchia? O se stesso? E ancora, cosa aveva in mente per Mussolini, nell'immediato futuro? Sull'arresto non aveva avuto dubbi, l'aveva ordinato egli stesso. Ma si poteva tenerlo in prigione all'infinito? E se no, mandarlo in pensione nella sua Rocca delle Caminate, quasi non esistesse il rischio delle nostalgie e delle vendette? O affidarlo agli uomini della mano sinistra, per esempio a Badoglio, il quale non si era vergognato di proporre di caricarlo su un aereo per trasferirlo al Sud, e durante il volo si apre un portellone, il prigioniero precipita nel vuoto e la «disgrazia» toglie tutti dai pasticci?

Il rispetto della costituzione, anzi, come si diceva allora, dello Statuto: ecco il chiodo fisso di un re proclamatosi sempre un sovrano costituzionale senza mai rispettare la costituzione. Ma voleva far sapere quanto fosse rispettoso della carta albertina, specie quando gli serviva per dare apparenza di legalità ad atti illegali. Dopo l'assassinio di Matteotti, Giovanni Amendola, a nome delle opposizioni, era andato al Quirinale a chiedergli di compiere il gesto richiesto dall'intero Paese e doveroso per il re, far dimettere un governo implicato in un delitto. Se ne era lavato le mani dicendo: «Lei mi offra la giustificazione costituzionale e io interverrò. Ma soltanto dopo un voto del parlamento». Quel voto era impossibile e lui era rimasto a guardare. Aveva bisogno di dimostrare di attenersi alle alchimie delle Camere, lasciando le cose come stavano. La questione morale non lo riguardava.

Anche adesso voleva un voto purchessia, per poter dire di avere interpretato correttamente la costituzione, secondo la quale il re interveniva se il governo era messo in minoranza, per risolvere la crisi. E soltanto allora. Non sottilizzava sul fatto che non si era in democrazia e che Mussolini aveva avuto contro non un voto del parlamento, ma del Gran Consiglio. Quel voto significava ben poco e il Duce avrebbe potuto benissimo non tenerne conto, perché il regolamento del Gran Consiglio non prevedeva votazioni. Ne tenne conto lui, invece: grazie a Grandi, ecco la famosa occasione necessaria per verniciare di una supposta legalità il colpo di Stato dei generali.

Passò la settimana precedente la riunione, e anche il giorno stesso in cui si svolse, senza cambiare il suo solito programma. Nessuno lo vide agitato. I suoi orari non subirono modifiche: sveglia alle sei, colazione con Elena, pranzo alle dodici e mezza, cena alle sette e mezza come tutti gli impiegati dell'immensa burocrazia capitolina. Si mise in uniforme per ricevere il Duce, mentre di solito indossava abiti civili. Nemmeno questo deve costituire indizio di qualcosa di diverso, perché preferiva la divisa, in borghese – piccolo e striminzito com'era, con la grossa testa sul sottile collo d'uccello – si sentiva a disagio. La notte del 24 andò regolarmente a dormire come al solito, mentre ministri, generali e gerarchi passavano le ore agitati, convulsi, nei saloni dei grandi alberghi, in attesa di misteriose telefonate da Palazzo Venezia, o in nervose conversazioni nel salotto di casa Colonna.

Si svegliò al mattino del solito umore. Acquarone non s'era azzardato a interrompergli il sonno per dargli la notizia tanto attesa. Alle sette chiamò Ambrosio e gli ordinò di procedere, con il tono con cui avrebbe potuto ordinargli di dare il via a una parata militare. Ebbe un momento di inquietudine quando alle cinque del pomeriggio ricevette Mussolini per comunicargli l'esonero. Metteva nel conto un'eventuale reazione violenta del Duce e pregò Puntoni di restare di guardia nella stanza accanto, con una pistola. Una precauzione ridicola. Non lo turbò il sapersi protagonista d'un atto disonorevole e vile, far arrestare il suo primo ministro nella sua casa, dov'era suo ospite, mediante un tranello per prenderlo in trappola. Se ne dolse, sdegnata, la regina. Lui non batté ciglio. Un personaggio indecifrabile, a voler essere generosi.

VI

ALLE CINQUE DELLA SERA

Col fiato sospeso

Nessun annuncio alla stampa della riunione del Gran Consiglio. Nessun «lancio» della Stefani, benché all'agenzia fossero informati: e nessuno poi li mise al corrente dei lavori svolti. Al mattino del 25 luglio Roberto Suster, il direttore, telefonò al segretario particolare di Mussolini, De Cesare, per sapere se vi sarebbe stato un comunicato ufficiale. Si sentì rispondere: «No, la seduta è stata lunga, ma non interessante. Si sono discusse molte questioni personali, ma nessuna importante sul piano nazionale». Silenzio anche alla radio, perché il Duce aveva avvertito: «Nessun apparato, si tratta di un esame della situazione fatto tra noi, ad uso interno, non esterno». Il giorno dopo, il precipitare degli avvenimenti e la sua scomparsa dalla scena politica, in quel momento ritenuta definitiva, gli impedirono di far diramare le solite quattro righe burocratiche. Gli italiani nella tarda sera di domenica 25 seppero delle «dimissioni» di Mussolini, una notizia che cambiava la storia del loro Paese, dalla voce dell'annunciatore Giambattista Arista, dai microfoni dell'EIAR.

Nelle alte sfere romane non vi era bisogno di comunicati. Tutti, gerarchi, ministri, capi di gabinetto e portaborse sapevano cosa accadeva e soprattutto cosa sarebbe potuto accadere dopo. Avevano provveduto essi stessi a diffondere voci, a suscitare allarmi, a lasciar trapelare timori, a creare un'atmosfera di nervosismo e a seminare nel giro alto ansietà e agitazione. Al bar e nei saloni al pianterreno dell'hôtel Excelsior, in via Veneto, un gruppo di notabili fascisti vegliò in attesa di notizie. Qualcuno li informava telefonicamente da Palazzo Venezia, mentre la seduta si prolungava. Asvero Gravelli copriva ogni tanto la cornetta con la mano per non farsi sentire dall'altro capo del filo, e riferiva: «Ora stanno mangiando panini e bevendo aranciate...», «Sono rientrati e sono state chiuse le porte...». Chi lo chiamasse dall'«interno» non è difficile immaginare: una delle sole quattro persone in servizio quella sera per la sicurezza del Duce e dei membri del Gran Consiglio, il capo della Polizia Renzo Chierici (e probabilmente era lui, squadrista, console della Milizia, amico di vecchia data di Gravelli) i prefetti Filippo Presti e Giuseppe Stracca, il capo della «presidenziale» Vincenzo Agnesina.

Nella *hall* dell'Excelsior la tensione si tagliava col coltello. I camerieri servivano bibite e liquori, i posacenere erano colmi di mozziconi, i clienti abituali si chiedevano perché quei signori cinquantenni fossero tanto inquieti, perché continuassero a correre ai telefoni e a confabulare. Non era soltanto la curiosità la causa dell'eccitazione, bensì le prospettive per il futuro, legate in un senso o nell'altro all'esito del dibattito in corso. Qualcosa sarebbe cambiato, anche profondamente. Forse si era giunti all'ordalia, la prova del fuoco. Avevano paura di uscirne sconfitti, di perdere i privilegi a cui mai avrebbero pensato di dover un giorno rinunciare. Sapevano che il loro destino era appeso a un filo. Ossia alla capacità o meno di Mussolini di dominare ancora una volta una riottosa assemblea.

Anche nel salotto di casa Colonna si aspettavano notizie. La principessa Isabel aveva riunito il solito gruppo di amici, alla fine del Gran Consiglio Galeazzo aveva promesso di telefonare l'esito. C'erano il ministro Zenone Benini, i diplomatici Leonardo Vitetti e Blasco d'Ajeta, tutti e tre intimi di Ciano. Quando alle tre di notte l'ex ministro degli Esteri chiamò e fece un rapido riassunto dell'accaduto, lasciarono Palazzo Colonna e corsero a casa sua, in via Secchi. Galeazzo era stato presente, aveva votato, bisognava esaminare subito con lui gli sviluppi della situazione. Uscì anche la dama di Corte mandata a prendere notizie dalla principessa Maria José, per riferirle le enormità appena apprese.

Tensione a Villa Torlonia. Un Mussolini di cattivo umore, sofferente, pallido, aveva messo sommariamente al corrente la moglie della riunione pomeridiana. Era bastato per allarmare Rachele. Lei aveva capito da tempo che la crescente impopolarità del Duce stava alimentando una pericolosa opposizione all'interno dello stesso fascismo. Diffidava di molti personaggi vicini al marito. Fiutava in Grandi un possibile voltagabbana. Provava per il genero Galeazzo una antipatia assai prossima all'avversione: lo si vide dopo l'8 settembre, quando non mosse un dito per difenderlo. Riteneva pericolosi i vari Bottai da un lato e Farinacci dall'altro. La improvvisa convocazione del Gran Consiglio, in un momento di grave crisi militare, con il nemico in casa e tanti topi pronti a saltar fuori dalla nave, la insospettiva.

Aveva tentato invano varie volte di mettere in guardia Benito, rivelandogli le congiure di cui sentiva parlare e sulle quali era bene informata. Gliene riferivano amici fidati come Buffarini Guidi, notizie riservate sui colloqui di Badoglio e dei generali le giungevano da Casa Reale, dove godeva di qualche segreta simpatia. La sera dopo, quando Mussolini fu arrestato e lei si tormentava nell'angoscia di sapere cosa gli fosse accaduto, dove si trovasse, fu un biglietto personale della principessa Mafalda d'Assia, figlia di Vittorio Emanuele, a cercare di rassicurarla, rimediando in parte all'indegno comportamento di suo padre. Mussolini si era sempre rifiutato di dar credito alle voci riportate dalla moglie. Probabilmente lo aveva fatto per mostrare sicurezza, come con Scorza e Farinacci quando andavano a metterlo in guardia.

La giornata di Mussolini

Almeno fino alle cinque del pomeriggio, l'ora della riunione del Gran Consiglio, la giornata di Mussolini non fu diversa dalle solite. Era un sabato, faceva un caldo torrido, non riusciva a calmare le fitte allo stomaco. Passò la mattinata a Palazzo Venezia, nell'atmosfera greve del salone del Mappamondo, dove le pesanti cortine non lasciavano filtrare l'aria. Ricevette Scorza e gli diede istruzioni per la riunione: «Se ci dovrà essere un ordine del giorno che sintetizzi la seduta e ne riassuma le conclusioni, non potrà essere che quello del partito, il quale rispecchia tutte le più urgenti esigenze e sul quale tutti possono concordare». E ancora: «Attenzione a tutti, ma soprattutto molta calma. Prendete gli appunti delle varie relazioni, poi li completeremo domattina insieme». Qualche altro incontro prima di colazione, tra cui quello con il ministro Benini per le mine. L'usciere Navarra gli portò un'arancia e un bicchiere di latte. L'arancia rimase sbucciata sul piatto, le bucce tagliuzzate in piccoli pezzi. Segno di nervosismo. Peraltro non il solo.

A casa una breve colazione, minestrina e frutta. I dolori non gli danno requie. Ne parlerà a Salò con Marinetti, rievocando l'infausta serata: «Tu solo puoi capire, tu che conosci gli effetti del nostro male, sai. La notte del 24 luglio stavo malissimo. Due ore prima della sciagurata riunione del Gran Consiglio avevo avuto un attacco violento. Sentii subito nell'aria un'ostilità dura. Parlai senza entusiasmo, a bassa voce. Mi dava un tremendo fastidio la luce bianchissima delle lampade elettriche e tenevo a mo' di schermo una mano sulla fronte. Dopo la mia relazione ebbe inizio la discussione. Mi sembrava di assistere al processo contro di me. Mi sentivo imputato e nello stesso tempo spettatore. L'ulcera mi faceva soffrire fisicamente, ma il cervello era lucidissimo. Udivo distintamente la requisitoria di Grandi, spietata, ma ogni energia in me era improvvisamente sopita. Tu sai che questo è uno degli effetti del nostro male: annulla totalmente le energie, pur conservandoti una lucidità che chiamerei addirittura trasparente».

L'attacco gli era sopraggiunto verso le tre del pomeriggio. Era certo la tensione a causarlo. Credeva fosse l'ulcera, era convinto di soffrirne. Si rendeva conto del passo a cui era giunto, anche se fingeva di considerare l'avvenimento semplice *routine*. Non ci si agita fino a sentirsi male per le cose ordinarie, di poco peso. Così non era nelle migliori condizioni fisiche, e nemmeno psicologiche, mentre in camera da letto indossava l'uniforme della Milizia e ascoltava, tra il rassegnato e l'infastidito, le raccomandazioni di Rachele. I figli? Vittorio era in giro con gli amici, Romano e Annamaria a Riccione. Non aveva mai avuto un rapporto «confidenziale» con loro. A quel tempo, i padri «amici», venuti di moda nel Sessantotto, non esistevano. Prima di uscire si chiuse nello studio e, sulla linea riservata, si fece passare Claretta. Voleva sapere cosa pensasse della situazione, le sue idee. Ammesso che Claretta ne avesse. Ne aveva invece Rachele, ma non l'ascoltava.

Ambrosio aveva avvisato fin da giovedì 23 il colonnello Nino Valenzano, nipote di Badoglio: «Il 24 o il 25 ci sarà il Gran Consiglio. Mussolini verrà fatto fuori. Avverti il Maresciallo. Digli di tenersi pronto e di non muoversi da Roma». La mattina del 24 va lui stesso, con Castellano, da Badoglio per le ultime istruzioni. L'altro è euforico, l'ebbrezza del potere e il piacere acre della vendetta gli fanno trascurare le oscure prospettive del domani, la tremenda responsabilità di dover affrontare la sicura reazione tedesca, di prendere contatto con gli Alleati. Il vecchio Maresciallo sembra un dirigente d'azienda a cui si comunichi l'imminente nomina a presidente. La sua gioia e la sua soddisfazione sono quasi infantili.

Castellano ha predisposto vari movimenti di truppe per far arrivare rinforzi nella capitale, come usa nei colpi di Stato. Questi movimenti avvengono in segreto. O meglio, li conoscono tutti nell'ambiente militare, tranne Mussolini, ministro della Guerra. Ci si domanderà se i vari gruppi antifascisti, certamente al corrente della riunione e dei suoi possibili sviluppi, avessero predisposto un'azione concomitante o parallela. Quale contributo avessero dato all'una o all'altra delle due trame, se avessero in qualche modo operato per far cadere il nemico storico, Benito Mussolini. Sfugge quale sia stata questa partecipazione. Le masse popolari restarono totalmente assenti dalla defenestrazione di Mussolini. Scesero in piazza a manifestare il loro giubilo a cose fatte, ma non risulta alcun loro apporto alla soluzione del problema. Quanto ai partiti, ammesso che di partiti veri e propri si potesse parlare nell'estate del 1943, ha ragione Grandi quando osserva: «... non erano che dei comitati di poche persone, i quali si autodenominavano partiti». Gli antifascisti aumentavano col precipitare della guerra verso il disastro, tuttavia il colpo di Stato li colse di sorpresa, come aveva colto di sorpresa le masse popolari. Le quali, nella circostanza, si comportarono come avevano fatto durante il Risorgimento: quando erano rimaste indifferenti e in parecchi casi ostili fino a cose fatte, salvo precipitarsi giubilanti alle urne dopo l'ignorata unificazione, votando i plebisciti con assurde percentuali del novantanove per cento.

Gli antifascisti e le masse

C'erano stati gli scioperi di marzo alla Fiat e in varie industrie della cintura torinese, ma li aveva causati la protesta contro la penuria di viveri, non una consapevole spinta politica. Andavano considerati un segnale, non un allarme. Anche se impressionarono a tal punto l'ex socialista Mussolini da licenziare il capo della Polizia, Senise, colpevole di non aver saputo impedirli e reprimerli. Le numerose *élites* di intellettuali contrari non avevano del resto molte possibilità di agire, al di là di una clandestina dialettica di opposizione. L'OVRA, benché stesse prendendo le distanze dal regime, in quanto il pericolo del ribaltone suggeriva di mitigare lo zelo, era pur sempre efficiente. Arresti avvennero fino alla vigilia del «golpe», sequestri di stampa clandestina, irruzioni in studi di avvocati e in case di docenti universitari. Ma erano misure precauzionali, relative ad attività ininfluenti al fine del colpo di Stato. Il cordone con l'antifascismo dell'emigrazione, specie con quello di Parigi, attivo negli anni

Trenta, era stato tagliato. I suoi capi, dopo l'occupazione tedesca della Francia, si trovavano in campo di concentramento. Da quel lato, il partito fascista non aveva nulla da temere. Gli antifascisti appresero dalla radio che Mussolini era stato mandato via esattamente come i fascisti, sorpresi entrambi da un avvenimento ritenuto per il momento impossibile, una fantasia.

Soltanto i vecchi esponenti dei governi premussoliniani, sia pure non fino in fondo, erano al corrente di quanto poteva accadere. Essi si aspettavano un cambiamento imminente. I soliti Bonomi, Orlando, Soleri, Porzio, Bergamini, De Nicola avevano parlato col re e avevano capito che il momento stava per venire. Attraverso di loro le voci si diffondevano ai discepoli più giovani, i La Malfa, i Carandini, i Tino, i Cattani, i Brosio, gli Olivetti, i Burzio, i Mattioli. Ne sapevano assai meno coloro che, per incarichi o per posizioni, avrebbero dovuto saperne di più. Per esempio i giornalisti. Mario Missiroli aveva intuito dai discorsi e dalle confidenze raccolte in ambienti del regime che il Gran Consiglio del 24 luglio non era affare di normale amministrazione. Ma non riusciva a immaginare cosa potesse sortirne. Nella notte, avido di notizie, andò al Ministero della Cultura popolare in via Veneto, a sentire dall'amico Nelson Page se avesse informazioni da Palazzo Venezia. Page non ne aveva. Anche lui subodorava, ma ignorava.

Pavolini, il 24 luglio, era direttore del «Messaggero», dopo essere stato ministro della Cultura popolare nel governo liquidato in febbraio. Era inquieto. Un presentimento gli diceva che quel giorno era diverso e importante. Al pomeriggio andò al giornale, ma non arrivarono indiscrezioni sulla riunione, sebbene corressero voci di grandi novità. Mentre a Palazzo Venezia la seduta continuava, telefonò all'amante, Doris Duranti: «Può accadere di tutto. È finita. Ma tu stai tranquilla. Tu non c'entri». Rimase al «Messaggero» fino all'alba, licenziando un numero dove non c'era una sola riga sull'avvenimento in corso.

Ciano restò a casa fino al pomeriggio, dopo aver fatto colazione dalla principessa Colonna. Si vestì per andare alla riunione, presente l'amico livornese Benini. Sahariana nera come prescritto dalla convocazione diramata da Scorza. Era agitato e nervoso. Passava dall'ottimismo al pessimismo, essendo la volubilità una caratteristica del suo temperamento. Disse a Benini: «Però si ha un bel dire. Si ha tutti una gran paura. Va a finire che ci fa mettere dentro... Vedrai che alla fine se ne andrà e noi in qualche modo ci aggiusteremo. Con Bottai e con Grandi non si litigherà. Uno andrà agli Interni, l'altro agli Esteri; poi ci si scambierà i posti. Vedrai». Rideva per farsi coraggio, dopo una simile analisi politica.

Farinacci aveva provveduto a limare l'ordine del giorno che avrebbe presentato in Gran Consiglio e lui solo avrebbe votato. Lo aveva compilato in casa sua il 22, insieme con Cavallero, il quale probabilmente stava scrivendo nello stesso momento il memoriale per vantarsi di avere anche lui congiurato per far cadere Mussolini. Federzoni e Grandi andarono a confessarsi. De Bono raccontò di avere pensato: "Sarà una cosa molto seria e può darsi anche pericolosa... io... mi raccomando a Dio, alla Madonna e ai miei cari morti. Son riuscito a portarmi in tasca il mio San Giuseppe, non mi abbandonerà". Grandi, in tasca, disse di avere invece portato due bombe, deciso a farla finita in caso di intervento dei militari per arrestare i dissidenti del Gran Consiglio. Galbiati lo smentì e del resto, in seguito, tutti dissero di avere portato con sé bombe,

Bottai, De Vecchi, chissà quanti altri pronti a raccontarlo per i posteri.

Alle cinque della sera, l'ora fatale in cui nell'arena di Madrid García Lorca fa morire incornato il torero Ignacio Sánchez, i ventotto convocati da Scorza entrarono a Palazzo Venezia per l'ultima assise del fascismo. C'è un cortile ombreggiato da alte palme. Nell'ombra si allineano le automobili, gli autisti chiacchierano tra loro per ingannare un'attesa che sarà lunghissima. Non prestano servizio i moschettieri del Duce, né è stato esposto il labaro del partito. Mussolini non ha voluto alcun apparato. I partecipanti entrano dall'ingresso secondario di piazzetta San Marco. Nel salone del Pappagallo, dove avrà luogo la seduta, gli uscieri hanno appena terminato di disporre i tavoli a «U», con un palchetto soprelevato per il Duce. Grandi, Bottai e Ciano si fermano a discorrere nel vano di una finestra, ultime considerazioni e proposte prima del dibattito. Scorza li osserva e definisce Bignardi «adulatorio», Cianetti «riservato», Buffarini Guidi «istrionico».

I ventotto membri del Gran Consiglio appartengono a categorie diverse. De Bono e De Vecchi lo sono in quanto quadrumviri della rivoluzione. Altri per le funzioni esercitate: Grandi, presidente della Camera; Suardo, presidente del Senato; De Marsico, ministro della Giustizia; Acerbo, ministro delle Finanze; Biggini, ministro dell'Educazione nazionale; Pareschi, ministro dell'Agricoltura; Cianetti, ministro delle Corporazioni; Polverelli, ministro della Cultura popolare; Albini (sottosegretario agli Interni) e Bastianini (sottosegretario agli Esteri), presenti in quanto ministro dei due dicasteri è Mussolini; Federzoni, presidente dell'Accademia d'Italia; Dino Alfieri, ambasciatore a Berlino; Galbiati, comandante della Milizia; Tringali Casanova, presidente del Tribunale speciale per la difesa dello Stato; Balella, presidente della confederazione industriali; Frattari, presidente della confederazione agricoltori; Gottardi, presidente della federazione dei lavoratori dell'industria; Bignardi, presidente della federazione dei lavoratori dell'agricoltura. Infine, i benemeriti del regime e della rivoluzione, Bottai, Buffarini Guidi, Ciano, De Stefani, Farinacci, Marinelli, Rossoni. Segretario, il segretario del partito Scorza.

Mussolini attraversa una Roma addormentata nel caldissimo pomeriggio prefestivo, scortato dai motociclisti e dalle macchine della «presidenziale». Rifarà lo stesso percorso dieci ore dopo, alle tre del mattino, sotto il peso del crollo, e ricorderà: «Le strade erano deserte. Ma pareva di sentire nell'aria, già quasi chiara del crepuscolo mattinale, il senso dell'ineluttabile che dà, quando si muove, la ruota del destino, di cui gli uomini sono spesso inconsapevoli strumenti».

Scrivere, sapeva scrivere.

VII

L'UOMO DELLA SVOLTA

L'arte dell'adulazione

Se l'autore del colpo di Stato è il re, l'autore della caduta di Mussolini e del fascismo è Grandi. Due cose distinte. Dino Grandi, che nel luglio 1943 ha 48 anni ed è presidente della Camera, ha in mente un intervento «democratico», legalitario. Il fascismo è andato al potere «democraticamente». Il re nel 1922 ha chiamato Mussolini e lo ha incaricato di formare il governo. Il parlamento ha dato il voto di fiducia. Ora il capo del governo viene messo in minoranza da un organo istituzionale, il Gran Consiglio: il re ritira la fiducia a Mussolini dimissionario e nomina un nuovo gabinetto del quale non faranno parte i fascisti. Nessuna ritorsione sul Duce, nessun arresto. Si tratta di un normale avvicendamento politico, determinato nel caso specifico dall'urgenza di far uscire l'Italia dalla guerra.

Naturalmente i rischi sono molti e grossi. In Italia non c'è la democrazia, ma una dittatura consolidata negli anni. Il potere di Mussolini è assoluto. Quanti saranno i gerarchi disposti ad accettare la propria personale rovina, abbandonandolo pur di salvare il salvabile? Come reagiranno i fedelissimi? E il re saprà cogliere l'occasione offertagli? Grandi ha evitato ogni rapporto con i generali, li disistima profondamente. Basta vedere cos'hanno saputo fare in guerra, basta guardarli grassi e ridicoli con i loro pennacchi, basta ricordare che sono stati tutti fascisti, tutti portati avanti dal fascismo, tutti a servirlo per far carriera. Lo sprezzante giudizio di Grandi su di loro è questo.

Grandi ha un passato da «fedele disubbidiente», come lo definisce il suo biografo Nello Paolo. È stato uno dei fondatori del fascismo, comandante di squadre d'azione in Emilia e in Romagna, organizzatore del primo sindacalismo fascista. Ma nel congresso del novembre 1921 a Roma, guidando l'opposizione interna, ha messo in minoranza Mussolini, il quale voleva dimettersi e andarsene. Poi l'incidente si è risolto con un compromesso, Grandi ha accettato la trasformazione del movimento in partito e Mussolini il sindacalismo come parte integrante del programma. Però i due hanno cominciato a difendersi l'uno dall'altro.

Grandi non partecipa alla marcia su Roma. Se ne sta nella capitale a tentare con De Vecchi e Costanzo Ciano di dar vita a un governo presieduto non da Mussolini, ma da Salandra, o da Orlando, accontentando i fascisti con un certo numero di ministeri. Dopo la vittoria del fascismo si sente rinfacciare la sua condotta dal futuro Duce, il quale lo ignora nella distribuzione dei posti ai suoi fedeli. Grandi non viene ritenuto fedele. Stia dunque fuori dal giro finché non si sarà reso conto dell'errore commesso. Anzi, ecco per lui un incarico all'estero, rifiutato, così andrà lontano e non sarà un pericolo permanente.

Poi Mussolini, esperto nell'arte del bastone e della carota, pensa di riconquistare quell'unico, vero antagonista facendolo riemergere dal limbo e colmandolo di onori e di cariche. Ecco Grandi contemporaneamente nel 1924 vicepresidente della Camera e sottosegretario agli Esteri, nel 1929 addirittura ministro di questo dicastero, nel 1932 ambasciatore a Londra fino al 1939, infine ministro della Giustizia e presidente della Camera. Tutto ciò passando indenne attraverso le mille insidie frapposte alla sua carriera dall'invidia dei compagni di partito, dalla sospettosità di Mussolini, dalla giustificata diffidenza dei tedeschi. Grandi aveva una sua tecnica, in verità assai opinabile e priva di dignità, ma certo efficace, per non venire colpito e affondato. Partiva dalla consapevolezza che prima o poi Mussolini avrebbe cercato di «farlo fuori» e che l'unico mezzo per salvarsi era, a suo dire, di «costituirsi in ostaggio nelle sue mani».

Il Duce sospettava di lui, ma doveva temerlo: «Fino al mese di febbraio il suo contegno sembrò chiaro. Dopo la crisi ministeriale divenne ambiguo. In alcuni ambienti lo si chiamava "l'attendista". In altri passava senz'altro per amico degli inglesi». Queste le sue perplessità a posteriori. Grandi si difendeva. «Sapevo che aveva nella sua segreteria particolare il dossier di tutti noi. Ha cercato nella mia vita anche i minimi dettagli, ma non ha potuto trovare nulla. Cosa non ha fatto Scorza per mettere insieme quanto occorreva per distruggermi... Hanno detto persino che ero al centro dell'affare dell'oro del piroscafo *Aegypt*, ripescato dal fondo del mare dai palombari italiani. Cose dell'altro mondo. Non sono riusciti a niente, mentre molti gerarchi Mussolini li teneva in pugno con i dossier sul loro conto. Allora, quando mi vedevo in pericolo, o quando volevo disobbedirgli, gli mandavo delle lettere così smaccatamente adulatorie che mentre le scrivevo pensavo: "Un giorno, chi leggerà questa roba, questa sfacciata cortigianeria, non potrà non dire: 'Però, quel furbo di Grandi!'". Non ero matto, non strisciavo, non ero ruffiano. Lo facevo per salvarmi. Per esempio, ogni volta che Ciano, invidioso di me, otteneva dal suocero il mio richiamo dall'ambasciata di Londra, io scrivevo una lettera a Mussolini in cui lo chiamavo Cesare, Napoleone, il maggior genio politico del secolo, e respingevo l'attacco per altri sei mesi.»

Grazie a questa discutibile arte della navigazione tra gli scogli, Grandi non solo riesce a rimanere a galla nonostante i difficili rapporti con un Mussolini diffidente e sospettoso, ma a salire, a salire. Però fin dal 1938 intravede la mala parata e comincia a prendere le distanze dalla politica del capo del fascismo. È contrario all'alleanza con la Germania, disapprova l'Asse Roma-Berlino, considera un tragico errore l'entrata in guerra a fianco dei tedeschi. Purtroppo si guarda bene dal dirlo, il silenzio e anzi l'approvazione smaccata fanno parte, come si è visto, dei suoi limiti etici. Ma adesso la sconfitta dell'Italia è segnata, occorre staccarsi in tempo da Hitler e trattare in condizioni accettabili una pace separata con gli Alleati. Di tutto ciò parla, in riservati colloqui, soltanto con i pochissimi amici di cui si fida perché condividono le sue stesse idee, Bottai, Federzoni, Cini. Deve usare molta cautela. Il Duce è ancora fortissimo, in grado di stroncare sul nascere ogni pur minimo dissenso. Bisogna agire cercando di raggiungere il proprio scopo giocando d'astuzia, proponendogli le cose sotto una prospettiva opposta a quella a cui si mira nella realtà.

La luce in Albania

Nel luglio 1942 Grandi ottiene da Mussolini l'autorizzazione a recarsi a Madrid per incontrare il ministro spagnolo della Giustizia, con la scusa di trattare problemi comuni ai due dicasteri. Invece vuole andare in Spagna per avviare negoziati con gli inglesi tramite il duca d'Alba, ambasciatore di Franco a Londra, prendendo contatto con il suo amico sir Samuel Hoare, ambasciatore inglese a Madrid. Forse ha presunto troppo di sé. Mussolini non si lascia abbindolare. Ha capito benissimo cosa intenda fare Grandi in Spagna. In un primo momento ha pensato di tenere aperto quell'eventuale canale, poi si è pentito e ha giudicato prematuro dubitare sull'esito della guerra. Ha ritirato il permesso concesso. Le manovre di Grandi non gli sfuggivano. Non per nulla nell'inverno 1941 lo aveva mandato con gli altri gerarchi in sospetto di eresia a fare qualche mese di prima linea. Ma come racconterà Grandi stesso, proprio là, al fronte, vedendo in quali condizioni i soldati italiani erano costretti a combattere, chi li comandava, con quale povertà di mezzi dovevano affrontare il nemico, cominciò a pensare all'azione di cui sarà protagonista in Gran Consiglio. E a stendere a grandi linee l'ordine del giorno per mettere fine non solo alla parabola di Mussolini, ma all'esistenza del fascismo e del regime.

Dirà, in seguito, di avere avuto un punto comune con Farinacci, l'uomo da lui più detestato nel partito: la comune convinzione dell'urgenza di esautorare Mussolini, ormai fuori dalla realtà. Da parte sua, agendo in direzione del re; da parte di Farinacci, in direzione dei tedeschi.

Grandi, nel dopoguerra, viveva a Bologna in un palazzo del centro, in via Alessandrini. Ad Albareto, in provincia di Modena, conduceva con il figlio un'azienda agricola. Trascorreva gli inverni a Taormina. La sua memoria non aveva lacune. Ricordava date, giorni, ore, brani di lettere, testi di telegrammi, dialoghi, incontri, luoghi, persino impressioni e pensieri passati. Il 25 luglio aveva rappresentato il culmine e nello stesso tempo la conclusione della sua vicenda politica. Logico quindi che nulla gli fosse sfuggito di quell'azione preparata da anni e portata a compimento nello spazio di una notte.

«Fu in Albania, nelle trincee del Tomori, nell'inverno del 1941, che scrissi la prima stesura dell'ordine del giorno del Gran Consiglio. In Albania, dove ero venuto quando Mussolini aveva deciso di mandare al fronte tutti i ministri, vidi la fine. Vidi che l'esercito italiano non poteva vincere perché troppi erano i generali inetti, perché era completamente privo di mezzi offensivi e difensivi, perché era formato da povera gente coraggiosa, ma consapevole di dover combattere una guerra non giusta e quindi con la coscienza della colpa. In Albania ho capito che il regime era finito. E siccome la propaganda angloamericana batteva ogni giorno sul tasto che gli Alleati non combattevano il popolo italiano, ma il regime fascista, e che se il popolo italiano si fosse liberato dal fascismo essi sarebbero stati pronti a trattarlo come un amico finalmente ritrovato, mi sono proposto di cogliere questa occasione.

«Si dovevano prendere in parola gli Alleati. Era necessario creare una distinzione di responsabilità tra il regime e la nazione, cagionare il crollo della dittatura che aveva mandato il Paese in guerra senza nemmeno consultarlo e dunque ne portava la colpa. Dopo, formare un governo con il quale gli angloamericani non potessero rifiutarsi di discutere. Secondo il mio piano, essi avrebbero avuto come interlocutore il popolo italiano, non il fascismo.»

Nell'inverno 1941, quando venne mandato in Albania dall'improvviso dirizzone di Mussolini che voleva mano libera nel governo, Grandi era, oltre che presidente della Camera, ministro della Giustizia. Nella seconda veste andava dal re due volte alla settimana per la firma dei decreti. In quelle occasioni, da tempo, apriva il suo animo a Vittorio Emanuele, sperando di convincerlo a revocare Mussolini. Il suo disegno era sottile: in Italia, sopra il fascismo esiste una forza istituzionale, la monarchia. Dunque su di essa bisogna puntare per rovesciare la situazione. Dal re dipendono i massimi poteri e questi non si muoveranno mai se egli non glielo ordina. Perciò è Vittorio Emanuele che si deve persuadere ad agire. E una volta persuaso, è necessario fornirgli lo strumento per permettergli di sopprimere la dittatura.

Questo strumento poteva essere un voto della Camera o del Senato. O del Gran Consiglio. Entrambi i rami del parlamento, come è noto, potevano essere convocati soltanto dal capo del governo e pertanto non era pensabile di potersene servire. Restava il Gran Consiglio. Un voto contrario del massimo organo del fascismo, definito da una legge dello Stato «assemblea suprema del regime». Grandi aveva pronto già due anni prima di una sua ipotetica riunione l'ordine del giorno per mettere in minoranza il dittatore.

«Il primo a conoscere quel documento fu Giuseppe Bottai. Anche Bottai era stato mandato in Albania e in quei giorni si trovava a Tirana, all'ospedale militare, sofferente di certi suoi disturbi. Bottai era un uomo onesto e di grande coraggio, come avrebbe dimostrato in seguito, pagando di persona. Lo incontrai in una palazzina accanto al governatorato, una specie di comando tappa per ufficiali reduci dal fronte. Bottai lesse il testo, lo approvò subito e fu d'accordo di coinvolgere la monarchia. Poiché, come ministro dell'Educazione nazionale, egli non aveva con il re la mia frequenza di contatti, sarebbe toccato a me di continuare l'opera di persuasione su Vittorio Emanuele.

«Io ho commesso un triplice errore il 25 luglio.

Ho creduto che il re avrebbe adottato tutto il mio piano, non lasciandolo a metà. Valeva la pena di mandar via Mussolini per continuare la guerra? In secondo luogo tenevo conto che gli inglesi, come nel caso dei boeri, avevano più volte dimostrato nella loro storia di essere magnanimi con il nemico vinto: non consideravo il peso delle decisioni di Roosevelt nella comune condotta. Infine speravo nel patriottismo di molti capi antifascisti, nei quali viceversa dopo il 25 luglio apparve chiaro il prevalere di vecchi odi e rancori. Badoglio, appena insediato al Viminale, per prima cosa si preoccupò di far arrestare il suo nemico personale Cavallero.»

Il documento

Grandi raccontava che il re, quando si incontravano, mostrava verso di lui un atteggiamento condiscendente e lo lasciava dire. Lo urtava però la frase con cui il sovrano concludeva i loro colloqui: «Grandi, stia tranquillo perché queste cose al presidente non le dirò». Cioè non farò la spia. L'importante in ogni modo era che si parlassero con chiarezza. Per esempio, quando Mussolini spedisce i ministri e i gerarchi più in vista al fronte greco-albanese, smobilitando il governo, Grandi dice al sovrano: «In questo momento la dittatura gioca la sua ultima carta, quella di liberarsi dell'estremo diaframma ancora esistente tra il vertice politico e la burocrazia esecutiva, più facilmente maneggiabile». «Come sarebbe a dire?» chiede il re. «Sarebbe a dire che Mussolini vuol fare l'esperimento d'una dittatura personale assoluta, servita unicamente da uomini irresponsabili, i quali non aspirano se non a sovrapporsi ai loro ministri. Il pericolo mi sembra evidente.» Grandi si attende una reazione, ma Vittorio Emanuele lo guarda fisso e dice solamente: «Ah, sapesse come invidio lei che domani mattina parte e si troverà tra i suoi alpini al fronte...». Si confermava per quello che era, un personaggio indecifrabile.

Grandi dunque si reca periodicamente dal re e ogni volta se ne esce con questa frase: «Maestà, vedo Novara». Come a dire vedo il disastro, la sconfitta. Il re si irrita, ma tace. Un giorno però si lascia andare: «Coraggio, avanti. Mi faccia lei un piano di rovesciamento della situazione. Supponiamo di poter convocare la Camera, anche se sappiamo benissimo che tocca al capo del governo, e solo a lui, convocarla. Viene Mussolini, fa un discorso. Cosa succede? Siete settecento». Risponde Grandi: «Settecento voti per Mussolini».

«Vede, vede?» esclama Vittorio Emanuele.

«Certo, Maestà. Ma se lei la riunione alla Camera la fa precedere dall'annuncio delle dimissioni di Mussolini e dalla nomina a primo ministro del suo guardaportone, alla Camera ci saranno duecento voti contrari, quelli dei segretari federali e simili. Ma ce ne saranno cinquecento di consiglieri nazionali favorevoli al guardaportone.»

Il dialogo si esaurisce lì. Con una risatina fredda del re e con la solita frase che conclude queste «fantasie» del ministro della Giustizia: «Grandi, non mi faccia il giornalista».

I contatti di Grandi si allargano. Dopo aver parlato con Bottai, si confida con il concittadino Federzoni, anch'egli subito d'accordo. Gli incontri proseguono nel mese di luglio, fra persone fidate che poi sarebbero state la maggioranza dei ventotto presenti al consesso fascista. Molti erano di fresca nomina nei vari incarichi, eppure non mostravano esitazioni. L'adesione più inattesa viene da Ciano, genero di Mussolini. Con lui tiene i rapporti Bottai, perché Grandi non se ne fida. Lo conosce mutevole e teme la sua pericolosa leggerezza. Ciano era giunto al punto di mandare da Grandi, il quale aveva rifiutato di riceverlo, il generale Castellano con il suo piano per arrestare Mussolini: e quel piano, invece di distruggerlo dopo averne fatto arrestare l'autore, lo ha conservato a lungo nella sua cassaforte al Ministero degli Esteri, dove sarebbe stato facile ritrovarlo. Come dar credito a un simile personaggio?

Le mosse decisive prendono il via il mattino del 20 luglio, quando Grandi va dal segretario del partito, Scorza, a manifestargli la sua intenzione di presentare in Gran Consiglio un ordine del giorno per restituire il comando delle forze armate, e il potere, alla monarchia. («Scorza mi disse: "Hai ragione. Mussolini non può più restare, nell'interesse dell'Italia, del fascismo, di noi tutti. Tu inizierai la battaglia e io la concluderò a nome del partito".» In seguito Scorza smentirà, probabilmente non aveva pronunciato quella frase o Grandi lo aveva frainteso. Infatti nella discussione in Gran Consiglio si mostrerà fieramente contrario al documento.)

Uscito dal colloquio, Grandi va a casa di Federzoni. Trova il senatore Edoardo Rotigliano, vengono mandati a chiamare Bottai e i sottosegretari Albini e Bastianini. È venuto il momento di schierarsi. Grandi legge il suo ordine del giorno e lo approvano tutti, però in una formulazione più stringata, su suggerimento di Bottai. Nella stesura originaria il testo aveva degli incisi, dei capoversi indicati con le lettere A, B, C eccetera. Bottai, giustamente secondo l'autore, li fa togliere e ne deriva un tono più secco e perentorio. Ecco la versione finale.

«Il Gran Consiglio del Fascismo, riunitosi in questi giorni di supremo cimento, volge innanzitutto il suo pensiero agli eroici combattenti che, fianco a fianco con la fiera gente di Sicilia in cui più alta risplende l'univoca fede del popolo italiano, rinnovano le nobili tradizioni di strenuo valore e di indomito spirito di sacrificio delle nostre gloriose forze armate.

«Esaminata la situazione interna ed internazionale e la condotta politica e militare della guerra, proclama il dovere sacro a tutti gli italiani di difendere ad ogni costo l'unità, l'indipendenza e la libertà della Patria, i frutti dei sacrifici e degli sforzi di quattro generazioni dal Risorgimento ad oggi, la vita e l'avvenire del popolo italiano;

«afferma la necessità dell'unione morale e materiale di tutti gli italiani in quest'ora grave e decisiva per i destini della Nazione;

«dichiara che a tale scopo è necessario l'immediato ripristino di tutte le funzioni statali, attribuendo alla Corona, al Gran Consiglio, al Governo, al Parlamento, alle Corporazioni i compiti e le responsabilità stabiliti dalle nostre leggi statutarie e costituzionali;

«invita il Governo a pregare la Maestà del Re, verso il quale si rivolge fedele e fiducioso il cuore di tutta la Nazione, affinché Egli voglia per l'onore e la salvezza della Patria assumere con l'effettivo comando delle forze armate di terra, di mare e dell'aria, secondo l'articolo cinque dello Statuto del Regno, quella suprema iniziativa di decisione che le nostre istituzioni a lui attribuiscono e che sono sempre state in tutta la nostra storia nazionale il retaggio glorioso della nostra Augusta Dinastia di Savoia.»

«La guerra non è persa»

Meno male che Bottai aveva prosciugato un poco questo fiume di retorica littoria, dove, in un imperversare di lettere maiuscole, si può cogliere in pieno l'ampollosità espressiva dei fascisti. Tuttavia in questo caso il fine giustificava i mezzi. Si poteva ben ricorrere al peggiore repertorio della più vacua verbosità se serviva a coprire, salvaguardandolo, lo scopo a cui si mirava.

I presenti approvano l'ordine del giorno ritoccato e stabiliscono di continuare il proselitismo, la propaganda. Non vogliono passare per congiurati, vogliono agire a viso aperto. Si dividono i compiti. Grandi scrive un biglietto a De Bono e glielo manda per mezzo di Bignardi. Il consigliere nazionale Zamboni, uomo di fiducia del presidente della Camera, si incarica di avvertire De Stefani. Lo stesso Grandi incontra De Marsico, suo successore al Ministero della Giustizia, e lo trova consenziente. Si forma un gruppetto di dodici o tredici persone, non di più. Alcuni non vengono avvicinati perché ammessi al Gran Consiglio da poco, non vi hanno mai preso parte e non si sa quale potrebbe essere il loro comportamento.

«Il 22 pomeriggio andai da Mussolini senza avvisare nessuno, cosa che mi fu poi rimproverata da Bottai, perché rischiavo con quella mossa di compromettere la nostra azione. Per chiedere udienza ricorsi ad un duplice pretesto. Primo, per difendermi dall'accusa di Farinacci, il quale chiedeva punizioni contro di me per essermi rifiutato di parlare ai comizi di propaganda voluti da Scorza. Secondo, per offrirgli la prima copia d'un libro sulla guerra di Spagna, pubblicato con una mia prefazione. Arrivai a Palazzo Venezia alle cinque. Fu la penultima volta che vi entrai. Nella sala del Pappagallo stavano disponendo i tavoli per la seduta del Gran Consiglio. Davanti ad uno dei tavoli sedeva un generale tedesco a me sconosciuto. Scambiammo un cenno formale di saluto. La porta dello studio di Mussolini era chiusa. Nell'attesa, andai a dare un'occhiata alla cartella delle udienze, sul tavolo dell'usciere Navarra. Vi si registrava il nome del visitatore ed il tempo assegnato ad ogni colloquio. Lessi: ore 17, generale Kesselring; ore 18.30, Dino Grandi. Dunque, un'ora e mezza per Kesselring, venti minuti probabilmente per me. Nel frattempo comparve Navarra e chiamò il mio nome. Come accadeva spesso, Mussolini preferiva sbrigare prima quelli a cui non aveva molto da dire, per restare a discorrere tranquillamente con chi gli premeva. Sono entrato e sono rimasto un'ora e mezza. E Kesselring ha dovuto aspettare per tutto quel tempo.»

Secondo Grandi il colloquio fu, in un certo senso, patetico. Mussolini gli parve depresso. Lo era da molto, un uomo turbato. Tuttavia lo accolse con cordialità. Sapeva di cosa gli avrebbe parlato, il libro sulla Spagna non reggeva come pretesto. Aveva sul tavolo l'ordine del giorno portato da Scorza. («Poi, nella *Storia di un anno*, Mussolini scriverà che quando il segretario del partito gli aveva presentato il documento, egli lo aveva definito "inammissibile e vile". Ma a me non lo disse.»)

Grandi si giustifica sbrigativamente della sua mancata partecipazione ai comizi, sostenendo che in quelle circostanze rappresentavano una mossa psicologicamente controproducente. Quindi entra nel merito della sua visita e tenta di far intendere al Duce la sua tesi: gli Alleati fanno colpa di tutto al fascismo, non alla nazione, perciò non è il caso di passare la mano a chi sia in grado di trattare la pace con loro, se con i fascisti non accetteranno mai di incontrarsi? Quasi di sfuggita fa anche un nome, quello del Maresciallo Caviglia. Suggerisce che il partito si ritiri in seconda schiera per facilitare questa soluzione. Il tempo stringe e occorre impedire la distruzione del territorio nazionale...

«Lui mi lasciò parlare per circa quaranta minuti, poi intervenne pacatamente: "Vedi, Grandi," mi disse "non avresti torto se pensassi che la guerra è persa. Invece non lo è. Esiste un'arma segreta tedesca che verrà usata tra pochissimo tempo. Capovolgerà le sorti del conflitto". Io lasciai cadere l'argomento e cercai di insistere sul mio concetto: cosa faceva, nelle attuali circostanze, la monarchia? Perché era assente? Bisognava costringerla ad uscire allo scoperto, o con noi o contro di noi. Ad una svolta decisiva della storia del Paese, essa non poteva stare alla finestra. Con il mio ordine del giorno rendevamo il re di nuovo responsabile e protagonista degli avvenimenti secondo la lettera dello Statuto e toglievamo a lui, Mussolini, quel peso. Era chiaro, cercavo disperatamente, con un espediente dialettico, di indurlo ad accettare la mia proposta che forse gli conveniva.

«"Questo vorrebbe dire," mormorò "che dovrei lasciare il comando delle forze armate..."

«"Duce, hai tutta l'Italia in mano. Lascia al re di assumersi le sue responsabilità."

«"È certo un momento molto difficile," riprese "ma la guerra non è perduta. Tra poco i tedeschi salteranno fuori."

«"È troppo tardi," replicai "e non credo all'arma segreta. Se i tedeschi l'avessero, l'avrebbero già usata. In ogni modo, il problema riguarda l'Italia, non la Germania."

«Cercai di continuare, ma concluse: "Di tutto questo parleremo chiaramente al Gran Consiglio. Tu presenterai il tuo ordine del giorno, lo illustrerai e decideremo". Così ci lasciammo.»

Uscito dal colloquio con Mussolini, Grandi incontra in anticamera il conte Cini, poi va da Federzoni dove c'è anche Bottai. È là che questi lo rimprovera per quanto ha osato, facendogliene rimarcare l'imprudenza e rinfacciandogli d'aver rischiato di mandare all'aria il loro piano prima ancora di tentarlo. Grandi gli risponde di aver agito così per evitare che poi si parli di congiura e di congiurati. Quale congiura era quella, se il loro ordine del giorno era stato portato dallo stesso estensore al principale «bersaglio», perché lo conoscesse e potesse contrastarlo tempestivamente?

La temperatura comincia a salire quando Farinacci va a trovare Grandi alla Camera, il giorno seguente. Farinacci già sospetta, vede dovunque ombre di traditori. Vuol sapere da Grandi cosa sia andato a fare dal Duce. Grandi glielo spiega: è andato a mostrargli il suo ordine del giorno e ad anticipargli come lo illustrerà domani. «Non è vero,» lo assale il ras di Cremona «tu menti. Sono stato anch'io da Mussolini e mi ha detto che non gli hai parlato di nulla.» Allora Grandi perde le staffe: «Stai a sentire, Farinacci. Io sabato comincerò il mio discorso con queste precise parole: "Non parlo per il Duce, perché quello che dirò lo ha già ascoltato da me giovedì alle cinque a Palazzo Venezia. Parlo per voi del Gran Consiglio". Vedremo se nega». Infatti così comincia e Mussolini non batte ciglio.

Mancano ormai poche ore all'appuntamento decisivo e si cerca di persuadere gli ultimi esitanti, di allargare la cerchia dei consensi. Grandi tenta anche con Suardo, il presidente del Senato. Suardo lo accoglie calorosamente come al solito, è commosso, assicura di aderire, di condividere. Poi si asterrà. Era un uomo confuso, spesso alterato dall'alcol, e gli capitava di non ricordare le cose dette un momento prima. Ringrazierà il cielo della sua confusione. Durante la Repubblica Sociale l'astensione gli salverà la testa e non finirà sul banco degli accusati di tradimento al processo di Verona.

A questo punto, qual è lo stato d'animo di Grandi? Cosa pensa? Come cerca di trascorrere le ultime ore, nell'ansia, nell'incertezza della sorte sua e dei suoi compagni?

«Il 25 luglio è stato il giorno del mio esame di coscienza. Mi sono detto: "Caro Dino, cerca di fare qualcosa di utile in queste ultime quarantotto ore che ti possono restare, perché se io fossi Mussolini avrei già ordinato ai militi di intervenire e di metterti le manette. Secondo la logica, ciò significherebbe la fucilazione, perché alternativa non può esservi. Siamo in tempo di guerra e tu domandi di trattare col nemico. Quindi, accusa di alto tradimento. Aggiungi la reazione dei tedeschi... Sei in pericolo e devi provvedere a te stesso". Il 20 luglio, quando ero tornato a Roma da Bologna, dopo il bombardamento della capitale, di fronte alle incertissime prospettive del futuro, pensando alla mia famiglia completamente all'oscuro dei miei piani, avevo scritto una lettera a mia moglie. Una di quelle lettere che si scrivono soltanto nell'ora del supremo addio. L'avevo affidata al mio capo di gabinetto, il prefetto Giovanni Talvacchia, perché gliela consegnasse se mi fosse accaduto qualcosa.

«Dunque, a questo avevo già provveduto. Poi mi sono ricordato che nei miei colloqui col re avevo parlato spesso di Pietro Micca. Mi ero offerto di fare il Pietro Micca in questa situazione della monarchia: un soldato fedele pronto a sacrificarsi travolgendo il nemico nella sua fine, per bloccarlo e salvare il Paese. E se adesso fosse giunto per me il momento di fare la stessa cosa? Ho telefonato al generale della Forestale Augusto Agostini e gli ho chiesto se aveva delle bombe a mano. Mi ha risposto di avere delle Breda. Voleva venire nel pomeriggio con me ad esercitarsi a tirarne qualcuna? Accettò e così siamo andati insieme a Frascati, al Tuscolo, a fare allenamento nel lancio delle bombe a mano. Tre o quattro: mi sono presto reso conto che la mia vecchia pratica militare era sufficiente. Me ne sono fatto lasciare un paio e sono tornato a Roma, deciso a comportarmi come pensavo.»

Cosa pensava? Lo disse chiaramente: bisognava tentare qualcosa di grosso, com'era appunto mettere in minoranza Mussolini al Gran Consiglio. La seduta poteva andare bene, ma secondo Grandi le probabilità di successo non sembravano molte, perché di compagni veramente sicuri ce n'erano sette o otto al più. Poteva però andare male. Se andava male arrestavano tutti. Lui non accettava questa conclusione. Se si fosse verificata, era deciso a lanciare una bomba, a travolgere amici e nemici. Muoia Sansone con tutti i filistei.

Perché il capo della Polizia?

Il testamento è pronto, lo aggiorna ogni anno. Non è un cattolico zelante, ma in questo momento gli par giusto morire, se deve morire, nella religione dei genitori. Va a confessarsi nella chiesetta di piazza Colonna, di fronte a Palazzo Chigi. Poi prende carta e penna e scrive al re, una lettera molto breve: «Maestà, mi accingo a recarmi alla riunione del Gran Consiglio, dove presenterò l'ordine del giorno che le accludo. Sono certo che il re del 24 maggio, il re di Peschiera, il re di Vittorio Veneto non vorrà abbandonare in questo grave momento la patria». Firma, chiama Zamboni e gliela consegna. Prudentemente, per evitare che Vittorio Emanuele, avendo in mano anzitempo quello scritto, faccia qualcosa di imprevisto, prega l'amico di recapitarla al Quirinale soltanto quando vedrà calare il labaro del partito dal balcone di Palazzo Venezia. Perché? Perché il labaro veniva esposto fino all'ora di inizio delle riunioni del Gran Consiglio e quindi ammainato. Segno che la seduta era cominciata. La lettera doveva essere consegnata quando fosse troppo tardi per bloccare Grandi.

Arrivano le quattro e mezza del pomeriggio. La città è semideserta, c'è il sabato fascista, scuole e uffici sono chiusi. La guerra sembra lontana. I caffè, nel solleone, hanno i tavolini vuoti. Soltanto qualche raro cliente, all'ombra dei tendoni colorati, beve una bibita fresca oziando. Due di quei clienti sono Zamboni e il giornalista Francesco Malgeri, in attesa al Caffè Faraglia, allora aperto nel palazzo delle Assicurazioni, di fronte a Palazzo Venezia. Aspettano di veder ammainare il labaro. Poi Zamboni correrà al Quirinale con la lettera. Davanti a Palazzo Venezia un pizzardone, col casco a catinella allora in uso, dirige stancamente il traffico di radi veicoli. Ogni tanto passa un militare. Si tratta di soldati anziani, con l'aria di uscieri al rientro in famiglia dopo la giornata di servizio in anticamera. Il nemico è sbarcato in Sicilia già da due settimane. Si sente nell'aria che così non può durare. Grandi si muove da casa alle quattro e mezza in punto. Dirà di non aver portato con sé nessun documento, nessun appunto.

«Soltanto l'ordine del giorno in due copie su una carta bianca molto solida, me lo ricordo ancora. Perché due copie? Perché ho pensato: Mussolini questo ordine del giorno può cacciarselo in saccoccia e poi stracciarlo. Cosa rimane, a provare che c'è stato? Rimane la seconda copia e perciò, potendo, contavo di farle firmare tutte e due. La seconda l'avrei conservata io ed infatti è quella mandata al re.»

Grandi va a piedi da Montecitorio a Palazzo Venezia. Preferisce camminare, «perché l'emozione era forte e cercavo di scaricarla». Incontra Zamboni e Malgeri, scambia con loro una stretta di mano e varca il cancello d'ingresso.

«Si è detto che a Palazzo Venezia vi fossero i moschettieri del Duce di guardia. Non è vero. I moschettieri erano stati mandati al fronte tre o quattro mesi prima. Quel giorno li sostituivano i militi del battaglione "M" di stanza a Roma, una cosa più seria. Il cortile e lo scalone erano presidiati da questi militi in assetto di guerra, armati, attraverso i quali bisognava passare. Noi ministri entravamo a Palazzo Venezia da un ingresso speciale, sul retro, con un ascensore privato. La prima sorpresa fu di trovare quell'ingresso chiuso, sicché dovemmo servirci dello scalone e finimmo tra i soldati. L'impressione immediata fu di essere caduti in trappola. Questa impressione si rafforzò quando, in anticamera, la prima persona che incontrai fu il console Renzo Chierici, nuovo capo della Polizia. Chierici mi salutò cortesemente, ma non potei fare a meno di giudicare per lo meno sospetta la presenza, in quel luogo, in quella circostanza, del capo della Polizia. Più tardi, riandando agli avvenimenti del pomeriggio e della notte del 24 luglio 1943, ho pensato che forse ci salvò l'ombra di Matteotti. Una mia idea, si badi, senza una base concreta. Ma secondo me Mussolini è vissuto sotto l'incubo dell'affare Matteotti e da allora ha sempre pensato che i delitti di Stato, se si devono fare, bisogna farli dando loro una giustificazione pseudogiuridica. Quindi nella notte può anche avere avuto voglia di farci arrestare, ma non sul posto. Non subito.»

Giuseppe Bottai, il gerarca in perenne sospetto di eresia, l'altro «grande» della notte fatale per Mussolini e il fascismo, incontra in anticamera Grandi, e lo vede mentre saluta il console Chierici. Lo avvicina con aria sospettosa, lo tira da parte e gli sussurra: «Caro Dino, siamo caduti in trappola». Anche su di lui, sempre così freddo e distaccato, i militi del battaglione «M» hanno fatto il loro effetto.

VIII

SI AVVICINA L'ORA X

Qualcosa si muove

Grandi è a Bologna il 10 luglio 1943, quando arriva la notizia dello sbarco alleato in Sicilia. Capisce che è la fine. Ormai, per rovesciare la situazione e uscire da una guerra perduta, il tempo non si può più contare a mesi, ma a giorni, forse a ore. Nonostante tante sollecitazioni, Vittorio Emanuele non si è mosso. Ha lasciato precipitare, fatalisticamente, le cose verso questo sbocco prevedibile, senza intervenire per fermarle. Ha promesso, ha assicurato, ha garantito; ma finora è rimasto estraneo, in un atteggiamento che non si sa se definire di abulia, di inerzia o di rassegnazione. Grandi sente l'acqua alla gola. O si decide adesso, o mai più.

Purtroppo non è rimasto molto da barattare con gli Alleati, in cambio della fine delle ostilità. Finché il Mediterraneo, bene o male, era controllato da noi, quella forse avrebbe potuto essere la carta buona: il Mediterraneo sgombro per avere la pace. Ma nel novembre 1942 gli americani sono sbarcati in Algeria e nel Marocco, e da quel momento in nostra mano non è rimasto più niente. Figurarsi ora, quando il nemico ha messo piede sul territorio nazionale, in Sicilia, accolto dagli applausi e dalle feste della gente. Grandi sente salirgli una collera fredda contro il re, contro Mussolini, contro se stesso, e stravolgerlo. Cosa si deve fare adesso? Qualcosa di grosso, qualcosa per svegliare finalmente Vittorio Emanuele dal suo torpore e costringerlo ad agire. Qualcosa che gli offra il famoso pretesto costituzionale per togliere di mezzo il fascismo. Purché si faccia presto.

Grandi ricordava che il giorno dello sbarco degli americani in Africa era entrato nell'ufficio del Duce e lo aveva trovato con in mano il *flash* d'una agenzia straniera. Glielo aveva porto: il generale Eisenhower, giunto tra le sue truppe appena sbarcate, aveva ballato il charleston insieme con i soldati. Mussolini aveva commentato: «Ecco di cosa sono capaci i tuoi americani. Che razza di esercito può essere quello il cui comandante balla il charleston tra le truppe?». Gli aveva risposto: «Bada, ogni popolo ha il suo modo di esprimersi, in ogni circostanza. Per me, il fatto che Eisenhower balli il charleston è altrettanto preoccupante del successo di una sua manovra tattica». Quella era stata l'unica reazione di Mussolini a una svolta decisiva del corso della guerra, specialmente per l'Italia.

Alla notizia dello sbarco in Sicilia, Grandi agisce d'impulso. Spedisce al generale Puntoni, primo aiutante di campo del re, il seguente telegramma: «Mentre si avvicina il centenario del giorno in cui un grande avo di Sua Maestà, il re Carlo Alberto, snudò la spada e rischiò la vita per l'unità, la libertà e l'indipendenza della patria, l'Italia va incontro alla sconfitta e al disonore». Si mette la copia del testo in tasca per mostrarla all'amico Federzoni, anche lui in quel periodo ritirato nella sua casa di Bologna. Federzoni legge ed esclama: «Ma tu sei matto». «Perché sono matto?» «Ma perché questo telegramma è una mancanza di rispetto al sovrano...» «Dice esattamente come la penso.»

Grandi ritiene anzi che non basti. Si deve uscire allo scoperto una volta per tutte e far uscire allo scoperto anche gli altri. Siede alla scrivania e prepara due lettere simili, una diretta al re e una a Mussolini. Si tratta di due accompagnatorie. I destinatari vi troveranno acclusa copia dell'ordine del giorno da presentare in qualcuna delle sedi eventualmente raggiungibili, la Camera, o il Senato, o il Gran Consiglio. Sta a Vittorio Emanuele e al Duce scegliere dove. Lettere destinate a non partire. Proprio mentre Grandi si accinge a spedirle, Giuriati, Bottai, Farinacci, Bastianini e gli altri gerarchi sono andati da Mussolini e gli hanno chiesto di riunire il Gran Consiglio per discutere la situazione. Grandi comincia a pensare che qualcosa si muove.

Alla richiesta dei gerarchi, come è noto, Mussolini non ha risposto che la riunione si terrà. Ma non ha detto nemmeno di no. Ha rinviato a dopo il suo incontro con Hitler a Feltre, il 16 luglio.

«Il Gran Consiglio non si era più riunito perché dopo la seduta del 7 dicembre 1939 Mussolini aveva capito qual era l'umore dei maggiori esponenti del regime e non li aveva più voluti tra i piedi. La seduta del 7 dicembre fu quella in cui venne confermata la non belligeranza, ossia la neutralità italiana. E fu dato incarico al ministro degli Esteri di tenere alla Camera il discorso del 16 dicembre, un discorso antitedesco, che fa onore a Ciano. E si approvarono le misure per la costruzione del Vallo Alpino, si pensi, una linea Maginot contro la Germania... Tutto ciò con entusiasmo senza equivoci. Allora Mussolini tolse di mezzo Consiglio e consiglieri e non li consultò più. Nemmeno per dichiarare la guerra il 10 giugno 1940, quando non solo non convocò il Gran Consiglio del fascismo, ma nemmeno il Consiglio dei ministri, il colmo. Io stesso, presidente della Camera e ministro della Giustizia, ho ascoltato in piazza il discorso con cui

Mussolini annunciava l'intervento dell'Italia in guerra. Ero con mia moglie e mio figlio, e accanto a noi c'era la signora von Mackensen, moglie dell'ambasciatore tedesco a Roma. Voglio ripetere una mia opinione: io sono convinto che Mussolini abbia accettato di riunire il Gran Consiglio il 24 luglio soltanto per reagire a Hitler, il quale gli aveva rinfacciato di essersi circondato di gente di cui non c'era da fidarsi e che alla lunga lo avrebbe tradito. Il Duce voleva mostrare al Führer di tenerci in pugno e niente poteva costituire prova migliore della sua intatta autorità di una seduta del massimo organo del fascismo, dalla quale egli uscisse ancora una volta vittorioso.»

Da ambasciatore a ministro

Passano nove giorni dallo sbarco in Sicilia e gli Alleati bombardano Roma con le «fortezze volanti». Il presidente della Camera non può restare a Bologna mentre il nemico attacca la capitale. Grandi decide di partire. Rientra a Roma con un viaggio difficile e snervante, attraverso un Paese caotico e sfiduciato, su treni carichi di soldati e di gente infuriata, tra un infittirsi di voci catastrofiche. Dalla stazione si fa portare al suo appartamento deserto di Montecitorio. Sotto la porta trova una busta chiusa, con l'intestazione della segreteria del partito. La apre, è la convocazione del Gran Consiglio, a firma di Scorza. Si può immaginare cos'abbia provato. Finalmente il cerchio si chiudeva. Finalmente si scendeva sul terreno a giocare la partita finale. L'occasione era venuta e a offrirla era stato lo stesso Mussolini. Grandi ricordava di essersi detto, pensando alle lettere al re e al Duce non ancora spedite: "Adesso, cosa contano queste?".

Grandi andava dal re due volte alla settimana, come guardasigilli, fin dal 1939, ossia dal suo rientro da Londra. Aveva saputo per caso di non essere più ambasciatore in Inghilterra, ma ministro della Giustizia, alla stazione di Bologna. Tornava in Italia in vacanza e sua moglie, scesa dal treno, era andata a prendere un gelato e a comprare il «Resto del Carlino». Là aveva letto la notizia del nuovo incarico del marito, conferito a sua totale insaputa. Aveva esclamato: «Pensa un po', non sono più la moglie dell'ambasciatore, ma del guardasigilli». I famosi «cambi della guardia» sotto il fascismo avvenivano così.

Diceva Grandi di aver perso, in quel momento, il lume degli occhi, sia per la forma del provvedimento, sia per la sostanza. La sua ambizione, come ambasciatore in Inghilterra, sarebbe stata di riuscire a firmare il secondo patto di Londra. Un atto diplomatico uguale a quello del 1915, grazie al quale l'Italia era uscita dall'alleanza con l'Austria e la Germania, per passare a fianco della Gran Bretagna e della Francia. Secondo Grandi l'Italia, come la Polonia e come altre nazioni nella sua stessa posizione geografica e politica, «doveva barcamenarsi come il Piemonte, anche a costo di fare una politica esteticamente non irreprensibile. Il Piemonte era diventato nazione guardando con un occhio l'Impero e con l'altro il re di Francia».

Ancora: «L'Italia è sempre stata destinata a diventare in guerra nemica dei suoi alleati in tempo di pace. È il destino storico dei Paesi di transizione geografica, i quali durante gli anni di pace si tutelano alleandosi al loro vero nemico. Fummo membri della Triplice perché occorreva tener buone Austria e Germania, le due nazioni da sempre nostre nemiche. Ma quando scoppiò la guerra del 1914 ci difendemmo da entrambe passando nel campo degli Alleati. Questo avrebbe dovuto avvenire ancora nel 1939 e speravo che la mia azione politica fosse coronata dalla firma del secondo passaggio dell'Italia con Gran Bretagna e Francia. Hitler lo aveva sospettato e fu lui a chiedere il mio richiamo da Londra. Hitler, dopo il 25 luglio, avrebbe detto: "Il nostro nemico più pericoloso è sempre stato Grandi"».

Fallito quel sogno, Grandi piomba a Roma e si fa ricevere da Mussolini. Gli dice di non voler accettare la nomina a guardasigilli. Se non sarà più ambasciatore in Inghilterra, tornerà a Bologna a occuparsi di agricoltura. Lo si sciolga pertanto da ogni impegno politico.

Ecco la risposta di Mussolini: «Caro Grandi, tu hai fatto per quindici anni, fin da quando sei diventato sottosegretario e poi ministro degli Esteri, e più tardi da ambasciatore a Londra, una determinata politica. Quella politica in parte l'ho approvata, in parte tollerata. Ora è finita. In ogni modo, tu la rappresenti. Io non ti posso più lasciare a Londra, perché la mia politica odierna è quella dell'alleanza con la Germania. Lasciarti al tuo posto significherebbe dare a Hitler il modo di sospettarci di fare il doppio gioco. Il Führer mi ha chiesto la tua testa, ma io non intendo dargliela tutta, al signor Hitler. Quindi tu diventi ministro della Giustizia».

Grandi insiste, non vuol saperne. La sua delusione è cocente. Tornerà a Bologna. Basta con la politica, basta. All'improvviso Mussolini mette fine alla conversazione con questa battuta: «Allora vai dal re. Lui ti persuaderà».

A pesca dal re

Il neoministro raggiunge il sovrano a Sant'Anna di Valdieri, in Piemonte. Il re sta pescando, avrà una canna anche lui, seduti accanto. Passano così la mattinata insieme, poi fanno colazione con la regina e alla fine si ritirano nello studio al piano di sopra. Là Grandi si sfoga. Dal suo caso personale passa alla situazione dell'Italia, alla crisi della dittatura divenuta regime, al pericolo per il Paese se non si interviene in tempo. Il re risponde: «Avvenimenti gravi si preparano in Europa, nei quali purtroppo l'Italia resterà coinvolta. Io ho bisogno di salvare la Costituzione. Quello là, e intendeva Mussolini, crede di avere distrutto la Costituzione, ma si sbaglia. L'ha corrosa, però le capriate sono ancora le stesse del 1848. Il suo compito di guardasigilli, caro Grandi, deve essere solamente questo: difendere le capriate della Costituzione, perché verrà il momento, tra non molto, in cui avrò bisogno di ricorrere nuovamente allo statuto».

Questa analisi politica di Vittorio Emanuele è dell'8 luglio 1939, due mesi prima dello scoppio della seconda guerra mondiale, un anno prima dell'intervento dell'Italia. Pare molto significativa, nel senso peggiore. Il re vedeva con chiarezza che Mussolini avrebbe trascinato il Paese alla rovina, si premuniva per disporre degli strumenti necessari a intervenire se si fosse dato il caso, ma per tre anni quegli strumenti non li usò. Non se ne servì per salvare l'Italia e tanto meno per difendere la Costituzione, lasciata violare impunemente. Al punto di rinunciare al massimo dei suoi diritti statutari, dichiarare la guerra e comandare le forze armate.

Ancora un episodio significativo raccontato da Grandi. Quando in quegli anni andava da Vittorio Emanuele, trovava il modo di dirgli: «Maestà, le chiedo di volersi ricordare di Vittorio Amedeo II, il quale ad un certo momento si accorse di aver puntato male le sue carte sul re di Francia e allora si servì del sacrificio di Pietro Micca, cambiò fronte, andò incontro al cugino Eugenio di Savoia che avanzava al comando delle milizie dell'Impero, salvò Torino e diventò re. Perché la corona di Sardegna nasce proprio da questa mossa politica di grande realismo e non da un tradimento». Come al solito il re gli rispondeva sorridendo: «Grandi, non faccia il giornalista». E il discorso finiva lì.

Al principio dell'estate 1943 Grandi, dal febbraio non più ministro della Giustizia, non ha più l'obbligo di andare due volte alla settimana dal re. Ma, vedendo precipitare le cose, trova un pretesto qualsiasi e ottiene dallo stesso Mussolini il consenso a incontrare ancora una volta il sovrano. Il 3 giugno Vittorio Emanuele lo riceve nel suo gabinetto di lavoro al Quirinale. Sulle scale Grandi si imbatte in Acquarone. Un rapido saluto, poi il ministro della Real Casa sussurra circospetto: «Gli parlerai chiaro, vero? Gli dirai tutto, vero? Poi mi racconterai come ti risponderà, vero?». Anche per Acquarone è giunta l'ora di agire, ma egli punta su altre carte, i militari, il colpo di Stato sudamericano. Grandi si libera frettolosamente di lui ed entra dal re.

«Vittorio Emanuele mi disse: "Per adesso, il momento non è arrivato. Ma penso che arriverà tra poco. Abbia fiducia nel re. Il momento lo sceglierò io e io soltanto. Sono certo che lei si comporterà da soldato eccetera eccetera". Questo discorso da un lato mi fece una buona impressione, perché il re per la prima volta parlava chiaro del pericolo. Ma da un altro non mi piaceva, a causa di quel momento non ancora arrivato. Mentre, secondo me, era già passato. Gli domandai: "Posso riferire ad altri le cose che Vostra Maestà mi ha confidato?". "A nessuno." "Nemmeno al duca d'Acquarone?" "Nemmeno al ministro della Real Casa." Il re faceva spesso questo gioco del segreto.

«Per uno come me, fermamente convinto che

l'unica carta da giocare fosse il sovrano, le settimane trascorse dopo quel colloquio sono facilmente immaginabili. Parlare con chi, tra i miei amici più intimi? Agire su chi? Sui generali? Io li giudicavo i massimi responsabili dello stato in cui ci trovavamo. Erano tutti fascisti, creature di Mussolini, il quale per tredici anni aveva retto il Ministero della Guerra, allevando quei bei condottieri. Si vide dopo il 25 luglio quale spaventoso imbroglio furono capaci di combinare i generali... Di chiunque mi sarei fidato, ma mai di simili individui. Passavano i giorni e le settimane nell'inerzia. Il famoso momento continuava a non venire, mentre gli Alleati erano ormai in Sicilia. A questo punto la riunione del Gran Consiglio cadde su di noi come un dono della provvidenza.»

Grandi è appena entrato nel suo appartamento, quel 20 luglio, quando arriva Zamboni. Ha incontrato Acquarone e il ministro gli ha detto di voler vedere subito, d'urgenza, il presidente della Camera. Grandi riflette un poco, poi risponde che non andrà. Il suo pensiero è questo: "Io rappresento, ora, l'opposizione, anzi sono il capo dell'opposizione. Mi preparo a combattere una battaglia costituzionale per restaurare l'ordine democratico. Se vinco, non voglio che si dica che il capo dell'opposizione era d'accordo col re. Se perdo, non voglio compromettere la corona. Perciò non andrò né dal sovrano, né dal ministro della Real Casa". Vedrà Acquarone, ma dopo la seduta del Gran Consiglio. Poi esce e si dirige alla segreteria del partito a cercare Scorza, per parlargli come si è già raccontato che gli parlò.

Il consigliere nazionale Zamboni passa il pomeriggio di sabato 24 luglio ad aspettare che a Palazzo Venezia ammainino il labaro del partito. Grandi gli ha detto che resterà esposto fino al momento dell'inizio della riunione e verrà tolto quando tutti saranno entrati. Soltanto allora egli dovrà correre al Quirinale a consegnare la lettera del presidente della Camera al re. La prima contrarietà si presenta subito. Su Palazzo Venezia, già molto prima dell'ora stabilita per il Gran Consiglio, non sventola alcun labaro. Si sono dimenticati di esporlo? C'è stato un contr'ordine? Il povero Zamboni ignora che Mussolini ha deciso di non farlo issare, sicché suda freddo e non sa come comportarsi. Ha precise disposizioni di regolarsi secondo quel segnale, ma se il segnale manca non andrà a monte ogni cosa? Decide allora di mettersi a sedere per tempo al Caffè Faraglia, di fronte a Palazzo Venezia: di là vedrà entrare sia Grandi sia gli altri. Si regolerà, come si dice, a vista. Quando saranno passati tutti, andrà al Quirinale con il delicato documento.

Arriva Francesco Malgeri, saluta e si siede con lui. Parlano degli avvenimenti incombenti. In due, la tensione di Zamboni si scarica un poco. Quando appare Grandi, tira un sospiro di sollievo e sente di poter portare a termine il suo incarico senza paura di sbagliare. Il re si mostrerà interessato al contenuto della lettera al punto di chiamare Acquarone e di dirgli: «Bisogna vedere subito Grandi appena finita la seduta, le raccomando, non perda un minuto». Così il duca andrà ad aspettare a Montecitorio il presidente della Camera fino alle tre del mattino del 25 e di là insieme con lui si trasferirà a casa di Zamboni, per tirare le prime conclusioni dei drammatici avvenimenti.

O vinti o vincitori

Le cinque del pomeriggio del 24 luglio 1943. I membri del Gran Consiglio sono entrati nella sala del Pappagallo. Due militi chiudono le porte. "Addio," pensa Grandi "di qui si esce soltanto o vinti o vincitori." I tavoli sono disposti a «U». Al centro, su un tronetto coperto di drappo rosso, siede Mussolini. Alla sua sinistra Scorza, poi il presidente del Senato Suardo. Alla sua destra i due quadrumviri, De Bono e De Vecchi. Grandi si trova accanto a quest'ultimo, avendo alla sua destra Acerbo. Al tavolo di fronte De Marsico, Bottai, Federzoni. Ora i dadi sono tratti. I giochi sono fatti. Comincia la battaglia.

Grandi era persuaso che il suo ordine del giorno non fosse spiaciuto a Mussolini, tutt'altro. Pensava tra sé che il Duce volesse servirsene per uscire onorevolmente da un vicolo cieco, da una situazione ormai insostenibile. Quel documento lo conosceva. Lo teneva sul tavolo da due giorni. Grandi stesso glielo aveva illustrato. In quei due giorni non aveva mosso un dito per bloccarlo, o per impedire la raccolta delle adesioni. L'idea di un ritiro del fascismo in seconda schiera e di uno scarico di responsabilità dalla sua persona, per passare al re il compito di sbrogliare la matassa, poteva sembrargli una via d'uscita conveniente. Anche se, probabilmente, a uscire di scena non pensò mai seriamente, se è vero quanto raccontò più tardi Biggini a Grandi. Biggini era stato presente il 25 mattina, quando Mussolini aveva fatto cercare a più riprese il conte per invitarlo a Palazzo Venezia (ma Grandi si fece negare) con l'intenzione di offrirgli il Ministero degli Esteri in un nuovo governo fascista di cui egli avrebbe conservato la presidenza.

La condotta di Mussolini si è sempre adeguata con fulmineità al mutare delle situazioni. È sempre stato un istintivo. Gli capitava di andare alle riunioni del Gran Consiglio («Dove non è vero che non si discutesse. Non si votava; ma si discuteva e spesso in contrasto con le tesi del Duce») con un ordine del giorno in tasca, salvo poi, fiutati gli umori dell'assemblea, presentarne e farne approvare uno diverso, all'istante. Per questo il presidente della Camera non si sarebbe meravigliato se al suo programma, apertamente o no, avesse alla fine aderito lo stesso Mussolini. Altrimenti perché accettare quel documento, se non pensando di poterlo utilizzare come soluzione di riserva?

«Era stato stabilito che, se Mussolini avesse tolto la seduta, avrei proposto a De Bono di assumere la presidenza e di continuarla. Ma sono belle parole. Per fortuna Mussolini lasciò andare avanti le cose fino in fondo. Basta questo a spiegare quale fosse il suo stato d'animo e a dar credito, almeno in parte, alla mia opinione. Perché contro l'ordine presentato da me non disse una parola, non mi attaccò. Tacque e non mi interruppe mai. Dopo, ha raccontato di star male, di avere sofferto di stomaco. Ma i dolori di stomaco li aveva da anni ed era abituato a sopportarli. È vero invece che si difese con abilità e astuzia. Ad un certo momento, quando la discussione era più calda, propose di aggiornare la seduta all'indomani. Mi opposi, sostenuto da Bottai e da De Marsico. Si arrese. Accettò perfino la procedura democratica del voto. Toccò la corda patetica lamentando: "Voi mi abbandonate, ma il mio re non lo farà". Il mio re! Lui che lo aveva sempre chiamato "sciaboletta"...»

Grandi ricordava, di Mussolini, da un lato l'espressione assente con cui aveva aperto i lavori del Gran Consiglio, dall'altro il tono sprezzante e duro della voce. Altre osservazioni: notò un De Bono accorato; un Farinacci iroso, concitato, violento, in qualche momento ingiurioso, specie con De Marsico; Federzoni appassionato; Ciano calmo ed equilibrato; Galbiati minaccioso; Bignardi preoccupato; Frattari aspro; Cianetti imbarazzato e perplesso; Suardo sonnolento e lacrimoso; Bottai deciso e fermo; Tringali Casanova glaciale. Anche Mussolini ha lasciato il suo giudizio su un paio di personaggi presenti quella sera. Sembrerà strano, ma è duro proprio con l'uomo che condivise fino in fondo, sia pure con qualche perplessità, la sua azione come segretario del partito. Cioè Scorza. Di cui trovò «scolorito e privo di convinzione» il discorso pronunciato in chiusura di seduta. Aggiungendo a posteriori: «Quando ripenso all'atteggiamento di Scorza in certe occasioni, mi sorgono forti dubbi».

Infine su Bottai: «... tutto quello che inizia resta incompiuto. Deve essere un sangue misto. Il suo viso è piuttosto una maschera. Il suo sguardo è spesso sfuggente. Non è limpido sino in fondo. Arricchito? Si dice di sì. È poco popolare». Per concludere con una fucilata ad Albini: «Brutto di faccia e nell'anima».

IX

IL SUICIDIO DEL FASCISMO

Così parlò Mussolini

Non fu fatto un verbale della seduta. Una volta conclusa, Federzoni e Bottai si dedicarono a redigere a memoria un riassunto dell'accaduto, in base agli interventi dei vari oratori. Più tardi molti dei presenti scrissero libri e articoli su quanto avevano visto e sentito, sicché non vi è più nulla che non si sappia della riunione in cui fu decisa la fine del fascismo, del regime, della dittatura e del Duce.

La prima testimonianza fu di Mussolini stesso. La rilasciò nei mesi di Salò, durante la Repubblica Sociale, quando nei lunghi e tetri pomeriggi invernali sul Garda, non sapendo cosa fare, pensò di scrivere una serie di «servizi» sulla sua recente vicenda. Li pubblicò sul «Corriere della Sera» col titolo «Storia di un anno», e successivamente li raccolse in un opuscolo, *Il tempo del bastone e della carota.* Le cose migliori del suo eccellente giornalismo.

Raccontò che, aperta la seduta dopo il tradizionale «Saluto al Duce», fece la storia delle vicende del Comando Supremo, scaricandosi di ogni responsabilità per le tante sconfitte e le tante prove di impreparazione e di incapacità. Non era lui a guidare le forze armate in guerra (ma ne aveva preteso il comando dal re, non si capiva perché negasse di averlo esercitato, delegandolo a sua volta a degli incapaci). In compenso si vantò di essere stato l'autore di una delle rare vittorie italiane, quando, in assenza del capo di Stato Maggiore Generale Cavallero ammalato, aveva personalmente diretto la battaglia di metà giugno, l'anno precedente, contro la flotta inglese, presso Pantelleria. Alla dimostrazione di essere, come Hitler, un condottiero, non sapeva rinunciare.

Passò a trattare della crisi in Africa settentrionale e criticò Rommel, bravo tattico, ma cattivo stratega. Disse che si sarebbero dovute occupare la Tunisia, Gibilterra e Malta, ma perché ciò non sia avvenuto si guardò bene dallo spiegare. Accusò di viltà e di tradimento l'ammiraglio Pavesi, comandante di Pantelleria, una fortezza piantata nel cuore del Mediterraneo giudicata inespugnabile, dotata perfino di aeroporti e depositi sotterranei scavati nella roccia, caduta dopo cinque giorni e qualche bombardamento. Aveva ragione, ma era stato lui, via radio, ad autorizzare il pavido Pavesi ad arrendersi, spiegando che soltanto Stalin e il Mikado potevano chiedere ai loro generali di immolarsi piuttosto di cedere. Ai generali italiani, di immolarsi non si parla nemmeno.

In Sicilia – riconobbe – i soldati erano scappati e la base navale di Augusta era stata abbandonata senza combattere, anzi, prima ancora che il nemico l'avesse attaccata. Colpa, anche qui, di un altro ammiraglio fellone, Leonardi, sparito all'apparire all'orizzonte delle navi alleate. Incredibile a dirsi, nel gran fuggi fuggi succeduto allo sbarco degli Alleati, quando tagliarono la corda ammiragli e generali, e gli artiglieri di Augusta inchiodarono i cannoni per impedire di sparare, si trovò una sola persona su cui scaricare le terribili accuse di tradimento e di abbandono di posto di fronte al nemico. Un capomanipolo della Milizia frettolosamente fucilato, che in seguito si dovette riabilitare perché risultato innocente. Tutto ciò mentre i soldati siciliani, abbandonati armi, reparti e uniformi, tornavano a casa festanti, accolti con abbracci dai parenti, mettendo fine nello stesso tempo alla disciplina, all'onore militare e alla guerra.

Disse: «Lo Stato Maggiore aveva garantito che la Sicilia era in grado di resistere e che in quarantotto ore una eventuale aggressione sarebbe stata respinta. Però io non ero tranquillo. Avevo, nel giugno scorso, deciso di andare laggiù, ma non fu purtroppo possibile. Mi ammalai e non era il caso di sovraccaricare il traffico già così difficile. Le nostre divisioni costiere hanno resistito soltanto tre ore... Ora il dilemma che si pone è il seguente: guerra o pace, resa a discrezione o resistenza a oltranza? I partigiani della capitolazione sostengono che questa guerra è impopolare. Forse tra le classi alte, ma non tra il popolo. Ma quando mai una guerra è stata popolare? Non lo fu quella di Libia, non lo fu la grande guerra del 1915/18, alla quale il popolo venne trascinato da una minoranza che si agitava in tre città, Milano, Genova e Roma, e da tre uomini, Corridoni, D'Annunzio e Mussolini. Non vi fu neppure allora una "sacra unione". Popolare non è stata la guerra etiopica se non dopo la vittoria di Ascianghi. Non lo erano state le guerre del Risorgimento come potrei dimostrare con documenti irrefutabili. La verità è che nessuna guerra è popolare quando essa comincia; lo diventa se le cose vanno bene, e diviene impopolarissima se le cose vanno male. Non bisogna sottostare a queste comprensibili oscillazioni.

«La massa del popolo è disciplinata e questo è l'essenziale. I disfattisti sostengono che la Germania non ha aiutato l'Italia. È falso. Essa ci è venuta sempre incontro con generosa solidarietà (*e qui fe-*

ce un lungo elenco di dati e di cifre). Si tratta di aiuti imponenti. Le armi dunque sono state date, io le ho date al popolo italiano. Si tratta oggi di impiegarle. Se si dice che questa è la guerra di Mussolini si può altrettanto dire che quella del 1859 era la guerra di Cavour. La guerra è sempre del partito e della corrente che l'ha chiesta, e dell'uomo che l'ha dichiarata. La nostra è una guerra di religione e questo è il momento di serrare le fila e di assumere le necessarie responsabilità. Lo Stato Maggiore prevede un attacco alla Sardegna, alle isole del Dodecanneso, forse uno sbarco in Francia o nei Balcani, ma esclude un attacco alla penisola. Cambierò i comandanti e chiamerò a difendere il territorio metropolitano tutte le forze non ancora impiegate. Le difese sono preparate e tutte le fortificazioni in ordine. Nel 1917 si perdettero alcune provincie del Veneto però non si parlò mai di capitolazione. Allora si parlò di trasferire il governo in Sicilia; oggi, se sarà inevitabile, esso sarà trasferito nella valle del Po».

(Ma riflettendo a posteriori sugli avvenimenti, aveva dovuto riconoscere, riferendosi al giugno 1943, che «... nella fase attuale della guerra le forze armate italiane non posseggono più alcuna possibilità di iniziativa».) Mussolini ripeté nuovamente il dilemma: guerra o pace? Resa a discrezione o resistenza a oltranza? Ricordò che le sorti di un conflitto sono sempre aleatorie, che nel 1915/18 il numero dei disertori era stato tale da rendere necessaria la deprecata amnistia concessa da Nitti dopo la fine delle ostilità. «La guerra attuale, poi, ha ragioni e caratteri che non possono essere facilmente compresi dal popolo. Per giudicare la situazione attuale conviene tener presente che l'Inghilterra fa la guerra all'Italia, non al fascismo. Pertanto occorre guardarsi dall'opportunismo dell'ultima ora, perché non potrebbe produrre alcun mutamento della situazione.»

I presenti alla riunione seguivano con attenzione tesa il discorso di Mussolini. Lui, dopo essersi doluto della mancata repressione da parte delle autorità militari delle defezioni di interi reparti e aver riproposto la denuncia della mancata resistenza in Sicilia, proseguì leggendo un burocratico elenco delle truppe italiane e tedesche presenti nell'isola. Voleva dimostrare che non erano i mezzi, né gli uomini a far difetto, ma la volontà dei capi, le loro capacità professionali, il loro coraggio. Contrariamente a noi, i tedeschi si erano battuti bene e continuavano a farlo. Hitler gli aveva promesso aiuti e rinforzi, naturalmente a patto che il crollo del nostro esercito non li vanificasse.

Certamente la situazione era grave. In questo momento si rendeva conto di essere l'uomo più odiato d'Italia. Ma mentre tutti lo abbandonavano, poteva sempre contare sulla fiducia del re, il quale anche di recente gli aveva detto: «Voi provvedete al fronte. Io vi guarderò le spalle». Come si poteva superare la crisi, allora? In un solo modo, restando fedeli alle alleanze, fedeli ai camerati tedeschi, ai comuni ideali. Fra le altre cose, quasi accennandone per inciso e non per sgravarsi di una responsabilità da cui dipendeva ora il trovarsi in stato d'accusa, aveva negato di avere preteso dal sovrano il comando delle forze armate. Era stato – disse – il Maresciallo Badoglio, capo di Stato Maggiore Generale, d'accordo con gli altri capi militari, a strappare quella prerogativa statutaria a Vittorio Emanuele. Lasciò intendere che lo aveva fatto per due motivi, crearsi una benemerenza verso il fascismo e diventare il gestore della guerra senza doverne rendere conto. A un ex caporale, infatti, si poteva far fare quel che si voleva. A un tipo come il re, meno.

Mussolini parlò per due ore «a un uditorio meno sorpreso di quanto andava dicendo quanto più colpito dall'inusuale modo di esprimersi: debole, disordinato, incolore. L'uomo appariva stanco, distaccato, quasi rassegnato» (Picone Chiodo). Era entrato nella sala portando sottobraccio una cartella azzurrina intestata alla «Segreteria particolare del Duce». Conteneva vari fascicoli numerati col lapis rosso e fermati da graffette, pieni di fogli contraddistinti da numerose sottolineature. Non si sa cosa fosse scritto su quei fogli. Secondo Scorza, un fascicolo aveva per titolo «Provvedimenti da comunicare al Gran Consiglio». Questi provvedimenti non furono annunciati e rimasero sulla carta. Uno riguardava certamente le nomine dei nuovi comandanti militari e nel numero del 10 aprile 1966 del settimanale «Epoca» ne è stato pubblicato l'originale, ritrovato tra le carte del defunto segretario di Mussolini, Nicolò De Cesare. Vi si legge che nelle intenzioni del Duce il nuovo ministro della Guerra avrebbe dovuto essere Sorice, capo di Stato Maggiore Generale Roatta, capo di Stato Maggiore dell'Esercito Giuseppe De Stefanis; ministro della Marina l'ammiraglio Antonio Legnani, capo di Stato Maggiore l'ammiraglio Raffaele De Courten; ministro dell'Aeronautica il generale Umberto Klinger, capo di Stato Maggiore il generale Umberto Cappa. Salvo dunque modifiche dell'ultima ora, pare non avesse in mente di richiamare in servizio Graziani per il posto di capo di Stato Maggiore Generale, come aveva lasciato intendere quando il segretario del Maresciallo, colonnello Vittorio Magno Bocca, era andato a comunicare a Scorza l'inopinata disponibilità del suo superiore.

Anche secondo Scorza quella sera Mussolini non era in gran forma. Lo impressionò la sua voce «pacata, troppo pacata, quasi distante». Si premeva il petto con la mano infilata sotto il cinturone, nel punto in cui lo tormentavano i dolori di stomaco. L'altra mano era alzata a riparo dal riverbero della luce del grande lampadario al centro della sala. Si appoggiava contro il tavolo, teneva la gamba destra a cavallo della sinistra e la faceva dondolare nervosamente. Scorza si stupì udendolo dire che non si sarebbe mai mosso da Roma «nemmeno se, per disgrazia, il nemico giungesse a San Pietro». Quella frase gli parve una manifestazione di insicurezza, quasi di rassegnazione: ammetteva la possibilità d'una inarrestabile avanzata degli Alleati?

Cominciarono gli interventi dei ventotto presenti. Ovviamente, chi per un verso chi per l'altro, tutti attendevano il discorso di Grandi, il quale parlò dopo De Bono, De Vecchi, Bottai. A proposito di questo discorso certamente «storico», Grandi ha detto di non essersi portato in aula nemmeno un pezzo di carta, un appunto, un foglio di scaletta qualsiasi. Doveva tenere invece in tasca il testo scritto del suo intervento, ed era logico che fosse così, vista l'importanza delle cose da dire. Quel discorso lo lesse, anche se nel suo libro assicura: «Ho sempre parlato, come si suol dire, a braccio, cioè senza l'ausilio di note ed appunti». Però quel testo «a braccio» lo consegnò al suo editore e infatti compare nel volume per ben quindici pagine.

Inoltre raccontò che Scorza, quando era andato a mostrargli il suo ordine del giorno, gli aveva dichiarato di pensarla come lui, salvo cambiare parere in aula. Anni dopo Scorza smentì d'essersi detto d'accordo con Grandi e che fosse giunto il momento di liquidare Mussolini. «Chi poteva immaginare un fascismo e un partito fascista senza Mussolini? Chi poteva pensare che ai fascisti potesse restare alcun interesse da tutelare, privi del grande "ombrello" di Mussolini? Dell'unico, cioè, che ci aveva tratti dalla massa anonima, che ci aveva fatti capi rispettati e temuti, direttori di giornali e capi d'istituti, e ministri, e ambasciatori e conti? Solamente uno sprovveduto poteva sognare possibili, senza Mussolini, organigrammi di successione e di potere.» Scorza, in verità il 25 luglio non proprio fedelissimo, qui è più credibile di Grandi. Non poteva prevedere cosa sarebbe capitato dopo il colpo di Stato, sebbene ne sapesse parecchio.

L'attacco di Grandi

Luigi Federzoni, che dopo la seduta ricostruì con Bottai e mise per iscritto quanto era stato detto in Gran Consiglio, dedica nel suo libro esattamente quindici righe a spiegare e riassumere le finalità della mossa di Grandi. Le seguenti: «L'illustrazione che Grandi fece dell'ordine del giorno fu una requisitoria implacabile nella denunzia degli errori e dei traviamenti. Egli rievocò le vere ragioni del moto fascista che, sorto per un istinto di difesa nazionale e sociale, nelle provincie padane peggio devastate dall'anarchia demagogica, iscriveva sulle sue insegne il binomio programmatico "Pace e libertà"; e raccontò con appassionata irruenza lo sgomento che lo aveva preso al suo ritorno in Italia dopo sette anni di assenza, rilevando i guasti causati dalla decadenza politica e morale del Regime. Mirò diritto alla dittatura totalitaria, per colpire in questa la causa maggiore della catastrofe; e affermò categoricamente che i membri del Gran Consiglio, tenuti lontani e all'oscuro di tutto dal giorno della dichiarazione di non belligeranza, ma coinvolti dinanzi alla Nazione nelle responsabilità della guerra, erano pienamente autorizzati a domandare conto di essa a Mussolini e a reclamare il mutamento del sistema». Dopodiché, dell'intervento vero e proprio, ha lasciato il più ampio e particolareggiato resoconto critico di cui si disponga.

Grandi esordì dolendosi che il Gran Consiglio non fosse stato convocato da quattro anni, nonostante le ripetute richieste sempre rimaste senza risposta. Sicché i ministri del re e lo stesso Gran Consiglio appresero dalla radio, il 10 giugno 1940, la notizia dell'entrata in guerra dell'Italia contro la Francia e l'Inghilterra, e altrettanto avvenne un anno dopo quando scese in campo contro la Russia e l'America.

«In quest'ora drammatica che la Nazione attraversa, mentre il nemico ha invaso già il sacro suolo della patria, noi intendiamo invece che il Gran Consiglio assuma la responsabilità che attraverso la legge lo stesso Duce del fascismo gli ha affidato. Né si dica, come taluno ha osato sussurrare, che così facendo noi rischiamo di venire meno al giuramento di fedeltà e di obbedienza fatto al Duce del fascismo. Questa non può essere che l'interpretazione di qualche pretoriano ignorante. Il giuramento fatto al Duce del fascismo altro non è se non il giuramento fatto alle leggi che lo stesso Duce del fascismo ha voluto e che il re e il parlamento hanno approvato...

«Taluno ha detto inoltre che noi vogliamo la resa a discrezione al nemico. Non è vero. Il nemico che avanza ha dichiarato brutalmente che esso intende distruggere soltanto un regime politico. Ma noi non ci facciamo illusioni. Sono in pericolo l'unità, l'indipendenza, la libertà della Patria, i frutti dei sacrifizi e degli sforzi di quattro generazioni dal Risorgimento ad oggi, la vita e l'avvenire del popolo italiano.»

Continuò affermando che i partiti sono transitori e che soltanto la patria è eterna, dunque le si deve qualsiasi sacrificio politico e personale. Entrò nel vivo delle accuse contro i capi militari e contro i loro «imperdonabili errori», coinvolgendo direttamente Mussolini, nel silenzio degli attoniti presenti, i quali mai avrebbero pensato possibile attaccare il Duce. Secondo Grandi, Mussolini era il comandante delle forze armate e dunque le sue colpe erano pari a quelle degli esecutori dei suoi ordini: mentre ora, per difendere se stesso, le scaricava esclusivamente sui capi e sulle truppe. «Con bruciante parallelo» citò l'esempio dell'allora capo di Stato Maggiore Cadorna, il quale nell'ottobre 1917 accusò di fronte al Paese la II Armata come colpevole del disastro di Caporetto, denunciandola in un famoso bollettino subito fatto ritirare dal re.

«Quel tristo comunicato di Cadorna ha pesato per decenni sul nostro prestigio militare e politico. Guai a quel comandante delle forze armate che accusa i propri dipendenti e i propri soldati. E Cadorna non aveva avuto se non pochi mesi a propria disposizione per preparare e organizzare quell'esercito che diede subito prove superbe di valore sul Podgora, sul Sabotino, sugli Altipiani. Mussolini, capo del governo, e i ministri dei dicasteri militari hanno avuto ben diciassette anni per creare, formare, preparare, selezionare le forze armate nei quadri, nelle truppe, nei materiali; diciassette anni bastano ad un capitano per essere promosso generale. Gli Stati Maggiori che il capo del governo oggi accusa come responsabili della sconfitta altro non sono che gli Stati Maggiori che egli ha formato e preparato attraverso esperienze e selezioni durate diciassette anni. Non è possibile separare in questo momento le responsabilità dei quadri da quelle del comandante supremo; non è possibile e non sarebbe generoso attribuire la fortuna a sé e la sfortuna ad altri.»

Continuò: «La situazione è grave. È indispensabile perciò ed urgente correggere errori antichi e recenti, procedere a innovazioni e modifiche nella struttura del nostro organismo, allo scopo preciso di facilitare una soluzione della crisi giovevole alla nazione. Ma soprattutto, Duce, desideriamo toglierti dalle spalle una parte del pesante fardello che attualmente pesa solo su di te. Tutti gli italiani, dal re al più umile cittadino, debbono essere partecipi della responsabilità dell'ora che viviamo». Era la premessa per entrare nel tema vero del suo intervento, invitare Mussolini a rinunciare al comando delle forze armate e restituirlo al sovrano, con gli altri poteri istituzionali. In altre parole, togliersi di mezzo e andarsene. Perché cos'altro avrebbe potuto fare, dopo l'abbandono di tutto?

Bisognava tirare la botta al cuore e Grandi lo fece rivendicando il ritorno agli antichi ideali del fascismo, offuscati da una «pratica di eccessivo rigore organizzativo e formalistico». Gridò: «Starace e lo staracismo hanno rivestito del lugubre orbace i più splendidi motivi dello spirito. Restituiscici, Duce, la nostra vecchia, cara, indimenticabile camicia nera, senza aquile e galloni e fronzoli, perché in tal modo ci sentiremo di ritornare ancora giovani e credenti... Credi pure, Duce, che noi preferiamo piuttosto vederti come una volta, in mezzo a noi, anche tu con la tua semplice camicia nera, che non con la ridicola doppia greca di Primo Maresciallo dell'Impero, che non accresce in niente il prestigio della tua figura».

Seguì un fendente alla dittatura, talvolta «inevitabile», ma «sempre limitata a momenti eccezionali; non può essere una forma di governo duratura e, quindi, accettabile dai cittadini oltre i limiti della stretta necessità. Viene fatalmente il momento in cui essa deve cedere il posto ad un reggimento della cosa pubblica più rispondente ai bisogni, alle aspirazioni, alla natura della Nazione. E questo momento, prima giunge e meglio è». Era il colpo di grazia, il segnale che si doveva smontare l'intero apparato del regime per passare alla democrazia e al rispetto della volontà popolare. Poi, negli appunti presi da Mussolini durante la discussione, si trovarono queste righe: «Giunge tardi questa critica alla dittatura. Il signor Grandi sa che la dittatura non è sorta dalla rivoluzione, ma ci è stata imposta; nessuno dei fascisti, gerarca o no, ha mai alzato una voce contro di essa. Meno che mai coloro che ne godevano pienamente i vantaggi. Il signor Grandi ha perso l'autobus per essere un buon liberale».

Il potere militare al re

Grandi era troppo abile per non saper cogliere il suo momento e non capire quando fosse opportuno ricorrere alla sua collaudata abilità adulatoria verso Mussolini, per alternare le blandizie ai colpi di sciabola. Infatti, dopo averlo attaccato sulla dittatura, così proseguì per indorare la pillola: «E dicendo ciò, non ritengo di dire cose nuove ed eccezionali, nemmeno contrarie al tuo pensiero, Duce, perché noi tutti, e tutti gli italiani che ti conoscono veramente, sappiamo quale sia stato e sia l'equilibrio che ti ha ispirato fin dall'ottobre 1922, allorquando, con la costituzione del governo di coalizione, dimostrasti di non voler stravincere... Come si può conciliare, Duce, con il tuo comportamento e la tua sensibilità, per esempio, la dittatura esercitata contro la stampa?». Era un siluro al ministro della Cultura popolare Polverelli, colpevole di aver vietato ai giornali la celebrazione del 24 Maggio e del 4 Novembre, per paura di urtare la suscettibilità dei tedeschi. L'infelice Polverelli, presente in aula, dovette sorbirsi altre eleganti contumelie anche per non essersi limitato ai citati divieti, ma per averne aggiunto un terzo, in realtà paradossale, che impediva ogni accenno al Risorgimento e perfino l'esecuzione dell'inno al Piave. Sempre per gli stessi motivi.

Disse Grandi: «Non è assolutamente giusto che la monarchia, dopo aver accettato dal regime tutto ciò che il regime ha potuto offrirle, dopo aver accettato la corona d'Etiopia e quella d'Albania... si tenga in disparte ora che le sorti della guerra non volgono favorevoli, quasi significando col suo atteggiamento una separazione di responsabilità. Bisogna invece che la monarchia esca da questa specie di imboscamento... Pertanto è urgente e indispensabile procedere a una chiarificazione». Occorreva ribadire a Mussolini la necessità di restituire al re il comando delle forze armate e Grandi, come nota sottilmente Scorza, lo faceva ponendosi nelle vesti del difensore del Duce e di accusatore della Corona fatiscente, mentre in realtà mirava esattamente al contrario.

«È un fatto incontestabile che buona parte degli italiani non segue più il regime. Certo i rovesci militari hanno concorso ad approfondire e a rendere più dolorosa questa separazione. Ma si deve accennare anche ad un altro elemento, all'avversione mai spenta negli italiani verso tutto ciò che sa di tedesco. Ora è evidente che il regime non basta più a raccogliere a unità la nazione per il semplice fatto che ad esso, e solamente ad esso, si attribuisce la colpa della guerra e del suo andamento sfavorevole. Chi può raccogliere a unità tutto il popolo italiano... è solamente la persona del re... Vorrà il re prendere una tale iniziativa dato lo stato dei rapporti esistente tra la Corona e il regime?... Noi che conosciamo bene, Duce, la tua sensibilità e il senso di piena responsabilità che ha sempre guidato le tue azioni, noi comprendiamo benissimo la tua ripugnanza a presentarti al re e dirgli: "Ora che le cose vanno male, giudico necessario che la monarchia ritorni ad essere il fulcro della Nazione e della sua unità". Perciò permetti che una volta tanto il Gran Consiglio si sostituisca alla tua voce, non per diminuire la tua autorità, della quale siamo tutti notoriamente gelosi custodi, ma per fornire ad essa il modo di uscire indenne da una situazione che, altrimenti, potrebbe non avere più alcuna uscita. È il Gran Consiglio che ha il diritto e il dovere di dire al sovrano: la Corona riprenda il suo ruolo tradizionale, non simbolico, ma effettivo, di suprema direzione e tutta l'Italia si stringerà intorno ad essa.»

Ed ecco il punto: «Con la restituzione al re dei poteri militari e, quindi, della pienezza dell'autorità e della responsabilità, si otterranno anche questi vantaggi immediati e pratici: si toglierà alla guerra l'etichetta fascista; si ridurrà l'azione sabotatrice di quanti non si impegnano come dovrebbero ai fini della guerra; si eliminerà uno degli strumenti più efficaci della propaganda nemica; lo Stato Maggiore smetterà di giustificare i propri errori con la scusante delle interferenze politiche vere o presunte. E anche nei confronti dell'alleato, Duce, la tua azione, libera da responsabilità militari, acquisterà una maggiore autonomia».

Toccava ora al partito. Grandi mise sotto accusa le «interferenze del partito in tutte le attività della vita nazionale, esercitate sempre fuori misura, senza buon gusto, talvolta perfino in modo offensivo, ma comunque poco redditizie ai fini nazionali e del regime. Queste interferenze del partito non di rado hanno condotto persino all'annullamento, o quanto meno alla messa in mora delle stesse leggi dello Stato fascista. Ma sempre avveniva che, fatte le leggi, anche le più ponderate e meglio rispondenti alle necessità della Nazione, pareva che, per un malefico destino, il partito e gli uomini di governo fossero spinti a non volerle applicare... Per un verso o per l'altro, la dittatura esiste e, quel che è peggio, la Nazione ne avverte ormai da tempo il peso. Tale peso oggi assume il carattere di un vero e proprio fallimento nei confronti della popolazione». Grandi controbatté Mussolini anche a proposito dell'impopolarità delle guerre. Non è vero, disse, che ogni guerra sia sempre impopolare. Non lo fu certamente quella contro l'Austria-Ungheria del 1915, tra i cui fautori figurava in prima linea lo stesso Mussolini; o quella d'Etiopia del 1935, quando anche gli antifascisti all'estero avevano aderito con entusiasmo alla decisione dell'Italia e alcuni di essi rientrarono in patria per schierarsi col fascismo. Questa è stata una guerra impopolare perché il popolo l'ha subito giudicata una guerra del fascismo e non sua. «Nessuna fra le madri dei seicentomila caduti della nostra guerra 1915/18 fu indotta giammai a pensare che il proprio figlio fosse morto per il ministro Salandra o per Orlando o per Nitti; ognuna sapeva che esso era morto per la Patria. Questo era il sublime conforto al loro dolore... Le donne in gramaglie di questa guerra che vengono ad applaudire i gerarchi, sono intimamente persuase che i loro morti non siano caduti per la Patria, ma sacrificati alla volontà della dittatura. Quale triste retaggio di rancori ciò porterà alle future generazioni...»

Grandi era giunto alla perorazione finale: «Nell'ormai lontano 1924, Mussolini, parlando dal balcone di Palazzo Chigi al popolo di Roma acclamante per i risultati plebiscitari delle elezioni generali politiche, insorgeva contro coloro che pretendevano di vedere in quelle elezioni una mancanza di libertà ed una coartazione della coscienza del popolo italiano. Mussolini disse: “Periscano tutte le fazioni. Anche la nostra, purché si salvi la Patria. Questo è il comandamento del dovere”. È questa l’ora di tener fede alla promessa di allora. Non è mai tardi per compiere il proprio dovere verso il re e verso la Patria».

Il crollo del mito

Grandi sedette, nell’assoluto silenzio dei presenti. Mai si erano udite accuse simili apertamente non solo al sistema, ma al suo capo. Il ribaltone, o, se si preferisce, il suicidio: perché il regime moriva di propria mano e di propria volontà. Grandi rischiava indubbiamente tutto con questo attacco frontale, per molti versi inaudito. Rischiava non soltanto, ed era il meno, la propria posizione personale, ma nel migliore dei casi il carcere e nel peggiore la vita. In queste faccende non occorrono processi e condanne, basta un incidente qualsiasi. Anche stradale. I servizi segreti sanno come si deve fare. Si pensi alla fine di Muti. Nessuno, prima d’ora, aveva mai contestato Mussolini. Nessuno aveva messo in discussione la permanenza del sistema. Ora Grandi demoliva il mito del Duce, chiedeva apertamente la fine della dittatura e del regime, ne denunciava le colpe e gli abusi. Si potrà dire che lo fece forte del consenso – però problematico – di diciannove dei ventotto membri dell’assemblea. Un contributo importante, perché quei diciannove rappresentavano i vertici del regime ed erano, come lui, fascisti a diciotto carati a condannare il fascismo. Ma a parlare era Grandi, non loro. Era stato lui, con iniziativa personale, a preparare la liquidazione di Mussolini, a concepire il ribaltone quando nessuno osava nemmeno pensarlo. Era stato lui a stendere l'ordine del giorno che sarebbe stato il grimaldello per quell'azione e avrebbe consentito al re di liberarsi del capo del governo e della dittatura.

Ancora, era stato lui a muoversi per cercare consensi, rischiando di finire nelle segnalazioni dell'OVRA e nelle denunce di personaggi alla Farinacci, con le conseguenze immaginabili. Aveva raccolto le adesioni di amici come Bottai, Federzoni e De Marsico, ma aveva anche portato sulle sue posizioni camerati incerti, o perplessi, o timorosi. Aveva studiato il piano d'attacco, calibrato parola per parola il discorso per rinfacciare al Duce i suoi errori e la sua presunzione di infallibilità. Lo fece a viso aperto, spesso con una violenza polemica al di sopra delle righe. Come quando accusò Mussolini di avere inventato per pura ambizione il ridicolo grado di Primo Maresciallo dell'Impero e, alludendo agli orpelli con cui dovevano mascherarsi i fascisti, gli gridò di strapparli finalmente e di finirla con le trovate pagliaccesche.

Certo, parlarono anche altri e taluno autorevolmente, saggiamente. Ma dopo che lui aveva dato la spallata decisiva all'edificio, quando era facile portare gli ultimi colpi. Per fare tutto questo, occorreva coraggio fisico e coraggio morale. Coraggio fisico Grandi ne possedeva. Lo aveva dimostrato in guerra e lo stava dimostrando ora, rischiando, come dice Artieri, il tutto per tutto. Aveva anche coraggio morale: un'azione come la sua non può partire se non da un presupposto ideale, perché da essa non gli sarebbe venuto nulla, né onori né vantaggi. In conclusione, non si può negare che egli fosse mosso soprattutto dall'amor di patria, essendo giunto il momento di tentare di salvarla *in extremis.*

Un'ulteriore osservazione va fatta. Grandi dimostrava di essere, dei ventotto presenti in Gran Consiglio, e anche degli altri fascisti di vertice non presenti, la miglior mente politica. Tutto si svolse secondo una linea da lui ideata: l'individuare nella monarchia l'unica forza in grado di portare a compimento l'eliminazione del regime; la fulmineità nel cogliere nella riunione del Gran Consiglio lo strumento per fornire a Vittorio Emanuele il pretesto costituzionale da lui richiesto per agire; il rifiuto di ogni commissione con i generali golpisti; l'abilità con cui pervenne a far decadere il fascismo democraticamente, in base a una votazione che ne mise in minoranza il capo, così come vent'anni prima il fascismo aveva democraticamente ottenuto la fiducia dal parlamento.

Tutti si aspettavano una dura replica di Mussolini e invece egli disse soltanto: «La parola al camerata Polverelli». Cioè al ministro della Cultura popolare, perché potesse replicare alle accuse sulla proibizione di celebrare il 24 Maggio e il 4 Novembre, e di eseguire l'inno al Piave. Stupisce che Mussolini abbia lasciato parlare Grandi senza mai interromperlo, anche se più tardi, in conclusione del dibattito, esclamerà minacciosamente: «Vi ho lasciato parlare e avrei potuto impedirlo». Quasi a voler recuperare l'incrinata autorità della dittatura.

Non lo fece perché fosse rimasto colpito dalla novità e dalla violenza dell'attacco. Aveva dominato ben altre assemblee nella sua vita. Non gli era mai mancato l'intuito politico fulminante per rovesciare situazioni compromesse e trascinare all'entusiasmo intere folle, non tanto ventotto personaggi perplessi. Così si torna ancora una volta alla tesi di quanti pensano che lo abbia fatto proprio per servirsi dell'opposizione di Grandi. Perché pensava, grazie a quelle accuse, alla possibilità del bel gesto:

lasciare il comando delle forze armate e il resto al re, uscire dalla crisi a testa alta, lavarsene le mani e magari ritirarsi alla Rocca delle Caminate per scrivere il *best seller* delle proprie memorie. Poi dovette pentirsi e infatti il giorno dopo andò da Vittorio Emanuele per tentare di dimostrargli che il voto del Gran Consiglio non valeva nulla, non era legale e pertanto intendeva restare al suo posto.

X

«SALUTO AL DUCE!»
«VE NE DISPENSO.»

I cambiamenti mancati

Di tanto in tanto, mentre Grandi parlava, Mussolini diceva qualche cosa sottovoce a Scorza, seduto al suo fianco, riparandosi la bocca con la mano. Commenti, ironie, sarcasmi. Spregiativamente, chiamava Grandi con il suo patronimico nobiliare, «il Mordano», Ciano «il Cortellazzo», di Bottai diceva «il mezzosangue», alludendo alla madre ebrea. Oppure passava al segretario del partito dei bigliettini. Erano d'accordo di redigere insieme l'indomani il verbale della riunione e quel materiale, quelle impressioni, sarebbero stati utili per ricostruire il clima della seduta. Bigliettini come questo: «Dal discorso di Grandi, almeno nella prima parte, non appare chiaro se invoca il re come salvatore della patria in pericolo, oppure se evoca la sua funzione di corresponsabile del ventennio fascista. Comunque è necessario vigilare sullo sviluppo eventuale di questa duplice interpretazione». Quando Grandi accenna alla limitazione delle prerogative statutarie del sovrano per opera del regime, ecco il Duce malignare: «Ma il collare dell'Annunziata non ha votato anche lui la legge del Gran Consiglio sulla successione?». Ancora un bigliettino, quando Grandi esalta la funzione della monarchia: «Il rivoluzionario repubblicano invoca la monarchia e lo statuto!».

Fa caldo, l'aria sembra unta. Le lampade illuminano facce sudate, occhi lucidi, espressioni tirate. Scorza vive momenti di attesa stressante. Egli conosce il contenuto della cartellina di Mussolini, sa dei fogli dove sono fissati i provvedimenti decisi dal Duce per dare una svolta alla crisi, da comunicare stasera in Gran Consiglio. Si domanda quando li leggerà, perché aspetti tanto. Perché non tronchi le critiche e le accuse di inerzia, rovesciando la situazione e dimostrando di aver pronto ciò che finora nessuno ha saputo proporre: misure per ristabilire l'equilibrio interno, ridare vigore alla resistenza militare, continuare la lotta superando il drammatico stallo attuale. Perché tace?

Che Mussolini abbia in animo un programma di rinnovamento sono in molti tra i membri dell'assemblea a pensarlo. Si chiedono quale sarà e tentano di immaginarlo. Un nuovo governo: è la prima cosa a venire in mente, visto il fallimento dell'attuale. Graziani nuovo capo di Stato Maggiore Generale, come si è creduto di capire dai colloqui del Duce con il segretario del Maresciallo. Ma è possibile, dopo l'allontanamento di Graziani da ogni incarico militare preteso da Mussolini, il quale voleva trascinarlo davanti alla Corte marziale per la sconfitta in Libia? L'epurazione dello Stato Maggiore: questa ipotesi pare avere maggiore credibilità, specie dopo le accuse del Duce nel suo discorso introduttivo. Riforme, revisioni. Sì, ma quali? Nessuno sa dare una risposta. Chi potrebbe farlo è Scorza, che conosce i provvedimenti racchiusi nella cartellina azzurra. Mussolini glieli ha letti nei giorni scorsi e li hanno discussi insieme. Ecco di cosa si tratta: nomina dei nuovi titolari dei Ministeri della Guerra, della Marina e dell'Aeronautica, e dei relativi capi di Stato Maggiore; nomina dei nuovi ministri degli Esteri e degli Interni; nomina di un ministro della

Produzione con poteri straordinari; funzionamento regolare con piena responsabilità deliberativa del Consiglio dei ministri; riforma del Ministero della Cultura popolare; riforma del Comando Supremo; ritorno alla piena funzionalità della Camera e del Senato; revisione morale e gerarchica del partito fascista. Non vi è traccia di restituzione al re del comando supremo delle forze armate, ossia del punto di fondo dell'ordine del giorno Grandi. Ma Scorza pensa sia trattabile. Per il resto, in linea di massima le richieste dell'«opposizione» si direbbero quasi tutte condivise dal Duce. Però il tempo passa, gli oratori si susseguono e Mussolini continua il suo silenzio. Rinuncia all'unica replica in grado di mettere in imbarazzo i critici. Scorza non se lo spiega e continua ad aspettare.

Intanto erano proseguiti gli interventi. Parlarono in tanti, quella notte. Molti per non dir nulla, soltanto per una mera affermazione di presenza. Altri per ripicche personali, altri per la patologica attitudine delle gerarchie fasciste di non rinunciare in nessuna occasione a uno sfoggio di retorica. Chi aveva qualcosa di importante da dichiarare, e la dichiarò, diede prova di coraggio. Così il coraggio non mancò a Ciano, il quale lo aveva per natura e per educazione familiare, e lo dimostrò a Verona davanti al plotone di esecuzione. Ciano accusò la Germania di slealtà verso l'Italia, dalla dichiarazione di guerra in poi. La Germania aveva voluto e provocato lo scoppio della guerra nel 1939, pur sapendo che Mussolini si batteva per evitarla. E quando Hitler attaccò la Francia e il Belgio nel maggio 1940, così come per la successiva invasione della Russia, si guardò bene dall'informare il Duce e gli fece avere una comunicazione orale a operazioni già iniziate. Come si fa con un servo. L'Italia non aveva nessun motivo di sentirsi obbligata alla Germania: «Qualunque sarà la nostra decisione, rammentiamoci che noi siamo assolutamente liberi di fronte all'alleato ed esenti da ogni e qualsiasi riserva che possa avere attinenza con l'onore nazionale e la fedeltà ai patti. Noi non avremo a temere alcun giudizio negativo dalla storia per quanto riguarda la correttezza dei rapporti internazionali, ove, costretti dalla situazione militare, fossimo indotti a separare le nostre decisioni da quelle dell'alleato». Questo si chiamava parlar chiaro. Con le sue parole Ciano, sempre stato antitedesco, sottoscriveva la sua condanna a morte per mano dei tedeschi. Molti dei presenti notarono, con una certa meraviglia, che mentre Galeazzo parlava Mussolini faceva con la testa dei cenni di approvazione. Scorza sospettò addirittura che il discorso del genero fosse stato concordato con il suocero.

Farinacci e il Reich

Farinacci parlò con voce rabbiosa, eccitato, «a Dio spiacente ed a' nemici sui». Aspro fino all'acredine, in dissenso con tutti tranne con se stesso. Gli premeva fare il punto sulla necessità assoluta, anzi sull'obbligo, di rispettare l'alleanza con i tedeschi. Era noto a tutti che informava di ogni mossa del governo l'ambasciata di Germania e probabilmente figurava nel suo libro paga. In ogni caso eseguiva ordini e obbediva a direttive provenienti da Berlino. Era pure noto il suo impegno di assecondare la pretesa di Hitler di mettere le forze armate italiane sotto comando germanico. Anzi, di trasformarle in un corpo sussidiario della Wehrmacht. Lesse un suo personale ordine del giorno.

«Il Gran Consiglio del fascismo, udita la relazione sulla situazione interna ed internazionale e sulla condotta politico-militare della guerra sui fronti dell'Asse, rivolge il suo fiero e riconoscente saluto alle eroiche forze armate italiane e a quelle alleate, unite nello sforzo e nel sacrificio per la difesa della civiltà europea; alle genti della Sicilia invasa, oggi più che mai vicina al cuore delle altre genti; alle masse lavoratrici dell'industria e dell'agricoltura che potenziano col lavoro la Patria in armi; alle camicie nere e ai fanciulli di tutta Italia che si serrano nei ranghi con immutata fedeltà al regime; afferma il dovere sacro degli italiani di difendere fino all'estremo il sacro suolo della Patria, rimanendo fermi nell'osservanza delle alleanze concluse; dichiara che a tale scopo è necessario e urgente il ripristino integrale di tutte le funzioni statali, attribuendo al re, al Gran Consiglio, al Governo, al parlamento, al partito, alle corporazioni i compiti e le responsabilità stabilite dal nostro statuto e dalla nostra legislazione; invita il Capo del governo a chiedere alla Maestà del re, verso il quale si rivolge fedele e fiducioso il cuore di tutta la nazione, perché voglia assumere l'effettivo comando di tutte le forze armate e dimostrare così al mondo intero che tutto il popolo italiano combatte serrato ai suoi ordini per la salvezza e la dignità d'Italia.»

Segue una violenta serie di accuse alla situazione interna del regime, al partito, ai rapporti tra il Duce e i gregari, al contegno dello Stato Maggiore, al comportamento della popolazione verso i tedeschi, all'atteggiamento inerte di certi alti esponenti fascisti, al disfattismo lasciato correre. Mussolini è costretto a intervenire almeno in difesa del partito: «Non bisogna dimenticare tutto ciò che il fascismo ha fatto in vent'anni. Ormai ci si vergogna di indossare la camicia nera. Se si vuole, si può dichiarare questa sera stessa che la rivoluzione è finita».

A Farinacci non interessava la fine della rivoluzione, quanto la fine di Mussolini, ormai di ostacolo ai disegni dei tedeschi. Il ras di Cremona nutriva la segreta speranza che i suoi padroni lo avrebbero poi ricompensato mettendo lui al posto del Duce. Vecchio avversario del dittatore, sempre stato desideroso di vendicarsi dell'emarginazione inflittagli dopo il suo fallimento da segretario del partito, con il suo ordine del giorno chiedeva in apparenza le stesse cose di Grandi. Ma il risultato doveva essere l'opposto: eliminato Mussolini, rafforzamento dell'alleanza con il Reich, continuazione della guerra, permanenza al potere del regime con drastica intransigenza. Grandi si proponeva esattamente il contrario.

Mussolini ascolta anche Farinacci senza intervenire, sebbene le sue denunce siano presentate con una malagrazia ben diversa dallo stile elegante di Grandi. Si nota che sta soffrendo dall'espressione stravolta del viso, dal continuo premersi la mano destra sullo stomaco, dal fingere di tanto in tanto di cercar qualcosa nella cartella, in realtà per non lasciar vedere la sua crisi. Viene il turno di De Marsico. Dopo una lunga disquisizione giuridica, ecco la sua adesione all'ordine del giorno Grandi: i firmatari non vogliono la pace ad ogni costo, ma si preoccupano degli interessi materiali e morali della nazione, la quale deve essere guidata dal solo che lo può nell'emergenza, ossia il re, nel sacro dovere di assicurarne la salvezza.

Bottai, il «dottor sottile» del fascismo, aveva detto tre cose intelligenti: falso che il nemico, come affermava lo Stato Maggiore, avrebbe proseguito i suoi attacchi non verso la penisola, bensì verso i Balcani: come potevano resistere gli Alleati alla tentazione di occupare l'Italia e di entrare in Roma? Secondo, proprio le cifre esposte da Mussolini, mettendo in rilievo la disparità delle forze in campo, dimostravano l'impossibilità di una efficace resistenza. Terzo, i documenti fatti conoscere dal Duce comprovavano l'inefficienza del Comando Supremo, incapace di imporre le sue decisioni.

Federzoni aveva assistito a tutta la preparazione dell'azione di Grandi. L'aveva condivisa e sostenuta. Tra loro c'era un vecchio legame di conterraneità, oltre a una solida comunanza di idee. Logico che il suo intervento sia a sostegno dell'ordine del giorno dell'amico, puntando soprattutto sulla dimostrazione dell'impopolarità d'una guerra «politica» come quella imposta da Mussolini agli italiani, mai compresa dal popolo. (Passa dalle mani del Duce a quelle di Scorza un altro dei suoi biglietti: «Pare che il vecchio aulico Monsignore [Federzoni] abbia trovato la buona occasione per tentare di riprendere l'atteggiamento del 1924. Il ministro di polizia di allora, uguale all'accademico di oggi».)

Continua il torneo oratorio. Parlano i pesci piccoli, le cui parole restano scritte sull'acqua. Mussolini si gira verso Scorza e chiede: «Quanti ancora?». «Altri sei.» È quasi mezzanotte, si va avanti da sette ore. Molte facce sono stravolte dalla stanchezza. Scorza porge un foglio al Duce: «Data l'ora tarda, e i molti oratori rimasti, propongo che la seduta sia rinviata a domani». Mussolini ripete ad alta voce praticamente parola per parola: «Data l'ora tarda, e poiché restano molti oratori iscritti, propongo che la seduta sia rinviata a domani». Non ha finito di parlare che Grandi balza in piedi quasi rovesciando la sedia e grida: «Ah, no. Quando si trattava dei balilla e del dopolavoro ci tenevi qui fino alle quattro del mattino. Possiamo continuare a lavorare, adesso si tratta di decidere di problemi vitali per la nazione». Mussolini risponde con voce indifferente: «Sta bene, continuiamo pure. Sospenderemo la seduta per una mezz'ora». Si alza ed esce dicendo a Scorza: «Vi chiamerò tra poco».

Il segretario del partito continua a chiedersi perché il Duce non abbia ancora resi noti i suoi provvedimenti. Continua a chiedersi perché, se lui stesso aveva posto il dilemma guerra o pace, nessuno sia intervenuto specificamente sull'argomento. Tutti hanno fatto dei grandi giri di parole per lasciar intendere che bisognerebbe finirla, ma senza dichiararlo in modo esplicito e spiegare come. Meno ancora capisce perché il Duce non abbia reagito all'interruzione di Grandi, quando ha proposto di rinviare la seduta al giorno successivo. In altri tempi, quell'interruzione avrebbe ricevuto adeguata risposta. Scorza annota: «Questo è il primo punto perduto da Mussolini in Gran Consiglio».

Nella sala del Pappagallo i gerarchi si riuniscono in capannelli per discutere, alcuni pacatamente, altri agitati, tutti con visi preoccupati e seri. Nel frattempo sono arrivati, senza farsi notare, altri militi e poliziotti. Come interpretare la loro venuta? Chi li ha chiamati? Viene fatto circolare qualche ristoro, dei panini e delle aranciate. Grandi gira tra i presenti per raccogliere le firme al suo ordine del giorno. Il console Pietro Apriliti, romagnolo, capo della guardia del corpo di Mussolini, si preoccupa della sua salute: perché non gli portano almeno un bicchiere di latte? Nessuno gli risponde. Mussolini si è ritirato nel salone del Mappamondo e si è seduto affranto alla scrivania, poggiando la testa sullo schienale della poltrona, gli occhi chiusi per la stanchezza e le fitte. Scrive Montanelli: «Qualcuno, vedendolo uscire senza lotta, pensò che non sarebbe più rientrato in sala, che al suo posto sarebbero venuti a sgombrarla i militi di Galbiati. Doveva pure essersi accorto che le sorti del dibattito erano, a dir poco, incerte. Ma forse, dopo vent'anni di dittatura assoluta, non riusciva più nemmeno ad immaginare che un'opposizione avrebbe potuto resistergli... La più grande gioia che il potere aveva sempre procurato a Mussolini era quella di disprezzare chi gli obbediva. E nemmeno in quell'emergenza riusciva a rinunciarvi».

Si apre la porta del salone del Mappamondo, Mussolini chiama Alfieri. Dopo qualche minuto è la volta di Buffarini Guidi, poi di Polverelli. Infine tocca a Scorza. Il segretario del partito lo vede in piedi, dietro la scrivania. Batte sul tavolo con il lapis rosso-blu. Gli chiede quali impressioni abbia ricavato finora. Lui svicola e replica invece: «Ma i provvedimenti decisi, Duce, quando li comunicate al Gran Consiglio?». Mussolini si passa una mano sulla bocca e sul mento, un gesto abituale, e risponde: «Questa sera è stata un'utile esplorazione. È però evidente che gli animi di quei signori di là sono tutti orientati verso la pace, anche se nessuno ha avuto il coraggio di dirlo apertamente. Non vi è dubbio che desiderano che l'iniziativa parta da me. Io ho il modo di servirli a dovere, indipendentemente dai loro ordini del giorno. Lunedì parlerò col re».

Si lascia andare a qualche osservazione, a qualche commento. Concorda con Ciano, come s'era capito dai suoi cenni d'assenso. Osserva che in fondo Grandi, Farinacci e Bottai hanno detto più o meno la stessa cosa, su cui si potrebbe essere d'accordo. «Non posso però accettare quell'ordine del giorno per l'insidia costituzionale che contiene. Cosa debbo fare e si può fare, lo so da me e non me lo lascio imporre da nessuno.»

Si rivolge al segretario, gli consegna i due fogli con l'ordine del giorno del partito, scritto da lui e concordato insieme. Gli dice di presentarlo e illustrarlo, di accennare alle decisioni prese senza però entrare nei dettagli. Respingerà l'ordine del giorno Grandi in nome del partito. Riproporrà il dilemma «guerra o pace» chiedendo esplicitamente a ciascuno di pronunciarsi per l'una o per l'altra. Scorza ascolta e a un certo punto gli pare che Mussolini parli tra sé e non con lui: «Ho l'impressione che alcuni degli oratori concordino tra loro in modo sotterraneo. Comincio a pensare che voi e Farinacci avevate forse ragione (cioè quando andavano a riferirgli di complotti e di trame). C'è la guerra, la guerra continua ad andare male. Altrimenti questo scherzo sarebbe finito da un pezzo».

Finalmente gli portano il bicchiere di latte e un uovo. Lascia l'uovo e beve il latte, soprappensiero. Si dice sicuro della solidarietà del re, Vittorio Emanuele «non si abbandonerebbe mai a manovre di questo tipo». Scorza vuol sapere quale dei tre ordini del giorno farà suo. Risponde: «Quello del partito, naturalmente. Non sarà nemmeno necessario chiedere la votazione. Il Gran Consiglio ha sempre discusso su proposte presentate da me, ma mai ha votato». Scorza viene congedato, tocca per qualche minuto a Buffarini. L'intervallo è durato quarantacinque minuti. Si ricomincia.

Mussolini rientra e prende da parte Scorza: «Rammentatevi: tutti debbono parlare liberamente, ma tutti devono essere espliciti sul dilemma guerra o pace. Nessuno deve poter sfuggire per la tangente». Siede sul suo tronetto, tamburella con le dita. Mormora «con una voce che non sembra più sua, tanto viene da lontano: "Può darsi che la fortuna mi abbia veramente voltato le spalle"».

«Avete aperto la crisi»

Primo oratore della seconda serie Bastianini, poi Alfieri, entrambi favorevoli all'ordine del giorno

Grandi. Quindi Tringali Casanova, contrario. Così Galbiati, capo della Milizia, mentre Cianetti sta con gli oppositori. Biggini contrario, Frattari favorevole e così pure Gottardi e l'ex ministro delle Finanze De Stefani, da tempo emarginato. Infine la replica riassuntiva di Mussolini. Dichiara di voler difendere innanzi tutto il partito, pur condividendo alcune delle critiche. Non esiste frattura tra il popolo e i fascisti, piuttosto tra fascisti e fascisti, anzi tra gerarchi e gerarchi. Il popolo sopporta i sacrifici e si indigna nel vedere il lusso di pochi: e si capisce che allude ai vertici del regime. Nega violazioni dello statuto, caso mai commesse da governi precedenti al suo.

Spiega le situazioni in cui potrebbe venire a trovarsi: «Primo. Il re non accetta l'invito contenuto in questo ordine del giorno e mi dice: "Egregio signor Mussolini, la guerra finora l'avete condotta voi in pieno accordo con lo Stato Maggiore che vi siete scelto. Solamente oggi, perché va male, volete trasferirne il peso sulle mie spalle? Continuate voi fino alla conclusione". Secondo caso. Il re accetta l'invito, ma non crede di limitare la sua accettazione al solo lato militare. Egli pretende piena responsabilità politica. In questo caso si pone il problema del regime nei confronti della Corona. Questo, s'intende, se il regime resta. Ma più probabilmente il re potrebbe dire: "Ora che hanno l'acqua alla gola, i signori del regime si ricordano che esiste una costituzione, che in questa costituzione c'è un articolo cinque, che oltre a una costituzione c'è un re. Ebbene, io accetto il loro invito: ma approfitto dell'occasione per liquidarli tutti".

«Signori, attenzione. L'ordine del giorno Grandi può porre in gioco l'esistenza del regime. Signori, vi siete prospettata questa ipotesi? Vi siete prospettato anche un altro, delicato problema: quello del sottoscritto? Sono un uomo di sessant'anni e so bene come vanno a finire queste cose». Fa una pausa abbastanza lunga, durante la quale si vedono molte espressioni alterate, qualche segno di commozione e di resipiscenza. Forse il vecchio drago sta riprendendo in mano il controllo della situazione. Forse qualcuno si tirerà indietro. Lui conclude: «Oppure questo ordine del giorno va oltre il significato letterale. Allora, signori, attenzione. Esso può mettere in gioco l'esistenza del regime e porre anche un problema personale per tutti voi. In tal caso bisogna essere leali ed espliciti, come la gravità del momento richiede. È indispensabile dire chiaramente il vero scopo che si vuole raggiungere».

Grandi interviene con durezza: «Ti prego, anche a nome dei firmatari del mio ordine del giorno, di risparmiarci il ricatto sentimentale». Poi addolcisce il tono fino a concludere pacatamente: «Credimi, noi tutti abbiamo inteso porre la tua persona al di fuori e al di sopra non solamente di questa, ma di tutte le discussioni e di tutti gli esami sulla presente situazione, allo scopo di poter meglio renderci utili alla nazione ed a te, che sei il nostro capo». Si ode un mormorìo di approvazione, qua e là espresso anche a voce alta. Mussolini scuote la testa e dà la parola al segretario del partito.

Dopo una lunga introduzione, Scorza legge l'ordine del giorno di Mussolini, nel quale – dopo molti capoversi con cui il Gran Consiglio «afferma», «saluta», «rivolge», «si unisce» – si conclude con il non dir nulla. O meglio, con il riconoscere la necessità di riforme e di innovazioni nel governo, nel Comando Supremo e nella vita interna del Paese. E la risposta al dilemma guerra o pace? Proprio Mussolini è il primo a sottrarvisi: manca nel suo testo perfino un accenno all'alleato tedesco e all'immancabile vittoria finale. Un brodino.

C'è un'altra tornata di interventi, Ciano, ancora Grandi, Cianetti, ancora Bottai e De Marsico, ciascuno per ribadire o chiarire la propria posizione. Nessuno però si pronuncia sulla guerra o sulla pace, tutti vogliono uscire dal conflitto, ma nessuno osa dirlo apertamente in faccia a Mussolini. Ultimo a parlare è il presidente del Senato, Suardo, lacrimante com'è sua consuetudine, per effetto dell'alcol e per la labilità delle sue motivazioni concettuali. Infatti, dopo avere aderito all'ordine del giorno Grandi, al momento della votazione si asterrà (e salverà la pelle).

Dice Mussolini: «Se nessuno chiede di aggiungere qualcosa, ritengo di poter dichiarare chiusa la discussione e di passare ai voti». Ma non aveva detto poco prima, nel suo studio, a Scorza, che in Gran Consiglio non si era mai votato e non lo si sarebbe fatto nemmeno questa volta? Certo, lo aveva detto, però nel frattempo ha cambiato idea. Anzi, fa di più. Invece di porre in votazione per primo l'ordine del giorno del partito, ordina di cominciare con quello di Grandi, cioè col documento da lui definito «inammissibile e vile». Il povero Scorza non capisce più nulla: «Resto lì duro, inchiodato dallo stupore, non riuscendo a rendermi conto di quanto avviene. Mi pare persino di avere capito male. Perché fa questo? Cosa si aspetta dalla votazione? Perché respinge di fatto l'ordine del giorno del partito, ossia il suo?». Nessuna spiegazione, mentre la voce del Duce scandisce: «Fate l'appello nominale». Lo guarda, lui si è girato sulla sedia, si è preso il mento nella mano destra col solito gesto. Ha appoggiato un gomito sul tavolo, la sinistra infilata nel cinturone. Si comincia con il voto di Albini, seguono gli altri ventisette. Diciannove favorevoli a Grandi, nove contrari. Farinacci pretende di mettere in votazione anche il suo ordine del giorno. Un solo voto, il suo.

Scorza legge i risultati e Mussolini dice con voce indifferente: «L'ordine del giorno Grandi è approvato». Poi si rivolge a Grandi: «Chi porterà al re questo ordine del giorno?». E Grandi: «Tu, il capo del governo, lo porterai». Uno sguardo all'assemblea sul punto di sciogliersi e il congedo: «La seduta è tolta». Raccoglie i suoi fogli, li chiude nella cartellina azzurra e aggiunge con calma: «Signori, con questo ordine del giorno voi avete aperto la crisi del regime». C'è un accenno al solito grido: «Saluto al Duce!», lui alza la mano in un gesto: «Ve ne dispenso». Quindi esce, seguito da Scorza.

Il quale commenta giustamente: «Suprema ironia: un regime antiparlamentare, antidemocratico, una dittatura, precipitava – peggio ancora, si spegneva – con una procedura tipicamente democratica: la votazione per appello nominale di un documento accettato dal suo capo che il giorno prima l'aveva definito inammissibile e vile».

Un ribaltone.

Voti a favore: De Bono, De Vecchi, Grandi, Acerbo, Pareschi, Ciano, Albini, Rossoni, Gottardi, De Marsico, Federzoni, Cianetti, Bastianini, Bottai, De Stefani, Alfieri, Marinelli, Balella, Bignardi. Contro: Polverelli, Galbiati, Frattari, Scorza, Biggini, Tringali Casanova, Buffarini Guidi. Astenuto Suardo. Per il proprio ordine del giorno, Farinacci.

XI

IL PROGRAMMA DI GRANDI

E adesso?

Torniamo a Grandi e al suo racconto. Ricordi e sensazioni di quella memorabile giornata: un gran caldo nella sala con le finestre chiuse, nemmeno un ventilatore, i consiglieri nella pesante divisa di ordinanza del partito, sahariana nera di lana, pantaloni di diagonalino grigioverde, camicia nera con cravatta, berrettone con l'aquila, stivaloni di cuoio. Soltanto De Bono in uniforme militare. Tutti sudano, nessuno se ne lamenta. La tensione era tanta, le emozioni si susseguivano a un ritmo così rapido da non lasciare il tempo di pensare ad altro che non fosse lo svolgimento dell'assemblea. Grandi dice che non avrebbe esitato a lanciare una delle due bombe portate in tasca, se la situazione fosse degenerata. Non fu necessario. Terminata la seduta, De Vecchi partì con la sua bomba e se la tenne. «Quanto alla mia, andò a finire sotto un letto. Ogni tanto mia moglie mi diceva: "Guarda, sotto il letto c'è una bomba". Chissà dov'è finita...»

Dopo la riunione, Grandi esce a piedi nella notte. Il cielo estivo è pieno di stelle. Sta per spuntare l'alba, finalmente un alito fresco scioglie l'afa di Roma. Si avvia con Federzoni per tornare a casa. Scendono lo scalone passando letteralmente tra le gambe dei militi che russano, piombati nel sonno dopo una così lunga attesa. I militi non si erano mossi, qualcuno (Chierici?) al loro impiego doveva avere pensato, anche se non ve n'è stato bisogno. Altri militi, sempre del battaglione «M», sono sdraiati in terra contro il muro di Palazzo Venezia, all'uscita, alcuni addormentati, altri ben svegli e con il moschetto tra le mani. A cosa doveva servire tanto spiegamento di forze, se non a eseguire l'ordine – nel caso fosse stato dato – di arrestare i membri dell'opposizione?

Grandi e Federzoni camminano quasi presentendo che da un istante all'altro quei militi li afferreranno alle spalle o gli spareranno. Federzoni mormora: «Dai, corriamo» (e Federzoni ha sessantacinque anni...). «Gli ho risposto, pur temendo che potessero aprire il fuoco: "No, andiamo adagio. Se vogliono spararci lo fanno anche se corriamo, anzi se corriamo li mettiamo in sospetto". Così, in quell'ansiosa incertezza, siamo arrivati fino al Palazzo Doria Pamphili e là ci siamo separati. Lui ha preso per via del Plebiscito e per corso Vittorio Emanuele. Io ho proseguito da solo.»

Grandi continua per pochi passi, fino a Palazzo Bonaparte, poi scantona in un vicolo. Allora si ferma un istante per vedere se è seguito, ma dietro di lui non c'è nessuno. Riprende a camminare e sbuca a Montecitorio, dove trova ad attenderlo Zamboni con Acquarone mandato dal re. Si avviano verso la neutrale casa del primo, in via Giulia 4. Insieme si mettono al lavoro per preparare una relazione per il sovrano. Sono le tre di notte passate. Zamboni ha raccontato che Grandi era arrivato a Montecitorio stanco, sudato, teso e aveva mormorato: «Siamo al colpo di Stato». Si era cambiato d'abito, poi lui, Zamboni e il prefetto Talvacchia erano saliti in auto, diretti in via Giulia. Acquarone li aveva seguiti con un'altra macchina, entrando da un ingresso secondario.

Lavorarono due ore, bevendo caffè forte, fino alle prime luci del mattino e Zamboni prendeva appunti di quanto veniva detto. Alla fine Grandi aveva consegnato ad Acquarone, perché la portasse al re, insieme con la relazione appena stesa, anche la copia rimastagli del suo ordine del giorno, con le firme dei diciannove favorevoli, quattro dei quali erano collari dell'Annunziata. Zamboni ricordava l'insistenza di Grandi rivolto ad Acquarone, e cioè indirettamente al re, perché Mussolini fosse «trattato con il riguardo e il rispetto che merita», non avrebbe certo creato imbarazzi al sovrano (il quale invece si comportò come si comportò). Finirono alle cinque. Zamboni andò a casa di Acquarone, fecero uno spuntino in terrazza, prosciutto e vino bianco gelato. Si lasciarono alle sette, quando il ministro della Real Casa si diresse a Villa Savoia.

Durante le due ore passate da Zamboni, Grandi ha spiegato ad Acquarone il significato del voto, soprattutto lo ha scongiurato di far intendere a Vittorio Emanuele che non vi è più tempo da perdere. Suggerisce un governo presieduto dal Maresciallo Caviglia, propone come eventuali ministri Alberto Pirelli agli Esteri, De Gasperi, Fulvio Milani, Paolo Cappa, Gronchi, Soleri, Gasparotto. Ancora, Raffaele Paolucci, Aldo Rossini, Delcroix. Insiste su Caviglia, per la sua autorità è il solo a poter prendere immediatamente contatto con gli Alleati. Ripete: immediatamente. Poi, magari domattina stessa, bisognerà provocare un incidente al Brennero per rovesciare la situazione militare e giustificare uno schieramento difensivo contro la Germania sulle Alpi.

Stende un abbozzo di decreto per lo scioglimento della Camera dei fasci e delle corporazioni, e un secondo per l'abrogazione delle leggi razziali e l'abolizione del Tribunale speciale per la difesa dello Stato. Si dovrà eliminare ogni interferenza del partito fascista nella pubblica amministrazione, ripristinare la Camera dei deputati, legalizzare i partiti di opposizione. Infine il re dovrà indirizzare agli italiani un proclama (lo scriverà Vittorio Emanuele Orlando, specialista in proclami patriottici) esortando all'unità per il bene supremo della patria in pericolo. Conclude offrendosi di partire quel giorno stesso per Madrid, per avvicinare con proposte di armistizio il suo amico sir Samuel Hoare, lord Templewood, ambasciatore inglese in Spagna. Acquarone se ne va promettendo di riferire ogni cosa al re e di sostenere quelle tesi. Invece finge, ha in mente ben altro.

Prima di uscire da casa Zamboni, Grandi compie un passo importante. Manda al segretario di Stato, cardinale Maglione, una copia dell'ordine del giorno e una breve accompagnatoria per illustrargli l'accaduto. Saprà in seguito che anche Ciano e De Stefani si sono affrettati a fare la stessa cosa. Quando torna nel suo appartamento a Montecitorio, il cielo si è rischiarato. Passa qualche ciclista. Circolano i primi tram, vuoti per l'ora nella domenica d'estate. Il fresco del mattino sta già cedendo a un'altra giornata d'afa. Su quaranta milioni di italiani, soltanto una trentina sanno che il fascismo ha decretato il suo suicidio e Mussolini ha concluso la sua parabola.

Grandi cammina svelto. Arrivato a Montecitorio, prende l'ascensore privato ed entra nel suo appartamento. Finalmente è solo, la tensione si è allentata. Ha passato l'intera notte in bianco, ma solamente in questo momento sente la stanchezza cadergli addosso di colpo. Allora si spoglia, apre il rubinetto dell'acqua fredda della doccia e resta sotto la sferza gelida a godersi i muscoli che reagiscono e la mente che si rischiara. Si asciuga, si riveste, si prepara un doppio caffè forte e va a sedersi alla scrivania del suo ufficio. Sembrerebbe l'inizio di un giorno qualsiasi. Invece anche lui, come tanti, come lo stesso Mussolini, si domanda: "E adesso?".

XII

I SOLILOQUI DEL DUCE

«È un'autentica infamia»

Ore tre del mattino del 25 luglio 1943. Conclusa la riunione del Gran Consiglio del fascismo, Mussolini rientra nel suo ufficio nel salone del Mappamondo. Dietro di lui, Scorza. Le poche lampade accese del grande lampadario mandano una luce fioca. Sul suo tavolo, un lume schermato da un *abat-jour* giallo. Scorza ricorda: «Si passò più volte energicamente la mano sulla testa come se volesse scacciarne un pensiero molesto, e allargò con due dita il colletto già troppo ampio della camicia». Si può comprendere il suo stato d'animo. Basta una frase a illuminarci: «Non sapevo di avere tante jene intorno a me». Da troppi anni ha perduto l'abitudine a un dibattito democratico. Da troppi anni è solito imporre la sua volontà senza essere contraddetto. Ora si è trovato di fronte uno schieramento di opposizione formato non da avversari politici, ma da esponenti del suo partito. Non sa vedere nell'accaduto un contrasto di idee, un contributo critico in un momento di supremo pericolo collettivo. Per Mussolini, pensarla diversamente da lui significa soltanto tradimento e infatti esclama: «Questo ordine del giorno è autenticamente un'infamia. L'insidia è ciò che non dice». E batte con la mano sulla cartella azzurra dove ha riposto il testo di Grandi.

Scorza non osa interromperlo, ma si aspetta qualche spiegazione su ciò che sarebbe dovuto avvenire e invece il Duce ha evitato che avvenisse. Alla fine Mussolini rompe il silenzio: «Non ho ritenuto opportuno metterli al corrente questa notte dei piani stabiliti, perché dall'atteggiamento di alcuni di essi mi ero convinto che, se l'avessi fatto, domattina o anche stanotte stessa i tedeschi sarebbero stati informati di tutto. Questo avrebbe prodotto incalcolabili pregiudizi». In buona sostanza teme più lui le reazioni di Hitler a qualsiasi atto sospetto, dei garruli e spensierati generali che questo problema pare non si pongano nemmeno. È suo il sentimento più confacente al momento, la paura delle reazioni tedesche, al punto da condizionarvi il suo stesso comportamento nella massima assise del fascismo. Perché aveva ben chiare in mente le minacce e le perentorie richieste del Führer a Feltre, di cui aveva messo al corrente il re.

Chiede Scorza: «Perché non avete dichiarato di accettare l'ordine del giorno del partito, come mi avevate promesso durante l'intervallo?».

«Molto semplice. Se avessi detto di accettare il vostro ordine del giorno, tutti avrebbero votato quello, e così l'equivoco delle opposizioni celate si sarebbe perpetuato e non si sarebbe mai avuta una netta definizione della posizione personale dei signori membri del Gran Consiglio. Era questo che volevo.» Non chiama camerati i membri del consesso, ma «signori», quasi a manifestare pubblicamente il suo disprezzo. Scorge un'espressione di dubbio sul viso del segretario: «Non siete abbastanza convinto? Se lo siete o no, non importa nulla». Pausa: «Ora bisogna preparare bene le cose per domani, perché il Paese attende il taglio di questo nodo gordiano». Almeno finora non gli passa nemmeno per la testa l'eventualità d'un congedo, da parte di Vittorio Emanuele.

Entrano nel salone Buffarini Guidi, Biggini, Galbiati, Polverelli, Tringali Casanova e Frattari, tutti «no» all'ordine del giorno Grandi. Vengono a confortare Mussolini con la tesi che il Gran Consiglio ha soltanto potere consultivo. Quindi il Duce non tenga conto del voto dei firmatari dell'ordine del giorno Grandi, al massimo lo consideri una raccomandazione. Si dichiarano apertamente schierati contro gli oppositori, taluno con fredde minacce. Come Tringali Casanova, il quale dopo la riunione ha preso per un braccio Ciano e guardandolo fisso negli occhi gli ha detto: «Ragazzo mio, non è bello quello che avete fatto questa notte, mi sembra che abbiate giocato la vostra testa». Più che una minaccia, una profezia.

Discutono animatamente, le voci si sopraffanno. Mussolini tace e li lascia parlare. Tace anche Scorza e allora il Duce interviene: «Forse il segretario del partito la pensa diversamente?». Scorza risponde di essere d'accordo sull'interpretazione della legge, ma c'erano tre ordini del giorno e tra essi Mussolini ha scelto di mettere in votazione proprio quello di Grandi. Perciò implicitamente lo ha fatto suo. Di conseguenza il documento si presenta con valore deliberativo, non consultivo, nessuno negava al Duce la facoltà di respingerlo. Gli danno addosso, lo accusano di prospettare una tesi capziosa e assurda. Taglia corto il «giurista» Tringali Casanova: «La questione è di lana caprina. L'importante è che il Paese attende dal Duce decisioni risolutive. Noi lo preghiamo di prenderle il più presto possibile e basta».

Continua il silenzio di Mussolini, intento a consultare il testo della legge istitutiva del Gran Consiglio, per trovarvi l'interpretazione in grado di spazzar via ogni dubbio. I presenti si interrogano con lo sguardo, capiscono di non avere più niente da aggiungere. Si irrigidiscono sull'attenti (i gerarchi si irrigidivano sempre sull'attenti, secondo la lezione di Starace) ed escono.

La veglia di Rachele

Scorza guarda l'orologio e consiglia: «Avete avuto una giornata pesantissima e non avete fatto colazione, né preso nulla all'ora di cena». L'altro, a voce bassa, come trasognata: «Non è la fatica che pesa». Sono loro due soli, Mussolini si abbandona a un soliloquio sul passato e sul presente, sulla fortuna che lo ha sempre accompagnato e ora pare abbandonarlo, sulla scarsa importanza di tutto quanto riguarda la sua persona: «Oggi abbiamo un Paese in rovina e bisogna cercare di ridurne le sofferenze. Abbiamo gli stranieri in casa, da una parte gli inglesi e gli americani e dall'altra i tedeschi, nostri alleati, ma stranieri anch'essi». Cambia argomento di colpo e con calma interroga: «Cosa volevate concludere con quel vostro ragionamento sull'ordine del giorno Grandi?». Scorza risponde che, a suo giudizio, esiste un solo mezzo per svuotarlo del suo significato di opposizione. Il Duce dichiari pubblicamente di averlo accettato e lo faccia suo, perché risponde a quanto aveva deciso sia in campo militare sia in quello della politica interna. «In tal modo spezzerete l'arma in mano a chi la impugna e non sarete stato messo in minoranza. Però il comunicato relativo deve uscire nelle prime ore di stamane, ricorrendo ad edizioni speciali.»

«È tutto?»

«È una delle due soluzioni, quella politica.»

«Ne avete una seconda?»

«È inutile parlare della seconda, perché mi accusereste di fare romanzi gialli.» Scorza pensava all'arresto di tutti i diciannove firmatari del documento Grandi.

Mussolini rimane un poco soprappensiero, poi conclude: «No, bisogna lasciare le cose come stanno. Ormai il Gran Consiglio ha votato contro. Supereremo questa storia fastidiosa lunedì. Lunedì mattina presenterò al sovrano tutte le proposte per cui è richiesto il suo preventivo benestare». Scorza non cede: «Tutto sta, Duce, se voi credete che dietro a questo ordine del giorno vi sia qualche progetto più grosso, tramato d'accordo con l'opposizione antifascista. In tal caso dovreste usare la forza. Con decisione e immediatamente».

Le controriflessioni di Mussolini sono di perplessità di fronte a una eventualità simile: «Arrestarli tutti? Occupare Roma con la divisione "M" e con l'aiuto dei tedeschi? E il re come reagirebbe? E l'esercito? Vogliamo dar vita a una guerra civile alle spalle delle truppe schierate contro il nemico?». Insomma, rivoluzionario non lo è mai stato e non lo sarà mai. Taglia corto: «Soluzione da scartarsi». Continua tra sé, come se volesse convincere se stesso e non Scorza, sebbene si capiscano i dubbi suscitati in lui da un suggerimento di cui non può sfuggirgli il realismo. Si sfoga: «Non sarà mancato chi avrà informato gli antifascisti questa notte stessa. Al Quirinale, per lo meno la principessa di Piemonte sarà soddisfatta. Un'occasione eccellente offerta al signor Badoglio per allungare le sue fila» (anche Badoglio diventa «signor»: servito). Un momento di disappunto, qualche goccia di veleno: «Il conte Ciano d'accordo con il conte Grandi e con Bottai... D'accordo con tutti e due. Il Cortellazzo ha fretta e il Mordano non vuole restare indietro. Il mezzosangue fa da collante e il regio nazionalista Federzoni spia l'occasione per inserirsi. Gli altri sono figure di stoppa. Tutta la Roma dei disfattisti prima di mezzogiorno sarà al corrente della sconfitta di Mussolini. Ma io ho ancora qualche freccia al mio arco».

Si avvia all'ascensore, sempre seguito da Scorza: «Però il conte Ciano ha ragione quando afferma che siamo in credito nei confronti dei tedeschi». Ancora: «Tra coloro che dovrebbero essere arrestati ci sono il presidente della Camera, il presidente dell'Accademia, due ambasciatori, alcuni ministri. Il sovrano vedrebbe ridotta la propria parentela con quattro cugini a Regina Coeli». Infine: «Terribilmente stupidi. Nessuno di costoro si è posto il problema che, se dovesse cadere Mussolini, crollerebbe anche il regime». Nella sua desuetudine da ogni critica, nella supponenza di essere solo e sempre l'interprete della verità, non ha capito che proprio questo vogliono Grandi e gli altri firmatari: il crollo del regime più ancora del suo. Perché il regime è l'ostacolo sulla strada della conclusione della guerra.

Scorza racconta di aver colto un altro paio di frasi molto significative. Queste: «Chissà se Churchill vorrebbe trattare con me. Gli inglesi sono realisti e non soffrono di complessi ideologici» (dunque anche per lui è il momento di uscire in qualche modo dal conflitto). E: «Tutto sta se il re si accontenterà della sola restituzione della delega dei poteri militari».

E tardissimo. Mussolini ha un tratto gentile: «Andate a casa, Scorza. I vostri saranno in pensiero». «Se permettete, vi accompagno a Villa Torlonia.» L'altro insiste, è abituato a muoversi da solo e infatti si recava segretamente, in abito civile e senza scorta, a trovare la sua vecchia amante Angela Curti ai Parioli. Esce dicendo: «Avete preso gli appunti dei discorsi? Io mi rammento tutto». Salgono in macchina. Il cortile è deserto. Ordina all'autista di andare adagio. Passando davanti al Quirinale mormora: «Là dentro non mi amano. Ma il re è un soldato leale». Altre riflessioni sul piazzale di Porta Pia, per ascoltare il suono della propria voce: sulla notte trasparente, sul sonno degli italiani. Arrivano a Villa Torlonia, ci sono di guardia due agenti. Il cancello si apre silenziosamente. Alla luce di una lampadina schermata di azzurro compare una «modesta figura di donna». È Rachele, ha atteso alzata il marito con un'ansia crescente mentre passavano le ore e alle sue telefonate a Palazzo Venezia veniva risposto con monotonia che la riunione era sempre in corso.

Prima di entrare in casa Mussolini dice a Scorza: «Avevate ragione. Dal re andrò oggi. I comunicati potranno essere diramati alla radio nel tardo pomeriggio odierno e pubblicati in serata dalle edizioni speciali». Il commiato: «Ci vedremo tra qualche ora a Palazzo Venezia». Passa il braccio con un gesto affettuoso sulle spalle della moglie, sparisce tenendo stretta la sua borsa di pelle. Scorza se ne va, si incontreranno di nuovo nel salone del Mappamondo per l'ultima volta, e addio. Durante la Repubblica di Salò, quando il Duce sarà tornato a un effimero potere e il segretario verrà rinchiuso in carcere in attesa del processo per tradimento, con l'accusa di avere consegnato il partito a Badoglio, Mussolini, senza spiegazioni, impedirà il dibattimento e manderà libero l'uomo con cui si era chiusa la storia del PNF.

XIII

IL GOVERNO DEGLI INCERTI

Grandi si fa negare

Mattina del 25 luglio 1943, domenica. I due antagonisti della notte del Gran Consiglio siedono alla scrivania, nei loro uffici. Mussolini a Palazzo Venezia, dove arriva verso le nove. Grandi a Montecitorio, di dove non si è mai mosso. In linea d'aria, li dividono cinquecento metri circa. Ma tra loro si è scavato un abisso. Non si rivedranno mai più. Il gioco è fatto. Resta soltanto da aspettare di vedere come si comporterà il re, a cui tocca la decisione finale. Dipende da lui, da cosa farà Vittorio Emanuele, la risposta alla famosa domanda: e adesso?, che Mussolini, Grandi e tutti i membri del Gran Consiglio si pongono con ansietà crescente. Considererà il voto dell'assise fascista equivalente a un voto del parlamento? Lo giudicherà uno strumento costituzionale sufficiente per agire? Si renderà conto di non poter più rinviare?

Grandi passa lunghe ore allo scrittoio insieme con il suo capo di gabinetto Talvacchia e con Zamboni, prontamente ricomparso. Si annuncia una domenica radiosa. Dalle finestre aperte giunge di tanto in tanto il suono delle campane che rompono il silenzio estivo annunciando le messe. La stanza è in penombra. Nell'appartamento non c'è nessuno, nel palazzo deserto presta servizio soltanto qualche usciere. Come è noto, Mussolini ha detto a Biggini di avere in mente un largo rimpasto di governo e di voler nominare Grandi ministro degli Esteri. Ha ordinato di chiamarglielo al telefono per farlo venire a Palazzo Venezia a colloquio con lui. Ma non è riuscito ad averlo all'apparecchio.

«La mattina del 25 luglio il conte Dino Grandi di Mordano si rese irreperibile. Invano fu cercato alla Camera, invano fu cercato nella sua villa – pare abbastanza sontuosa – di Frascati, anche vana fu la telefonata per rintracciarlo a Bologna presso il "Resto del Carlino". Nessuno degli interpellati seppe dare qualche notizia: da Frascati si disse che era partito in auto diretto a Bologna. In realtà egli era rimasto a Roma, nascosto, nell'attesa del colpo di Stato. Anche nei giorni successivi rimase a Roma.» (Mussolini.)

Disse Grandi: «Feci rispondere da Talvacchia che non mi trovavo in ufficio. Ciò servirà poi a Mussolini per scrivere nella sua *Storia di un anno* che mi ero reso irreperibile. Non è vero. Non mi sono mai mosso da Montecitorio per l'intera mattinata. Ormai tutto era stato detto tra Mussolini e me. Ora bisognava solamente attendere lo sviluppo degli avvenimenti. Era inutile e puerile farsi illusioni, sperare, come Badoglio e i suoi ministri, di tenere a bada i tedeschi e nello stesso tempo arrestare l'avanzata da sud degli angloamericani. L'unico modo per cancellare la richiesta di resa incondizionata formulata a Casablanca dagli Alleati era di entrare in guerra risolutamente al loro fianco, di nostra scelta, costringendoli a sospendere gli attacchi alle nostre truppe ed obbligandoli a sostenerci contro il nemico comune.

«Non vi era nemmeno da illudersi di sfuggire alla vendetta tedesca. Le divisioni di Hitler stavano già scendendo dal Brennero e ottomila agenti della Gestapo vivevano mimetizzati a Roma. Si annunciava un lungo calvario. Ma questa era l'unica possibilità di salvezza: schierarsi subito contro la Germania, ponendo così una precisa ipoteca su un futuro migliore per il Paese. Tutte queste cose le avevo dette al re e ripetute ad Acquarone, perché tornasse ad insistere con lui. Ma in quale conto il re avrebbe tenuto i miei suggerimenti? Non pensavo, allora, che il sovrano e il suo ministro avessero deciso di ignorare quelle proposte perché avevano già scelto da tempo gli uomini del futuro governo e stabilito la sua infelice linea di condotta. Passavano le ore e in me l'incertezza diventava a poco a poco inquietudine febbrile».

Alle dieci Grandi si rivolge a personalità amiche in Vaticano per stabilire un primo contatto con sir Godolphin Osborne d'Arcy, ambasciatore di Gran Bretagna presso la Santa Sede. Osborne risponde subito, sollecitandolo a partire per Madrid, dove sir Samuel Hoare, tempestivamente avvertito, lo attende. Alle 11.30 squilla di nuovo il telefono. Risponde sempre Talvacchia. È Acquarone, dal Quirinale. Il ministro della Real Casa informa il presidente della Camera che il re ha deciso di nominare primo ministro il Maresciallo Badoglio. Secondo Grandi, la peggior scelta possibile in quel momento, però caldeggiata assiduamente dallo stesso Acquarone. «Questa era la prima e forse la più grossa. Badoglio, capo di Stato Maggiore Generale dal 1925 ininterrottamente, era stato il massimo responsabile dell'impreparazione del nostro esercito. Badoglio non si era opposto alla nostra entrata in guerra, mentre la sua carica gli conferiva l'autorità per farlo. Badoglio aveva consentito all'aggressione della Francia già in ginocchio, un gesto da Maramaldo. Badoglio nel marzo 1940 aveva preso l'iniziativa di far togliere al re il comando supremo delle forze armate in guerra per delegarlo a Mussolini, e indirettamente a se stesso. Badoglio aveva approvato il fallimentare piano di attacco contro la Grecia, salvo poi, in pieno disastro, dimettersi (e pentirsi di essersi dimesso) per andare a caccia con gli amici. Era l'ultimo uomo a cui si doveva ricorrere in simili circostanze, per le sue gravissime responsabilità. Invece Vittorio Emanuele ascoltò il duca Acquarone e i generali, e si fidò. Fu uno dei più gravi errori della monarchia.» Ma si deve ascoltare anche l'altra campana, quella di Mussolini: «Non appena conobbe la composizione del governo Badoglio, egli (Grandi) scrisse una lettera al Maresciallo per dirgli che "si trattava di un ministero solido e che la scelta degli uomini non avrebbe potuto essere migliore"».

Un'altra delusione, per Grandi, non si fa attendere. Badoglio rifiuta di lasciarlo partire per prendere contatto con Hoare in Spagna e successivamente con le autorità alleate presso le quali gode di notevole prestigio. Il piano che ha portato al 25 luglio si sta sbriciolando pezzo per pezzo. Nel 1947 sir Hoare scriverà nelle sue memorie di avere aspettato per due settimane l'arrivo di Grandi, preannunciato dal suo collega Osborne, ma invano. Con ciò si rivelano due importanti retroscena: primo, il Vaticano si era effettivamente adoperato per appoggiare Grandi attraverso i suoi canali diplomatici; secondo, nello stesso tempo il governo Badoglio non aveva voluto cogliere quell'occasione, nella paralizzante abulìa di cui sembravano essere preda il vecchio Maresciallo e i suoi consiglieri.

Agli italiani non far sapere...

Altra delusione: il proclama del governo con la famosa frase «la guerra continua, l'Italia rimane fedele alla parola data». Grandi si chiese: «Ma come? Avevamo combattuto undici ore in Gran Consiglio proprio per liberare la nazione dalla parola data da Mussolini a Hitler, da Mussolini e non dal Paese, e da qualsiasi responsabilità nella guerra, e il nuovo governo – sorto dal crollo della dittatura – restituisce all'Italia quella responsabilità che avevamo inteso toglierle. Cacciare Mussolini che aveva voluto la guerra per dichiarare che la guerra continuava? Mi parve una colpevole assurdità, con conseguenze disastrose sulla possibilità di trattare con gli Alleati. E purtroppo non sbagliavo».

Ultima delusione: il rifiuto dell'Agenzia Stefani di diramare il comunicato, mandato da Grandi, sull'esito della riunione del Gran Consiglio. C'è un preciso veto del governo. Perché? Secondo Grandi, la ragione vera è stata il desiderio dei militari di attribuire il rovesciamento della situazione a loro merito esclusivo. Senza rendersi conto di ridurre così il 25 luglio a un colpo di Stato balcanico, mentre l'ordine del giorno di cui rifiutavano la pubblicazione spiegava come l'operazione per far cessare la dittatura si fosse mantenuta correttamente nell'ambito di una crisi costituzionale. Badoglio, questa azione dall'interno stesso del fascismo, agli italiani non voleva farla conoscere.

Allora Grandi ricorre alle sue amicizie personali. Invita a Montecitorio Paul Vieli, ministro plenipotenziario di Svizzera, e Fernandez Cuestas, ambasciatore di Spagna. Li informa del divieto governativo e li prega di rendere noto il comunicato sulle decisioni del Gran Consiglio attraverso le agenzie di stampa dei loro Paesi. I due diplomatici acconsentono e infatti il giorno seguente l'Agence Télégraphique Suisse dirama il flash sul voto che ha messo in minoranza Mussolini e fatto cadere il fascismo. Così gli italiani sapranno dai giornali stranieri cosa è veramente accaduto il 25 luglio 1943. Poi, *obtorto collo*, anche ai quotidiani nazionali sarà consentita la pubblicazione del documento. Solo l'EIAR continuerà a tacere.

Grandi è sempre nel suo ufficio a Montecitorio quando gli fa visita Biggini. Si duole che non abbia risposto alla telefonata di Mussolini che lo convocava a Palazzo Venezia, alla quale egli aveva assistito. Ma ecco un'altra telefonata, ancora dal Quirinale, ancora da Acquarone: il re ha deciso di ricevere Mussolini quello stesso pomeriggio alle cinque, non alla reggia, ma a casa sua, a Villa Savoia. Grandi pensa che si sia giunti alla svolta. Il Duce darà le dimissioni e Vittorio Emanuele lo sostituirà con Badoglio. La crisi si risolverà con la nomina di un nuovo governo. È lontanissimo dall'immaginare cosa accadrà tra breve a Mussolini: il vergognoso arresto, il trasferimento sotto scorta in una ambulanza fino a una caserma dei carabinieri, la corsa a sirene spiegate per simulare il trasporto di un ferito... Tuttavia quanto sta succedendo non gli piace. Per troppi segni il piano messo a punto con tanta cura risulta accolto solo a metà e proprio la metà rifiutata è la più impellente. La paura dei tedeschi paralizza ogni cosa. Eppure, in questo momento, sarebbe ancora possibile rivolgersi contro di loro, hanno cinque divisioni in Italia, contro le nostre trentacinque. Non basta?

Raccontò Grandi: «Nel resto della mattinata ho ricevuto i senatori Rotigliano e Scialoia. Sono rimasto con loro a discutere della situazione e delle prospettive future. Più tardi ho fatto colazione con la medaglia d'oro Raffaele Paolucci, vicepresidente della Camera. A metà pomeriggio sono uscito per andare a casa di Federzoni. L'ho trovato mentre con Bastianini, Albini e De Marsico stava ricostruendo a verbale la seduta della notte precedente. Proprio là ci raggiunse la notizia dell'arresto di Mussolini. La telefonò Ciano e fu uno scoppio di indignazione generale, dopo il primo istante di sbalordimento. Nessuno di noi aveva non dico ipotizzato, ma nemmeno previsto una conclusione simile. Ho continuato a sperare che l'arresto di Mussolini nella casa stessa del re non sia stato, almeno vorrei crederlo, una iniziativa di Vittorio Emanuele, ma un gesto di viltà e di paura dei suoi cortigiani, ai quali dubito abbia concesso la sua autorizzazione. Ma quel gesto ha gettato un'ombra indelebile di discredito sulla monarchia e inoltre era assolutamente inutile.

«Lo prova lo stesso racconto fatto da Mussolini del suo colloquio con il sovrano. Quel pomeriggio egli era rassegnato alla sua sorte e lo confermerà nella nobile lettera inviata la notte seguente al Maresciallo Badoglio dalla caserma dei carabinieri "Pastrengo", per mettersi a disposizione del nuovo governo. Quella lettera, di cui fascisti e antifascisti non hanno tenuto il conto che meritava, mi sembra il documento maggiormente rivelatore dello stato d'animo di Mussolini dopo gli avvenimenti del 25 luglio. E c'è un altro fatto da non trascurare, per smentire la necessità di un arresto spiegato col timore di una reazione fascista. Mentre il Duce scriveva quella lettera, il segretario del partito Scorza e il comandante della Milizia Galbiati si erano, come lui, messi a disposizione di Badoglio, pur avendo votato entrambi contro il mio ordine del giorno».

«*Nessuno vi arresterà...*»

Tornato a Montecitorio, Grandi ascolta a tarda ora il proclama di Badoglio trasmesso dall'EIAR, con una edizione straordinaria del giornale radio. Nella dolce notte estiva, sotto il cielo stellato di Roma, si scatena l'esultanza popolare. Il lungo incubo è finito. Mussolini è caduto, il dramma è concluso. Con istintiva identificazione degli eventi, il popolo deduce che nello stesso momento deve terminare la guerra. Nessuno tiene conto della famosa frase di Badoglio, nessuno pensa a quelle divisioni tedesche che entrano dal Brennero e stanno occupando in parte il territorio nazionale. La gioia dilaga fulminea, struggente e irrazionale. In un attimo sembrano cancellati i dolori, i lutti, la fame, le tragedie, le devastazioni delle bombe, l'incertissimo domani, i lugubri ricordi del passato. La folla straripa nelle strade e nelle piazze cantando, urlando, sventolando bandiere, ballando, abbracciando i soldati per godersi questa ebbrezza inaspettata e incredibile.

La folla vuole cancellare di colpo i ricordi del fascismo, le sofferenze, le privazioni, l'oppressione, il buio, la miseria. La folla non può sapere che un nuovo calvario comincerà domani. Grandi vede passare un autocarro tedesco carico di soldati. La massa minacciosa li circonda, li blocca. Un istante di silenzio teso, poi i militari saltano a terra, buttano le armi, si mettono anch'essi a gridare viva la pace, insieme con la gente.

Disse Grandi: «Il 27 mattina fu annunciata la formazione del governo. Scrissi subito una lettera a Vittorio Emanuele Orlando, il presidente della Vittoria. Mi ero già rivolto a lui nei giorni della marcia su Roma e ora lo pregavo nuovamente perché lanciasse un appello alla concordia nazionale, con la sua autorità di patriota, se si voleva evitare la guerra civile. Gliela mandai attraverso Ubaldo Cosentino e subito dopo chiesi di vedere il re.

«Vittorio Emanuele mi ricevette alle nove del giorno dopo, il 28 luglio. Era in uniforme. Io indossavo il *tight* delle udienze ufficiali. Mi accolse affabilmente. Disse per prima cosa: "La ringrazio, caro Grandi, anche a nome del Paese, per ciò che lei e i suoi amici hanno fatto l'altra notte alla riunione del Gran Consiglio. Quella deliberazione mi ha molto facilitato il compito. Lei è stato il Tallien di Robespierre".

«Garbatamente respinsi il paragone e invece ribadii la necessità di decisioni coraggiose e soprattutto urgenti, per fronteggiare le minacce mortali che si annunciavano e che il nuovo governo sembrava non vedere. L'idea di Badoglio, di trattenere i tedeschi a nord e gli Alleati a sud, con la quale il Maresciallo pareva gingillarsi mentre il tempo passava, era puerile e pericolosa. Occorreva schierarsi subito contro la Germania con gli angloamericani. Mi rammaricai col sovrano del rifiuto posto dal governo alla mia immediata partenza per la Spagna: "Maestà, gli anglosassoni sono come i rinoceronti, lenti e tardi nel comprendere una situazione e nel formarsi un'opinione. Ma non appena se la sono formata, giusta o sbagliata, nessuno li ferma più. Bisogna pertanto spiegare loro le cose prima che abbiano preso le decisioni. Gli Alleati hanno sospeso le operazioni militari contro di noi, ma quanto durerà questa tregua?".

«Vittorio Emanuele rispose bruscamente: "Dobbiamo tenere a bada i tedeschi e io non voglio fare la fine del re del Belgio, prigioniero di Hitler". Aggiunse: "Ma perché queste cose non le va a dire al Maresciallo Badoglio?". "Non ne vedo la ragione" replicai. "Invece sarà bene che lei lo faccia. Penso io a fissarle l'appuntamento."

«Suonò per uno dei suoi aiutanti di campo e ordinò di telefonare al Viminale, dove Badoglio si era istallato. Il capo del governo mi avrebbe ricevuto alle dieci. Mancavano pochi minuti. Chiamai Federzoni e lo pregai di raggiungermi alla presidenza del Consiglio. Non volevo essere solo, senza testimoni, durante quel colloquio. Salutai il re e mi avviai per uscire. Vittorio Emanuele mi fermò: "Grandi, badi bene, questo non è un congedo. Tra poche settimane avrò ancora bisogno di lei...". Lo ricorderò sempre mentre pronunciava quelle parole: sorridendo, accennando con la mano, in piedi nel suo studio. Non ci saremmo rivisti più».

Grandi va al Viminale così come si trova, in *tight*, e là c'è Federzoni, puntuale. Sono le 10.30 circa, in anticamera attendono anche Soleri e Gasparotto. Il colloquio dura un ventina di minuti ed è glaciale, scoraggiante. Alle obiezioni di Grandi sui pericoli incombenti, il Maresciallo risponde sempre e soltanto che il suo compito consiste nel tenere a bada i tedeschi. Ripete cioè, pedissequamente, la frase di Vittorio Emanuele. Il capo del governo si lascia andare anche a una insinuazione grossolana quando, replicando alle insistenze di Grandi per un immediato contatto con gli Alleati al quale si dichiara disponibile, tronca l'argomento dicendo: «Perché vi preoccupate tanto? Voi due siete collari dell'Annunziata, non vi accadrà nulla. Nessuno potrà arrestarvi».

L'incontro termina con battute sarcastiche. Dice Grandi: «Ti auguro di non essere il generale Berenguer di Casa Savoia». «Perché?» chiede il Maresciallo. «Perché il generale Berenguer, credendo di aiutare la monarchia spagnola, ne fu l'affossatore. Bada che non accada lo stesso a te con la monarchia italiana.» Ma probabilmente Badoglio non aveva neppure idea di chi fosse stato il generale Berenguer.

Passa altro tempo e nulla si muove. Ogni giorno Grandi va al Quirinale con Zamboni a incontrare Acquarone. Ogni giorno lo sollecita a far premura al re. Nessuno sembra più pensare alla guerra. Si ha l'impressione che il governo sia convinto di avere voltato pagina, d'avere chiuso un libro ormai letto. Ora basta la normale amministrazione, come se gli Alleati e i tedeschi si fossero messi d'accordo per lasciarci benevolmente in pace. Ognuno coltiva le proprie ambizioni, sebbene incomba lo spettro delle vendette di Hitler, furibondo per il tiro giocato al suo amico Mussolini. Che gli angloamericani si trovino già sulla penisola e siano in grado di distruggerla con i bombardamenti aerei, nessuno mostra di tenerlo presente.

In ginocchio con il Papa

Grandi disse di essersi sentito profondamente angosciato. Lo ha deluso l'incontro col re. Lo ha deluso l'incontro con Badoglio. «Nessuno mi ascoltava. Mi sentivo solo. Vedevo di tanto in tanto i soliti amici, ma cosa potevamo fare? Sarei andato ovunque, pur di sollevare la cappa di piombo calata sull'Italia. Tentai l'ultima carta, domandare un colloquio a papa Pio XII.» Il colloquio è concesso. Grandi sa di essere sorvegliato giorno e notte dagli agenti di Himmler, eppure riesce a metterli fuori pista. Il 30 luglio, a loro insaputa, alle 11.30 entra in Vaticano per l'udienza.

«Fui introdotto nello studio privato di Pio XII a mezzogiorno in punto dal cerimoniere di turno. Dalle finestre della stanza, aperte sul cortile di San Damaso, entrava la luce chiara dell'estate romana. In un certo senso avevamo avuto un comune passato diplomatico: io ministro degli Esteri e il pontefice segretario di Stato di Pio XI. C'erano state quindi tra noi varie occasioni di incontro. Il papa mi fece sedere di fronte a sé e cominciammo a parlare. Il colloquio durò un'ora e cinquanta minuti. Un'ora e cinquanta minuti di un papa come Pio XII...

«Il pontefice volle farsi raccontare tutti i particolari della drammatica notte del Gran Consiglio e gli sviluppi che secondo me avrebbero dovuto seguirne. Mi ascoltò in silenzio, con viva attenzione. Gli esposi le mie preoccupazioni per il futuro ogni giorno più oscuro e per l'inerzia degli organi responsabili. Gli dissi del mio vano desiderio di volare a Madrid per prendere contatto con gli Alleati e per ottenere almeno una sospensione delle ostilità. Il papa non mi nascose di condividere i miei timori. Era perfettamente al corrente dello stato dell'Italia. Si dolse che non avessi potuto partire subito, appena conclusa la seduta del Gran Consiglio. Si augurò che la mia partenza avvenisse senza ulteriori ritardi e mi disse di aver dato incarico al cardinale Maglione di ottenere dai governi spagnolo e portoghese la promessa di facilitare la mia missione in quei Paesi. Più autorevole viatico non avrei potuto attendermi. Era la seconda prova di benevolenza del Vaticano nei miei confronti: la prima era stata di far giungere a sir Hoare, tramite Osborne, l'avviso del mio arrivo a Madrid.

«Non voglio trascurare un particolare di cronaca. Ad un certo punto dell'udienza le sirene suonarono l'allarme aereo su Roma. Il papa si inginocchiò a pregare davanti alla finestra aperta. D'istinto feci lo stesso anch'io. Così restammo a lungo, nel rarefatto silenzio calato sulla città. Quell'episodio rimase per me uno dei momenti di più alta spiritualità della mia vita.»

Nemmeno l'interessamento di Pio XII si rivelò risolutivo. Maglione intervenne presso Spagna e Portogallo, ma Grandi ottenne di poter partire soltanto il 18 agosto, troppo tardi rispetto al suo piano per far uscire l'Italia dalla guerra. Per di più senza un incarico ufficiale del governo, unicamente per iniziativa personale del nuovo ministro degli Esteri, Guariglia, il quale era suo amico e forse lo mandava a Madrid più per salvarlo che per una concreta missione di aggancio degli Alleati. D'altra parte tutto quanto Grandi aveva suggerito di fare era stato cancellato. Vittorio Emanuele avrebbe dovuto, a rigore di logica, chiamare immediatamente l'uomo che gli aveva fornito su un piatto d'argento lo strumento per sbarazzarsi del Duce e della dittatura, e ascoltarne i consigli. Non limitarsi a quanto gliene aveva riferito Acquarone, mandato nella notte ad aspettare la fine della riunione per farsi spiegare l'accaduto. Senza capirne molto e tacendo le decisioni già prese dal sovrano, in pieno contrasto con il piano a cui Grandi sperava di dare completa esecuzione. Nella mente del re, ora quel piano non aveva più alcun interesse. Grandi dovrà aggiungere alle tante anche questa nuova delusione. Il conte di Mordano «aveva previsto tutto, tranne una tradizione secolare della dinastia dei Savoia, quella di tradire coloro che li aiutavano».

D'altro canto il piano di Grandi, almeno per quanto riguardava i suoi sviluppi, presentava quanto meno delle ingenuità. Pensare che il giorno stesso della caduta del fascismo e di Mussolini un esercito già scompaginato e scoraggiato come quello italiano potesse schierarsi di colpo al Brennero a bloccare i tedeschi in calata dalla Germania era veramente puerile. Non si spostano divisioni e non si dispongono su un nuovo fronte in posizione di combattimento in poche ore. Almeno in Italia. Il discorso si presentava anche logisticamente improponibile. Così com'è difficile pensare che gli Alleati, per il solo fatto di venire a conoscenza dell'eventuale nuovo schieramento delle truppe italiane, ci considerassero automaticamente al loro fianco, sostenendoci e appoggiandoci. E invece non approfittassero del «via libera» causato dal ritiro delle nostre forze dal loro fronte per avanzare sul territorio nazionale, occuparlo e tenerlo da vincitori, indipendentemente dalle scelte del nuovo governo.

Se l'immediato rovesciamento di posizioni delle nostre truppe avesse avuto qualche probabilità di riuscita, forse Badoglio lo avrebbe tentato. Il Maresciallo, per quanto non eccezionale soldato, ne sapeva più di Grandi in faccende militari e aveva maggiori conoscenze specifiche di lui. Se non lo fece, si dovette in parte alla paura della Germania, che gelò fin dal primo momento sia lui, sia il re, sia lo Stato Maggiore; ma per il resto alla consapevolezza che sbarrare la strada ai tedeschi al Brennero per cambiare di campo era non soltanto una terribile perdita della faccia, quanto un desiderio onirico e irrealizzabile.

Grandi prevedeva che, dichiarata da un'ora all'altra guerra alla Germania, il popolo sarebbe sorto in armi per unirsi festante agli Alleati, portatori di pace e libertà. Il popolo nei primi momenti esultò, come gli capita sempre quando finiscono i guai. Però se si sperava di veder accorrere gli italiani alle armi e le nostre scassate divisioni affiancarsi agli angloamericani per liberare la patria, quella speranza si rivelò una pia illusione. Gli italiani volevano la fine della guerra e i soldati tornare a casa. Non altro. Sia al Sud, nella parte di penisola in mano agli Alleati, sia al Nord, in quella occupata dai tedeschi, il ritorno al combattimento si rivelerà un fallimento. Il governo di Badoglio, a Brindisi, dopo l'armistizio, tentò di mettere insieme alcuni reparti per procurarsi una carta di credito alla fine delle ostilità. Non riuscì a raccogliere più di cinquemila scalcinati militari, prelevandoli tra i pochi che non avevano disertato ed erano rimasti nei ranghi per necessità. Non molto diversa la situazione al Nord. Mussolini ricorse ai bandi di reclutamento per formare un suo esercito e lo fece per gli stessi motivi di Badoglio: assicurarsi la benevolenza presente e futura dei tedeschi, dimostrando l'esistenza di un'Italia fedele alla parola data. Se un contributo poté offrire, lo dovette ai corpi di volontari, i quali avevano motivazioni ideologiche e morali, non certo simpatie per i tedeschi. A parte queste minoranze, al Nord come al Sud si dimostrò che il popolo, l'entità oggi chiamata gente, aspettava soltanto la fine della guerra ed era convinto che i tedeschi l'avessero perduta. Non valeva la pena di rischiare la vita. Né per gli Alleati, in ogni modo vittoriosi, né per i tedeschi, sicuramente sconfitti.

XIV

DALL'ALTARE ALLA POLVERE

The day after

A Villa Torlonia, alla luce della lampada del comodino nella sua camera da letto, mentre si spoglia e la moglie lo aiuta a togliersi gli stivali, Mussolini racconta a Rachele le vicende della notte.

Lei, bruscamente, gli chiede: «Li hai fatti almeno arrestare?». Risponde stanco: «Lo farò domattina», e lo dice forse più per chiudere l'argomento che per convinzione. Commenta Rachele: «Troppo tardi. Grandi, a quest'ora, sarà già in viaggio per l'estero». Probabilmente lei ha ragione, ma Benito è rassegnato e le sue parole sono meste: «Sta calma, Rachele, è tutto inutile ormai. Non c'è più niente da fare». Le chiede di telefonare al Comando Supremo per sentire se vi siano bombardamenti in corso. Rachele fa il numero, dopo una lunga pausa le rispondono che la notte è tranquilla dovunque, nessun allarme sulla penisola. Lei urla nella cornetta: «Non è vero, mentite, mentite come sempre. In questo momento stanno bombardando Bologna, lo ingannate tutti, lo tradite tutti». Mussolini si stringe nelle spalle, svuotato d'energie.

Beve la camomilla preparata dalla moglie, restano a lungo a parlare, quasi a confessarsi, lui sdraiato sul letto, lei al capezzale. Alla fine si assopisce, un breve sonno agitato, interrotto al primo trapelare della luce dalle fessure delle imposte. Telefona a Claretta: «Hai dormito?». Lei: «Non ho potuto chiudere occhio. Dimmi com'è andata». Lui: «Ti dirò domani. Ma credo che la mia stella sia in declino». Per entrambe le donne della sua vita, le stesse espressioni sconfortate: la fortuna gli ha voltato le spalle, il senso della fine d'una avventura irripetibile. Più tardi richiamerà Claretta per dirle dell'appuntamento del pomeriggio con il re. La Petacci telefonerà subito a Navarra, l'usciere di Palazzo Venezia, il paraninfo dei loro segreti incontri, perché in qualche modo intervenga: «Bisogna impedirgli di andare dal re. Ho un brutto presentimento, quella mezza cartuccia è capace di tutto». Detto rozzamente, ma con intuito femminile: il brutto presentimento si avvererà.

Mussolini si alza alle otto. Arriva il professor Pozzi per fargli la solita iniezione. Lui la rifiuta: «Questa mattina non faccio iniezioni. Ho il sangue troppo agitato». Alle nove è seduto alla sua scrivania nel salone del Mappamondo. Ha detto Rachele che, prima di uscire di casa, le aveva confidato di voler far fermare Dino Grandi. Non sembra vero. Poche ore dopo pensava di nominarlo ministro degli Esteri. Gli passavano per la mente mille idee. Le emozioni della notte precedente non erano ancora smaltite. Non è chiaro nemmeno cosa si proponesse di fare nelle ore precedenti il colloquio con Vittorio Emanuele. Per certo ricevette molte persone, con alcune fece riferimento alla seduta del Gran Consiglio, con altre fu sarcasticamente aggressivo. Quando Albini, sottosegretario agli Interni, si presentò alle dieci per il solito rapporto come se nulla fosse accaduto, si sentì apostrofare: «Perché avete votato ieri sera l'ordine del giorno Grandi? Voi siete ospite, non membro del Gran Consiglio». Risposta imbarazzata: «Posso avere commesso un errore, ma nessuno può mettere nel minimo dubbio la mia assoluta devozione a voi, devozione che non è di oggi, ma di sempre». Il commento di Mussolini è sferzante: «... e si allontanò con la sua livida faccia di autentico traditore...». Non toccò l'argomento Gran Consiglio con Bastianini, sottosegretario agli Esteri, un altro dei «frondisti». Gli premeva mandare avanti con lui il progetto di far dichiarare Roma città aperta. Venne l'ambasciatore giapponese Shinrokuro Hidaka e a lui chiese di sollecitare l'appoggio del primo ministro nipponico Hideki Tojo al passo che aveva intenzione di compiere presso Hitler per convincerlo a chiudere la partita con l'URSS.

Scorza gli riferì che nella notte, a quanto ne sapeva, c'erano stati dei pentimenti. Era giunta una lettera di Cianetti, con la quale il ministro ritirava il suo voto a favore di Grandi e così salvava la testa al processo di Verona. Non parve interessato. Mostrava di non tener conto dello schieramento degli oppositori: «Porterò al re quel pezzo di carta e ci faremo sopra una bella risata». Parlava ostentando una finta sicurezza, ma continuava a consultare la legge sul Gran Consiglio, voleva convincersi che il voto contrario aveva un valore puramente indicativo, non deliberativo. La tesi di Buffarini Guidi. Si fece confortare dal parere di un costituzionalista, Santi Romano, rispettosamente schierato dalla sua parte, per portarlo al re a dimostrazione della facoltà di non tener conto del risultato della votazione notturna. Scorza ha consegnato gli appunti presi durante la seduta, per rielaborarli con lui, come gli era stato ordinato. Ha portato anche la minuta di una lettera da inviare eventualmente ai membri del Gran Consiglio, una specie di ricevuta liberatoria: il Duce aveva preso atto di quanto era stato detto e ne avrebbe tenuto conto. Un chiaro *fin de non recevoir.*

Il segretario chiede se debba mandarla subito. Mussolini risponde di attendere una sua comunicazione. Legge attentamente gli appunti della seduta, batte il chiodo sull'indebita partecipazione di Albini e di Bastianini. Fa ripetutamente cercare Grandi senza trovarlo. Si mostra interessato quando Scorza gli riferisce della disponibilità di Graziani per la carica di capo di Stato Maggiore Generale: «Molto bene, ne parliamo dopo il mio ritorno dal colloquio con il re». In giornata potrebbe esserci un'altra nomina sorprendente e la rivela interrogativamente a Scorza, come per sapere cosa ne pensa: «Farinacci ministro della Cultura popolare?». Dopo la notte dello *show down* le azioni del detestato ras di Cremona stanno risalendo. Ripete: «Comincio a pensare che voi e Farinacci avevate ragione». Su che cosa? Evidentemente sulle trame e le congiure in seno al partito, alle quali non ha voluto credere. Adesso acquistano un valore postumo di verità. Non ha capito che l'obiettivo di Farinacci non era di metterlo in guardia dalle insidie interne, bensì di indurlo a ritirarsi per trasferire le forze armate e il resto agli ordini dei tedeschi. Con lui a capo del nuovo governo.

Navarra porta due aranciate gelate e un'arancia. Quando rientra per ritirare il vassoio, trova il frutto intatto ma sbucciato e le bucce sono tritate a pezzettini. Un segno di nervosismo. Del nervosismo del Duce l'usciere si è accorto anche da altri sintomi: per esempio, si sente chiamare più volte, accorre e l'altro si meraviglia, nega di avere mai suonato. Adesso sta parlando con il comandante della Milizia, Galbiati, rodomonte in servizio permanente effettivo, il quale lo spinge a ordinare l'arresto di tutti i «frondisti». Mussolini fa un gesto quasi per dirgli di avere pazienza, non si possono precipitare le cose: «Prima li devo far dimettere con l'assenso reale». È sempre stato un dittatore col permesso delle superiori autorità.

A casa del re

Si sono fatte le due del pomeriggio. Nel salone del Mappamondo sono rimasti soltanto lui e Galbiati. Escono insieme, Mussolini vuole essere accompagnato a visitare i quartieri bombardati il 19 luglio. Vanno a San Lorenzo e al Tiburtino, qualcuno si accosta per curiosità alle macchine, qualcuno batte le mani per vecchia abitudine. Mussolini non sottilizza, pochi o tanti quegli applausi lo riconfortano. Una vecchietta si avvicina, ha perduto tutto nel bombardamento. Lui cava il portafoglio, come d'abitudine non ha portato denaro con sé. Prega Galbiati di pensarci e il capo della Milizia consegna alla donna tutto quanto ha in tasca. Allora altri si fanno sotto sperando in qualche lira, ma sono finiti i fondi.

Rientra a Villa Torlonia alle tre e a quell'ora si mette a tavola, secondo gli orari romani. Rachele ha preparato la solita minestrina, non la mangia, il pensiero è già rivolto all'imminente incontro con il sovrano. «Convinto che il re non avrebbe preso in considerazione il responso del Gran Consiglio, egli pensava evidentemente di servirsene come pezza d'appoggio per sganciarsi dall'alleato senza perdere la faccia di fronte a lui ("Che posso fare – gli avrebbe detto – mi hanno messo in minoranza...") e per negoziare egli stesso col nemico. Insomma è pronto a trattare con Churchill riservandosi la candidatura alla successione di se stesso.» (Montanelli.)

Alle 16.30 suonano alla porta. È De Cesare, il segretario particolare, venuto per accompagnarlo a

Villa Savoia. In mattinata Acquarone ha telefonato tre volte, per comunicare che il colloquio – come da richiesta del Duce – era anticipato a quello stesso pomeriggio alle cinque, in abito borghese. Ha ripetuto: in abito borghese. Nemmeno l'insistenza sull'abito ha insospettito quel candido uomo. Non così sua moglie. Rachele ha supplicato: «Non andare, Benito, non capisci? Vogliono che tu ti metta in borghese per non dare nell'occhio nel momento in cui ti arresteranno». Lui scrolla le spalle: «Sarebbe assurdo, il re mi ha sempre dimostrato amicizia. Sono un galantuomo, abbiamo un trattato con la Germania, non possiamo tradire. Il re ha firmato anche lui e dovremo discutere insieme la cosa. Se è necessario, rimango al comando per mantenere l'impegno preso. Oppure gli consegno il comando, purché mi dia i poteri di far arrestare i traditori».

La moglie insiste, lui se ne libera e si avvia al cancello, mentre Rachele grida: «Non tornerete...». Squilla il telefono, è Buffarini Guidi. Forse voleva premere anche lui sul Duce perché non andasse, ma è troppo tardi. Allora chiede alla signora se può venire a Villa Torlonia, deve presentarle uno dei suoi soliti rapporti informativi con cui la tiene aggiornata. Anche questo appuntamento è fissato per le cinque.

A quell'ora fatale la grossa Alfa Romeo di Mussolini, guidata dall'autista Ercole Boratto, entra a Villa Savoia. Le tre vetture della «presidenziale» restano fuori. Nessuno dei sopraggiunti nota un'ambulanza parcheggiata sul fianco dell'edificio reale, in una zona d'ombra. Il generale Cerica ha eseguito puntualmente gli ordini di Castellano, il cervello della squallida operazione. Dalle tre del pomeriggio cinquanta carabinieri, fatti venire dalla caserma «Pastrengo», sono nascosti in vari punti del giardino. Comanda il colonnello Giovanni Frignani, l'azione è affidata a tre capitani, Paolo Vigneri, Raffaele Aversa e Carmelo Marzano. Ai loro ordini tre vicebrigadieri (Bertazzi, Zaccon e Cianfaglia) e tre agenti di Pubblica sicurezza in borghese. Il questore Giuseppe Morazzini è rimasto a bordo della sua macchina. Viene detto a Boratto che c'è una telefonata per lui in portineria, l'autista va a rispondere, quattro carabinieri lo prendono in mezzo e il malcapitato si ritrova a Regina Coeli.

Vittorio Emanuele attende Mussolini al sommo della scalinata, in uniforme, visibilmente teso. Un saluto e il re precede il primo ministro nel salotto. Si siedono, la porta resta socchiusa. Il generale Puntoni si apposta di fuori, rivoltella in pugno, pronto a intervenire se dovesse verificarsi qualcosa di spiacevole. Così gli ha ordinato il sovrano, mai abbastanza prudente quando si tratta della pelle. Puntoni sarà l'unico, oltre a Mussolini beninteso, a fornire una versione di ciò che si sono detti i due antagonisti.

Secondo il racconto di Mussolini, Vittorio Emanuele era in uno stato «di anormale agitazione, coi tratti del viso sconvolti, con parole mozze». Si può capirlo: aveva settantaquattro anni e affrontava una prova molto dura. Le sue parole, sempre nella versione mussoliniana, sarebbero state queste: «Caro Duce, le cose non vanno più. L'Italia è in tocchi. L'esercito è moralmente a terra. I soldati non vogliono più battersi. Gli alpini cantano una canzone nella quale dicono che non vogliono più fare la guerra per conto di Mussolini. Il voto del Gran Consiglio è tremendo. Diciannove voti per l'ordine del giorno Grandi... Voi non vi illudete certamente sullo stato d'animo degli italiani nei vostri riguardi. In questo momento voi siete l'uomo più odiato d'Italia. Voi non potete contare più su di un solo amico. Uno solo vi è rimasto, io. Per questo vi dico che non dovete avere preoccupazioni per la vostra incolumità personale, che farò proteggere. Ho pensato che l'uomo della situazione è, in questo momento, il Maresciallo Badoglio. Egli comincerà col formare un ministero di funzionari, per l'amministrazione e per continuare la guerra. Fra sei mesi vedremo. Tutta Roma è già a conoscenza dell'ordine del giorno del Gran Consiglio e tutti attendono un cambiamento».

«Vi prego di lasciare il posto»

Forse le parole non furono esattamente queste, ma la sostanza non cambia. E non cambia soprattutto il giudizio sulla miserabile condotta di questo vecchio re che mente sapendo di mentire, che si dichiara amico dell'uomo di cui ha concordato l'arresto, che quell'arresto ha consentito avvenisse in casa sua dov'era suo ospite, che promette protezione mentre sa cosa aspetta l'incauto visitatore: la cattura come un criminale, la detenzione nelle varie caserme dei carabinieri, la deportazione nelle isole già destinate al confino degli antifascisti. E poiché lo ossessiona il terrore di chissà quale reazione del suo interlocutore, ecco il «bravo» al di là dell'uscio, pronto a irrompere. Mentre fuori stanno ben cinquanta carabinieri per la pericolosa cattura di un sessantenne disarmato. Condotta tanto più deprecabile in quanto mascherata con la finzione della premura e dai ricordi di vent'anni di collaborazione. Ne esce squalificato un sovrano disposto ad abbassarsi alle iniquità dei suoi servizi segreti, timoroso di affrontare la situazione e di risolverla con franchezza e dignità.

Mussolini scrive di avergli risposto così: «Voi prendete una decisione di una gravità estrema. La crisi in questo momento significa far credere al popolo che la pace è in vista, dal momento che viene allontanato l'uomo che ha dichiarato la guerra. Il colpo al morale dell'esercito sarà serio. Se i soldati, alpini o no, non vogliono più fare la guerra per Mussolini, non ha importanza, purché siano disposti a farla per voi. La crisi sarà considerata un trionfo del binomio Churchill-Stalin, soprattutto di quest'ultimo che vede il ritiro di un antagonista da vent'anni in lotta contro di lui. Mi rendo conto dell'odio del popolo. Non ho avuto difficoltà a riconoscerlo stanotte in pieno Gran Consiglio. Non si governa così a lungo, e non si impongono tanti sacrifici, senza che ciò non provochi risentimenti più o meno fugaci e duraturi. Ad ogni modo io auguro buona fortuna all'uomo che prenderà in mano la situazione».

La risposta di Mussolini dà fin troppo sul magnanimo. Però, considerata la condotta e la moralità del re, viene naturale credere piuttosto a lui. Dal confronto tra i due personaggi, non è certo Mussolini a uscire peggio. Secondo Puntoni, invece, Vittorio Emanuele disse: «Io vi voglio bene e ve l'ho dimostrato più volte difendendovi contro ogni attacco, ma questa volta devo pregarvi di lasciare il vostro posto e di lasciarmi libero di affidare ad altri il governo». Se non è zuppa, è pan bagnato. Anzi, il re aumenta le sue menzogne, dicendo al Duce di avergli sempre voluto bene, e non è vero, ma passi, e di averlo difeso da ogni attacco. Mentre ogni maldicenza, ogni critica, ogni proposta di pugnalate nella schiena, ogni trama golpista hanno sempre trovato ascolto compiacente presso di lui. Vittorio Emanuele non perdeva occasione, con gli stessi gerarchi in visita al Quirinale, di punzecchiare il loro capo.

Mussolini è come se gli avessero dato una mazzata sulla testa. Si sente crollare il mondo addosso. Chissà se conosce quella frase di Trotzkij che ammonisce: «Chiunque desideri una vita tranquilla ha fatto male a nascere nel ventesimo secolo». Gli si addirebbe. Il re si rianima un po', cerca di prendere coraggio. Finalmente gli viene una di quelle frasi sognate da anni, da sbattere in faccia, se non proprio al Duce, almeno a qualcuno della gerarchia littoria: «E mi hanno assicurato che quei due straccioni di Farinacci e di Buffarini che avevate vicini, quando non si sapeva se avrei firmato o no (il decreto di delega del comando delle forze armate), dissero: "Lo firmerà, altrimenti lo prenderemo a calci nel sedere"». L'altro non ha la forza, o la presenza di spirito, per replicare. Mostra il testo della legge sul Gran Consiglio, si affanna a spiegare che l'autorevole parere del famoso costituzionalista Santi Romano gli dà ragione: il voto è soltanto indicativo, non deliberativo. Vittorio Emanuele ha pronta la stilettata: sa ben lui cosa valgano i pareri di personaggi tipo Santi Romano, sempre pronti a compiacere il padrone e a piegarsi ai suoi desideri.

Mussolini è affranto: «E io, ora, cosa debbo fare?». Risponde il vincitore, sollevato: «Rispondo io, con la mia testa, della vostra sicurezza personale. Siatene certo...». Dove tutto sta a intendersi sul significato criptico di quella «sicurezza personale». Evidentemente per il re vuol dire prendere un primo ministro, chiuderlo in prigione e abbandonarlo in mano di chi lo voglia, quando si tratta di mettersi in salvo scappando a Pescara. Infatti, per sicurezza personale, all'uscita Mussolini trova i carabinieri che lo arrestano.

Si fa avanti il capitano Vigneri e avverte il Duce di avere avuto ordine di assicurargli protezione. Mussolini è stupito, c'è la «presidenziale» in attesa fuori del cancello (ma è stata dirottata altrove), non basta? Non basta. Vigneri lo sospinge per un braccio e lo fa salire con De Cesare sull'autoambulanza: e ancora Mussolini non si rende conto di ciò che gli sta succedendo, oh gran bontà dei cavalieri antiqui! Salgono anche Vigneri, un secondo ufficiale, tre carabinieri, due agenti, tutti armati di mitra. L'autoambulanza comincia la folle corsa attraverso le strade semideserte della Roma estiva e domenicale, sussultando, sballottando i passeggeri. Mussolini si lamenta, gli scossoni acuiscono le sue fitte allo stomaco. Entrano nella caserma dei carabinieri «Podgora» in via Quintino Sella, dove il Duce resta tre quarti d'ora nella sala del circolo ufficiali, in attesa di chissà che. Poi lo trasferiscono alla caserma «Pastrengo» in via Legnano. Là gli preparano la cena, lui non tocca cibo, si spoglia e alle 23 si infila in un letto improvvisato. Ma all'una di notte arrivano il generale Ernesto Ferone e il colonnello Ettore Chirico. Lo svegliano, c'è per lui una lettera del Maresciallo Badoglio.

«Al cavaliere signor Benito Mussolini.

«Il sottoscritto capo del governo Vi fa sapere che quanto è accaduto con Voi è dovuto esclusivamente al Vostro personale interesse e motivato dalle informazioni precise ricevute da diverse fonti le quali hanno segnalato l'esistenza di un complotto contro la Vostra persona. Rammaricato da ciò, desidero farVi sapere che sono disposto a impartire gli ordini opportuni perché Voi siate accompagnato col dovuto rispetto nel luogo che Voi vorrete designare.

«F.to il Capo del Governo *Badoglio.*»

Lui legge compiaciuto, rincuorato. Allora De Cesare esagerava quando poche ore fa gli sussurrava: «Duce, questo è un arresto in piena regola». Siede al tavolino e detta la risposta a Ferone che scrive.

«1) Desidero ringraziare il Maresciallo d'Italia Badoglio per le attenzioni che ha voluto riserbare alla mia persona. Unica residenza di cui posso disporre è la Rocca delle Caminate, dove sono disposto a trasferirmi in qualsiasi momento. 2) Desidero assicurare il Maresciallo Badoglio, anche in ricordo del lavoro in comune svolto in altri tempi, che da parte mia non solo non gli verranno create difficoltà di sorta, ma sarà data ogni possibile collaborazione. 3) Sono contento della decisione presa di continuare la guerra così come l'onore e gli interessi della Patria, in questo momento, esigono, e faccio voto che il successo coroni il grave compito al quale il Maresciallo Badoglio si accinge per ordine e in nome di Sua Maestà, del quale durante ventun anni sono stato leale servitore e tale rimango. Viva l'Italia. *Mussolini.*»

La frase finale, solo quella, fu scritta dal Duce di suo pugno. Come osservò Deakin, «... la lettera di Mussolini assolve implicitamente da ogni responsabilità coloro che avevano votato contro di lui in Gran Consiglio». Di quale tradimento si poteva accusarli, se il «tradito» era il primo ad accettare l'esito della loro azione e ad approvarlo, mettendosi al servizio del vincitore? Mussolini sottoscriveva l'operato del re, gli si dichiarava fedele servitore e implicitamente condivideva quanto era accaduto nelle ultime ore. Di conseguenza consentiva sul valore deliberativo del voto da cui era stato messo in minoranza, usciva di scena e si proponeva di collaborare con i suoi successori. Soltanto l'acre spirito di vendetta dei sanguinari fantasmi di Salò poteva concepire il reato di tradimento per cinque gerarchi del Gran Consiglio (gli altri si erano provvidenzialmente sottratti alla cattura) comportatisi esattamente nello stesso modo di Mussolini, cioè di colui che li mandava davanti al plotone di esecuzione.

I fantasmi di Salò dovevano coprire l'operato del Duce, cioè l'aver legittimato il governo Badoglio. Dovevano far dimenticare quella clamorosa compromissione, altrimenti sarebbe toccato anche a lui sedere sul banco degli imputati, e non era pensabile. Ma vi sono ancora alcune osservazioni da fare a proposito della lettera di Badoglio e della sua condotta (e del re) dopo la nomina a capo del governo. Come nel colloquio di Villa Savoia Vittorio Emanuele aveva mentito, così ora, scrivendo al deposto dittatore, altrettanto spudoratamente mentiva il Maresciallo. Egli sapeva che quello di Mussolini era un arresto e non una misura nel suo «personale interesse». Sapeva che nessuna fonte aveva segnalato complotti contro di lui, tranne quello dei generali, di cui era il capo. Sapeva di non avere impartito alcuna disposizione per farlo accompagnare in salvo dove avesse voluto e, al contrario, di avere ordinato di trasferirlo in un luogo dove non fosse possibile avvicinarlo. In attesa caso mai, ipotesi da lui stesso affacciata sebbene poi abbandonata, di eliminarlo. Con tutto ciò Badoglio scrive quella lettera indegna, mancando perfino al minimo di rispetto dovuto all'avversario caduto. Sicché la conclusione è dura ma univoca: Badoglio e il re erano individui senza onore.

Aggrava il giudizio su entrambi l'essersi comportati in modo così vile perché sopraffatti dalla paura dei tedeschi. Nient'altro occupa in questi frangenti la mente del sovrano e del suo capo del governo, se non l'angoscioso interrogativo: e ora, cosa farà di noi Hitler? Non hanno predisposto nulla e nemmeno li sfiora la sola soluzione decorosa che parzialmente li avrebbe riscattati: la dittatura è caduta, Mussolini si è «dimesso», è stata risolta la questione interna italiana. Dignità e coraggio vorrebbero che si rivolgessero a Hitler e gli esponessero con franchezza la disperata situazione del Paese, l'impossibilità di continuare la guerra, il tentativo di salvare il poco rimasto di una patria distrutta. Avrebbero dovuto dirgli che la necessità, non la slealtà, li costringeva al passo. E appunto per lealtà verso l'alleato lo mettevano al corrente di quanto stavano per fare, chiedendo la sua comprensione. Quasi certamente Hitler l'avrebbe rifiutata, forse li avrebbe relegati in uno di quei castelli dove aspettavano la fine del conflitto i vari Blum, Herriot, Nitti, Assia e le duchesse d'Aosta, per non dire di Leopoldo del Belgio. Ma un re e un comandante delle forze armate devono saper mettere nel conto questi rischi e nel caso pagare di persona. Perché soltanto il sacrificio e la fierezza nobilitano la corona e i gradi. Non fecero nulla di tutto ciò. Non vi fu bisogno dell'ulteriore bassezza morale della fuga a Pescara, abbandonando alla loro sorte perfino i ministri, perché il popolo desse su di loro il giudizio che meritavano.

Ferone salutò e uscì con la lettera di Mussolini per portarla a Badoglio, il quale non ne tenne conto, qualunque fosse il contenuto di essa. Il Duce, separato da De Cesare nel frattempo trasferito Dio sa perché a Regina Coeli, rimase nella caserma di via Legnano fino alle otto di sera del 27 luglio, quando venne a prelevarlo un losco figuro, il questore Saverio Polito. Il giorno successivo fu imbarcato a Gaeta sulla corvetta *Persefone* diretta a Ponza, dove giunse all'una del pomeriggio. La commedia della «protezione» era terminata. Cominciava la prigionia.

XV

UNA MISSIONE FALLITA

Troppo tardi...

Il 3 agosto il generale Eisenhower, che all'annuncio della caduta di Mussolini aveva sospeso le azioni militari contro l'Italia, ordina la ripresa dell'offensiva. Ha aspettato inutilmente una settimana, nessun cenno da parte del nostro governo. Allora il 9, il 10, l'11 e il 12 del mese fa bombardare durissimamente (sarebbe meglio dire terroristicamente) Milano, Torino e Genova, le capitali industriali del Nord. Soltanto di fronte a questa drammatica realtà sparisce l'ottimismo senza senso a cui sembrava essersi sconsideratamente abbandonato Badoglio. Il Maresciallo capisce che non basta «tenere a bada i tedeschi». Occorre trattare con gli Alleati, e subito.

Questo è il momento in cui Badoglio si decide a mandare emissari militari a Madrid, nel tentativo avventuroso di cercare un aggancio con gli angloamericani. È il momento in cui il re pensa di utilizzare Grandi e, d'accordo con il nuovo ministro degli Esteri Guariglia, di inviare anche lui a Madrid con un incarico estremamente generico: fare quanto gli sembra opportuno per facilitare trattative di armistizio.

Disse Grandi: «Partii per la Spagna con l'ultimo aereo italiano di linea Roma-Siviglia. Non fu una partenza facile. Al Ministero degli Esteri, in un primo momento, si pensava di farmi usare il treno, attraverso la Francia. Poi si capì che sarebbe stato come consegnarmi ai tedeschi. Allora ebbi un passaporto intestato a Domenico Galli (le mie stesse iniziali), corriere diplomatico.

«Il ministro Guariglia insistette perché mia moglie e i miei due figli partissero con me, per sottrarli alle rappresaglie tedesche. Debbo a questo suo gesto la loro vita. Furono forniti di passaporti diplomatici nei quali figuravano come congiunti del nostro ministro plenipotenziario a Lisbona, Renato Prunas Tola, mio collaboratore ai tempi di Londra. Vennero prelevati da una macchina del ministero e condotti all'aeroporto di Guidonia. Era il mattino del 18 agosto. Io li raggiunsi poco più tardi. L'incarico di organizzare la mia partenza era stato affidato a Filippo De Grenet, l'eroico diplomatico barbaramente trucidato dai tedeschi alle Fosse Ardeatine. Collaborava con lui la questura di Roma. Portavo con me, in una valigia, la corrispondenza Mussolini-Hitler. Guariglia riteneva opportuno metterla in salvo nell'archivio della nostra legazione di Lisbona. Mi era stato suggerito di tagliarmi la barba per non farmi riconoscere. Mi sembrò una sciocchezza e non lo feci.

«Trovammo l'aeroporto presidiato da SS in assetto di guerra. Tuttavia passai senza incidenti e mi presentai al funzionario di controllo dei documenti per l'imbarco. Qui accadde qualcosa che avrebbe potuto mandare all'aria tutto. Sul mio passaporto, sotto il nome di Domenico Galli, erano state registrate le generalità complete di quell'inesistente personaggio: paternità, maternità, luogo di nascita. Non mi ero preoccupato di leggerle e di impararle a memoria. Lo zelante funzionario, tenendo in mano il documento, mi domandò come si chiamava mio padre. Non ne avevo la minima idea, esitavo, vedevo il sospetto impadronirsi delle SS presenti alla scena. Salvò fulmineamente la situazione il vicequestore di Roma, il quale vigilava lì accanto. Intervenne con fermezza: «Lei è in arresto, mi segua». Mi afferrò per un braccio e mi trascinò via bruscamente, sussurrando: «Presto, presto...». Mi trovai sotto l'aereo. Quattro salti sulla scaletta d'imbarco ed ero a bordo. Mia moglie e i miei figli sedevano già ai loro posti. Unico passeggero, oltre a noi, uno spagnolo diretto a Cadice».

Una diversa versione sostiene che a bordo si trovavano anche il generale Giacomo Zanussi, mandato in Spagna nel timore che Castellano avesse fallito, e il generale inglese Carton de Wyart, da due anni prigioniero in Italia, portato come mallevadore delle buone intenzioni italiane. Una specie di carta di credito da presentare agli Alleati. Sempre secondo questa versione, la signora Grandi avrebbe riconosciuto Carton de Wyart, ricordandolo dai tempi di Londra, ed era difficile che così non fosse: il generale era privo di una gamba, orbo di un occhio e alto due metri. Lo avrebbe indicato con lo sguardo al marito, il quale le avrebbe risposto con un breve cenno affermativo del capo. E probabilmente Grandi cominciò a chiedersi in quale pasticcio fosse finito, trovandosi accanto con la sua stessa destinazione, e forse con il suo stesso incarico, uno dei generali golpisti e addirittura un prigioniero inglese. A questo punto tutto gli fu chiaro: il re e Badoglio avevano voluto soltanto toglierselo di torno.

«Ricordo quel viaggio drammatico. Il comandante si chiamava Fenili, il vicecomandante Piacentini: questo per dire come restino impressi nella memoria nomi ed episodi, nei momenti decisivi della nostra vita. L'aereo decollò regolarmente e prese quota, ma essendomi affacciato al finestrino, invece del mare (la nostra rotta avrebbe dovuto attraversare il Mediterraneo, diretta in Spagna) vidi prima il lago di Bolsena, poi il Trasimeno, poi Firenze, poi Bologna. Quando sotto di noi apparve il profilo del Duomo di Milano, ero pienamente convinto di essere stato tradito. Quell'aereo mi stava portando in Germania per consegnarmi ai tedeschi. Nella cabina nessuno parlava. Lo spagnolo continuava a sonnecchiare indifferente. Mia moglie e i miei figli, come d'accordo, fingevano di non conoscermi: ma vedevo i loro volti terrei, i loro occhi sbarrati, tutti avevano compreso che stavamo per finire in trappola.

«Su Milano l'apparecchio entrò nelle nuvole e non fu più possibile scorgere nulla. Passarono lunghi minuti tormentosi e finalmente il grigio si squarciò e apparve il mare. Savona, quindi il Rodano, Marsiglia, Nîmes, i Pirenei, l'Ebro. Eravamo salvi. Entrò il comandante con una bottiglia di spumante per brindare allo scampato pericolo. Mi spiegò il mistero. Subito dopo la nostra partenza avevamo incrociato una formazione di bombardieri alleati diretti su Livorno e allora, per sfuggire alla caccia, avevamo puntato verso nord, con il rischio di cadere nelle mani dei tedeschi. Mi tornò in mente la profezia di un indovino inglese, nel 1938: "Lei lascerà questo Paese contro la sua volontà tra un anno. Vedo gli dei della guerra scatenarsi sull'Europa. La vedo autore di un'operazione da cui deriveranno mutamenti profondi per la sua patria. La vedo infine compiere un lungo viaggio, con la morte davanti e la morte dietro". Aveva fatto centro. La morte davanti, i nazisti; la morte dietro, i caccia alleati.»

Grandi arriva a Siviglia nelle prime ore del pomeriggio. Prende alloggio nello stesso albergo dov'era sceso in viaggio di nozze. Telefona a Hoare. Il vecchio amico lo informa che sono già passati da lui emissari di Badoglio e che, per ordine del comando angloamericano, li ha fatti proseguire per Lisbona, dove cominceranno le trattative. Lo consiglia di partire subito per la capitale portoghese.

Bisogna trovare un mezzo per il viaggio e il mezzo ci sarà soltanto il 25, tra una settimana. Grandi passa quei giorni arrovellandosi, senza contatti con Roma, pensando agli incontri e ai colloqui da affrontare, riflettendo sulle mille cose a cui forse non ha posto abbastanza attenzione mentre avvenivano. Per esempio, la visita di Ciano a Montecitorio, alle due del pomeriggio di domenica 25 luglio, accompagnato da Ettore Muti e da Filippo Anfuso. Come spiegarla, quando tra loro non c'erano mai stati rapporti al di là di un formale saluto, e anzi esisteva una reciproca antipatia, momentaneamente dissolta soltanto dall'imprevista adesione all'ordine del giorno antimussoliniano? La spiegazione, a posteriori, era questa: Ciano aveva saputo che il federale di Roma era alla caccia di tutti i diciannove firmatari del documento frondista e in primo luogo del suo autore. Veniva a esortare Grandi a mettersi in salvo, cosa che ora, ripensandovi, poneva Galeazzo in una luce diversa, nobile e generosa. Grandi si rammaricava di averlo mal valutato. Ciano, per convincerlo, s'era fatto accompagnare dai migliori persuasori possibili, il temerario Ettore Muti e Filippo Anfuso, il suo più caro amico, venuti con lui a confermare l'allarme e a offrirsi per fornirgli protezione.

Grandi non ascolta il consiglio di nascondersi. Continuerà invece a vedere e a sollecitare le solite persone. Non incontrerà più Galeazzo. Il loro colloquio del 25 pomeriggio sarà anche l'ultimo. Si concluse con frasi sbrigative e minacciose di Muti all'indirizzo del Duce, e con l'abbraccio di Anfuso, il quale esclama con enfasi: «Voi ieri notte avete salvato l'Italia».

Un viaggio inutile

Grandi arriva finalmente a Lisbona il 25 agosto. Prende contatto con gli inglesi e per prima cosa viene a sapere che gli emissari di Badoglio sono già ripartiti, portando con sé i termini della resa incondizionata. La sua missione è finita prima di cominciare, come ormai aveva intuito. Tenta di comunicare, attraverso l'ambasciata britannica in Portogallo, con i suoi amici Winston Churchill e Henry Stimson, ministro della Guerra americano. Churchill è a Quebec per incontrare Roosevelt. Come apprende della presenza di Grandi a Lisbona, incarica un funzionario dell'Intelligence Service, certo Graham, di disporre perché un aereo porti immediatamente a Quebec l'ex presidente della Camera. Ma Roosevelt pone il veto. Sir Ronald Campbell, ambasciatore inglese in Portogallo, dice a Grandi: «Noi diplomatici siamo ormai fuori questione. La trattativa è passata nelle mani dei comandi militari. Ma lei potrà svolgere ugualmente un utile servizio ed ingannare le spie tedesche disseminate dovunque in questa città, facendo loro credere che le trattative per l'armistizio si stiano svolgendo in Portogallo. Mentre invece continueranno ad Algeri». La vicenda politica di Dino Grandi, il liquidatore del fascismo e della dittatura, si conclude qui. La sua storia personale volta pagina.

«Ho vissuto i primi tempi dopo l'8 settembre (un armistizio disastroso nel quale per fortuna non ero stato coinvolto) in casa di un amico diplomatico italiano. Mia moglie e i miei figli si trovavano nel

Nord del Portogallo, all'albergo Santa Lucia di Viana do Castelo, presso il confine con la Spagna. La Gestapo, con la complicità dei falangisti spagnoli, tentò di rapirli per trasferirli in Germania, ma il tentativo fu sventato dalla polizia portoghese e dall'Intelligence Service. Tre volte si tentò di rapire me. Volevano trascinarmi in territorio francese occupato dai tedeschi per dare esecuzione alla condanna a morte inflittami dal tribunale nazifascista di Verona. Anche queste manovre fallirono. Non sapevo più nulla dell'Italia, degli amici rimasti in patria. L'8 settembre divise il personale della legazione di Lisbona: il giornalista Ernesto Morreale e l'addetto militare colonnello Terragni si dichiararono per Salò e costituirono un nucleo di fascisti repubblichini, con i quali non ho mai avuto rapporti.

«Il re, dopo l'armistizio, avrebbe voluto che rientrassi in Italia. Risulta dal verbale dell'incontro tra Eisenhower e Badoglio a Malta, il primo ottobre 1943. Dice il nostro capo del governo al comandante alleato: "Sua Maestà domanda di far rientrare Grandi, l'ex ambasciatore a Londra e attualmente a Lisbona, perché è colui che ha attaccato e buttato giù Mussolini... la caduta del fascismo è stata costituzionale e conseguente ad un voto di sfiducia del massimo organo del regime al suo capo. Il voto di sfiducia è stato pronunciato soltanto in seguito alla requisitoria fatta da Grandi, che già da tempo aveva preso un atteggiamento antimussoliniano. Questo tutti gli italiani lo sanno. Per questo ritengo la sua inclusione nel governo come ministro degli Esteri suscettibile di una ripercussione favorevole...".

«Eisenhower rispose che ne avrebbe riferito al suo presidente e al governo inglese. Questo, per bocca di Churchill, fu d'accordo. Roosevelt fece sapere che riconosceva i meriti di Grandi, ma che era giunto ad Algeri un personaggio su cui era possibile concentrare una larga adesione popolare: Ercole Ercoli, cioè Palmiro Togliatti. Il quale sbarcò a Napoli e diede il via alla straordinaria ascesa del partito comunista italiano.

«In Italia la persecuzione contro di me fu spietata. I fascisti arrestarono mia madre, una signora di settantacinque anni, e la rinchiusero in un campo di concentramento a Montebello di Pavia, dove rimase fino alla liberazione. Tutto quanto possedevo fu confiscato e saccheggiato o distrutto. Così la mia casa di Roma e quella di mia moglie a Bologna, prima svaligiate e poi occupate dai tedeschi. La realtà superava le mie più pessimistiche previsioni. Infieriva tra gli italiani la guerra civile, al Nord Mussolini era ormai un povero ostaggio nelle mani dei tedeschi. La lotta tra gli eserciti stranieri dilagava ogni giorno di più sul nostro territorio, minacciando di non lasciare dell'Italia pietra su pietra.

«Rimasi a Lisbona fino al 1947, poi mi trasferii in Brasile. Ho lavorato da avvocato fino al 1958, tra San Paolo, Buenos Aires e New York. Nel 1958 sono rientrato in patria. È tutto.»

XVI

FESTA NAZIONALE

L'angoscia di Rachele

Squilla il telefono a Villa Torlonia. Risponde Rachele Mussolini e una voce femminile sconosciuta scandisce: «In questo momento hanno arrestato vostro marito». Poi la comunicazione è interrotta.

Chi ha parlato? Si possono soltanto fare supposizioni. Si pensa alla principessa Mafalda, figlia di re Vittorio Emanuele, lo abbia fatto lei stessa o per interposta persona. Perché Mafalda? Perché ha sempre avuto simpatia per Rachele. In serata arriverà una dama di Corte mandata da lei con un biglietto, nel quale la principessa si dice «addolorata» per l'accaduto e assicura che Mussolini è vivo e non corre pericolo. Mafalda è indignata per il comportamento di suo padre che ha fatto arrestare il capo del governo in casa sua; indignata lo è anche la regina, che non si è trattenuta dall'esprimere al marito il suo sdegno, alla presenza di Puntoni. Un episodio del passato fa intendere ancora meglio il rapporto tra le due donne: alla messa funebre per Amedeo d'Aosta, Rachele andò sola, senza scorta, in autobus, e sedette in un banco di fondo della chiesa. La principessa si alzò e la condusse nelle prime file.

A Villa Torlonia, quel pomeriggio del 25 luglio, c'è anche Buffarini Guidi. È venuto dopo essere stato a colazione con Dollmann. Ha capito finalmente dalle parole del tedesco e dalle sue riflessioni sulla notte del Gran Consiglio che i rischi per il Duce sono altissimi. La telefonata della voce misteriosa accresce il suo allarme. Lui non pensa affatto a Mafalda, ma da ministro di Polizia crede piuttosto ai servizi segreti o a qualcuno degli autori dell'arresto. Superato il momento di comprensibile sbigottimento, e magari di incredulità, comincia a cercare conferme o smentite alla straordinaria notizia. Rachele telefona a Galbiati, il quale non sa nulla. Lui chiama l'ambasciata tedesca e gli rispondono: «Hanno mentito, non è accaduto niente di nuovo». Infatti sono all'oscuro di tutto, come il loro incauto ambasciatore von Mackensen, il quale proprio la sera del 24 luglio ha mandato a Hitler un rapporto rassicurante sulla situazione italiana. E così finirà in pensione.

Si affacciano alle finestre sul parco, vedono la portineria della villa bloccata dalla polizia. Allora quella telefonata non scherzava, qualcosa di grave è avvenuto. Vittorio Mussolini dorme nella sua camera da letto. Svegliato, si veste in fretta, esce con la sua automobile da una porta posteriore e fugge. Telefona da Riccione l'altro figlio, Romano, in vacanza al mare con la sorella Annamaria. Una delle solite chiamate del ragazzo per far sapere di star bene e avere notizie da casa. Rachele si sforza di rispondergli come al solito, ma gli raccomanda di non muoversi, di aspettare che sia lei domani a farsi viva. Cresce l'agitazione mentre cala il buio su Roma. Buffarini resta a Villa Torlonia, la notte passa quasi tutta in bianco, sui divani. Lui e Rachele vivono ore angosciose, ora sanno quello che conoscono tutti gli italiani: hanno ascoltato alla radio l'annuncio delle dimissioni di Mussolini e la sua sostituzione con il Maresciallo Badoglio. Ma lui sembra sparito, nessuno si fa vivo, nessuno si ricorda della moglie dell'uomo fino a poche ore fa padrone d'Italia. Il giorno 26 si presenta il questore di Roma, anche da lui nessuna spiegazione oltre a quanto ha detto la radio. È venuto per arrestare Buffarini Guidi, lo porta via in macchina mentre fuori si cominciano a sentire urla, insulti, schiamazzi e qualche sasso rompe le finestre della villa, sul giardino.

Ora Rachele è sola, le tiene compagnia la fida cameriera Irma Morelli, da anni ormai più un'amica che una dipendente. Irma ascolta gli sfoghi della padrona, cerca di confortarla, ma a un certo punto non regge alle geremiadi sentimentali della povera donna in lacrime, che nella disgrazia rievoca i momenti felici di vita coniugale. Allora decide di aprirle gli occhi, possibile non sappia nulla, non si sia mai accorta di nulla, nessuno le abbia fatto capire...? Così le racconta la storia della Petacci, di cui Rachele era incredibilmente all'oscuro, a malgrado dei suoi tanti informatori personali di pettegolezzi politici. L'infelice crolla sotto il peso della rivelazione, mancava solo il colpo del tradimento di Benito per completare una giornata d'inferno.

Il 27 luglio, quando ormai sa tutto, tranne cosa sia accaduto al marito, Villa Torlonia viene occupata dai soldati. Lei sta preparando da mangiare, ha appena dato il grano alle galline. Un giovane tenente la scambia per la cameriera. Fa un po' il gradasso, gira per le stanze e si ferma davanti a un ritratto di Bruno Mussolini. Le chiede: «Lo conoscete?». Rachele risponde: «Era mio figlio». C'è un momento di commozione, il giovane ufficiale era stato compagno di scuola di Bruno a Milano. Si china sulla donna e l'abbraccia: «Mi baciò chiedendomi scusa, e non riusciva a convincersi che fosse vero, che avessero lasciato la moglie di Mussolini sola a Villa Torlonia, in balìa di chiunque. Erano le prime parole buone che ascoltavo dopo quei lunghi giorni di avvilimento e mi furono di grande conforto. Poi l'ufficiale ordinò ai suoi soldati di trattarmi con ogni riguardo e quei poverini furono lieti di obbedirgli».

Il 29 arriva il famigerato questore Polito con una lettera di Mussolini. Soltanto poche righe per rassicurarla sulla sua salute e per chiedere indumenti e libri. Lei prepara un pacco e lo consegna a Polito, il quale torna il 2 agosto per condurla in macchina alla Rocca delle Caminate. E per tentare, durante il viaggio, vergognose manovre sessuali sulla povera donna. «In quanto al suo contegno verso di me... non posso e non voglio parlarne, ma molti italiani ne sono a conoscenza.» Dopo la guerra, si saprà ogni cosa.

Ciano, tornato a casa dopo la seduta (sua moglie Edda era a Livorno dalla suocera con i bambini), chiama subito casa Colonna, come ha promesso. Là aspettano in ansia, con la principessa Isabel, gli amici Benini, Vitetti e d'Ajeta. Galeazzo riassume velocemente l'accaduto, tutti si rendono conto che si tratta d'una svolta drammatica. Corrono insieme da lui per ascoltare ulteriori particolari. Ciano definisce «pazzo» il suocero, non sembra essersi ancora reso ben conto della posizione in cui viene a trovarsi, schierato contro il padre di sua moglie, d'accordo con i frondisti. Sono sbigottiti. Benini va all'hôtel Excelsior dove bivaccano i gerarchi in attesa di notizie e riferisce quanto ha appena saputo, lasciandoli senza fiato. Nell'uscire si imbatte in Pavolini, che è appena uscito dal «Messaggero», di cui è direttore. Pavolini non sa nulla di nulla. Benini gli dice: «Mussolini è scomparso. L'esercito sta assumendo il potere». Lui reagisce d'impulso, isteri- camente: «Mitra! Mitra! Alla macchia» e corre via chissà dove.

Va a casa, la sua famiglia è in vacanza al Terminillo. Invece trova la moglie, appena arrivata per commissioni a Roma. Agitato, sconvolto, l'abbraccia: «Torna in montagna. Dovrai occuparti tu dei ragazzi. Io non so cosa farò». Sta già entrando nel personaggio disperato e romantico che interpreterà durante la Repubblica di Salò. Si rifugia nella villa dell'architetto Brogi, in via Aldovrandi, a Villa Borghese. Telefona in cerca di notizie, alle quattro del mattino del 26 si trasferisce dall'amico Pier Francesco Nistri, fiorentino come lui, ufficiale dello Stato Maggiore a Mentana. Là lo raggiunge un messaggio tranquillizzante di Senise, nuovo capo della Polizia, ma non si tranquillizza affatto. Si taglia i baffi, si confida con il fratello Corrado, noto scrittore. Intervengono i tedeschi, la baronessa Luciana de Rentzen e il barone Friedrik von Kleim, preoccupati per lui e pronti a soccorrerlo. La sera del 27 un'auto del Corpo diplomatico lo conduce all'ambasciata di Germania, in quelle ore rifugio di aspiranti esuli nel Reich, e il 28 un aereo tedesco lo prende a bordo a Ciampino. Pavolini vola in salvo da Hitler con in tasca trentadue sterline, offerte dalla sua amante Doris Duranti.

La sorte dei gerarchi

A Palazzo Colonna, in attesa della telefonata di Ciano, oltre a Benini, Vitetti e d'Ajeta, c'è anche una dama di Corte mandata dalla principessa Maria José, ansiosa di conoscere l'esito della riunione. La dama corre a riferire, la principessa ignora gli imminenti avvenimenti, il suocero si è ben guardato dal metterla a parte. In ogni modo qualcuno la informa dell'arresto del Duce due ore prima dell'annuncio alla radio, dove è detto che il re «ha accettato le dimissioni del cavaliere Benito Mussolini». Altra menzogna. Il cavaliere Benito Mussolini non si è dimesso, è stato deposto d'autorità. Commenterà la futura regina d'Italia: «Avrei voluto essere felice nel vedere che il regime era stato rovesciato con relativa facilità. Ma prevalevano in me la trepidazione e l'ansia per quello che sarebbe accaduto nel mio Paese». E i messaggi entusiastici al Duce durante la guerra d'Etiopia? E la tessera di iscrizione al fascio per lei e per i suoi figli? E la parentela con Mussolini, cugino in grazia del collare dell'Annunziata? Sciocchezze. Si fa presto a voltare pagina.

Dei gerarchi, chi fugge, chi viene arrestato, chi aspetta di vedere cosa succederà. Farinacci passa il pomeriggio di domenica 25 luglio nella sua casa di campagna, fuori Roma, giocando a bocce con gli amici Nino Mori ed Enrico Varenna. Sul tardi va a Palazzo Chigi, sede del Ministero degli Esteri. Trova il sottosegretario Bastianini insieme con l'ambasciatore a Berlino Alfieri. Bastianini gli riassume quello che sa sul capovolgimento in corso, sulla scomparsa di Mussolini, e gli dice che c'è l'ordine di arrestarli. Farinacci risponde scherzosamente: «Allora cambierò casa per stanotte». Bastianini non scherza affatto: «Forse sarà più prudente». Farinacci insiste sullo stesso tono: «Io mi limito a munirmi di un mazzo di carte, è l'unico mezzo per ammazzare il tempo in prigione». Non vuole venir meno alla sua fama di spregiudicatezza. Sale sulla sua Alfa Romeo con Mori e va al partito, dove non trova nessuno. Fa il giro di vari ministeri, nessuno nemmeno là. Non ha più esitazioni, infila il portone dell'ambasciata di Germania in cerca di asilo politico. Trova Dollmann e non si trattiene, nella situazione in cui è, da una sparata a effetto: «Datemi un plotone di SS, raggiungo la divisione "M" a Sutri, prendo il comando e torno a Roma a liberare Mussolini».

Purtroppo per lui, Dollmann conosce troppo bene il fascismo romano e i suoi rappresentanti di spicco. Cosa faranno questi eroi dell'ultima ora, lo ha capito a mezzogiorno pranzando al ristorante con loro. Quando Buffarini Guidi e gli altri commensali si preoccupavano del menu e non degli sviluppi della riunione del Gran Consiglio, alla quale avevano pur partecipato e alla fine della quale avevano pur votato. Così non prende sul serio nemmeno per un istante le rodomontate di Farinacci: «Io personalmente ero già abbastanza scettico, ma non avrei mai immaginato che nessuno si sarebbe fatto avanti... Nessuno, nessuno. Cercavano solo di partire per la Germania». Farinacci per primo, in uniforme da ufficiale tedesco. Peggio ancora gli altri, venuti dopo di lui. Chiedevano affannosamente abiti e divise qualsiasi per poter arrivare all'aeroporto senza destare sospetti. A un certo punto apparve al sommo dello scalone l'ambasciatrice, gelida e irridente: «Se i signori credono, il mio personale guardaroba è a loro disposizione». Chissà se qualcuno ne approfittò...

Diverso è il destino dei due quadrumviri De Bono e De Vecchi, entrambi firmatari dell'ordine del giorno Grandi. De Vecchi, monarchico senza incrinature, la sera del 26 va a farsi chiarire la situazione al Quirinale da Puntoni, con il quale è in confidenza. Ha già presentato domanda per essere richiamato alle armi e, uscito dal colloquio con l'aiutante maggiore del re, parte per Monterotondo, dove ha sede il Comando Supremo. Là si informa della sua destinazione. Avrà il comando della XVI Brigata costiera, a Istia di Grosseto. Il giorno successivo eccolo a Ponte a Buggiano e di là al suo reparto. Nel caos dell'8 settembre riesce a evitare l'internamento e poi, tra conventi e istituzioni religione, a emigrare in Sud America e a tornare in Italia a morire nel suo letto.

Tragica invece la sorte di Emilio De Bono, il più anziano di tutti. Resta a casa a Roma, si sente estraneo agli avvenimenti, alla sua età... A fine settembre lo convoca a colloquio il capo della Polizia di Salò, Tamburini, e, amichevolmente, gli suggerisce di trasferirsi dalle sue parti, magari a Varese, di là la Svizzera è vicina, si raggiunge con facilità. Lascia intendere che si tratta di un consiglio, forse viene dall'alto. Si sta istruendo il processo ai «traditori», probabilmente Mussolini vuole offrirgli la possibilità di salvarsi. De Bono non se ne dà per inteso e rimane a Roma. Il 4 ottobre, alle dieci di sera, quando è già a letto, si presentano gli sbirri e lo arrestano. Sarà fucilato a Verona, settantanovenne, il più vecchio giustiziato della storia d'Italia.

Arrestano anche Bottai, ma lui riesce a rifugiarsi in un convento romano. Là rimane a tormentarsi e a tentare invano di trovare nella sua interiorità una giustificazione assolutoria, del prima e del dopo; finché gli è possibile lasciare l'Italia e arruolarsi nella Legione straniera, con la quale combatte da valoroso soldato (è stato uno degli arditi nella prima guerra mondiale), pagando il suo prezzo a un ideale di redenzione. La fine delle ostilità lo trova con le truppe francesi di occupazione in Germania e con il grado di sergente maggiore, conquistato sul campo per atti di valore.

Renato Ricci, già fondatore e capo dell'Opera Nazionale Balilla, già ministro delle Corporazioni fino al febbraio 1943, ora senza impiego specifico, ha visto Mussolini per l'ultima volta il 12 luglio. Il 16 avrebbe dovuto far parte del gruppetto di gerarchi saliti a Palazzo Venezia per chiedere la convocazione del Gran Consiglio, ma non ha fatto in tempo a raggiungere Roma dalla Versilia. La sera del 25 luglio non ha ascoltato la radio, ma a mezzanotte squilla il telefono a Viareggio ed è l'ex ambasciatore Vittorio Rolandi Ricci a raccontargli cos'è successo. Ricci non è mai stato un'aquila. Sul momento non afferra la situazione e per non sbagliare spedisce tre telegrammi per riconfermarsi fedele alle istituzioni: uno al re, uno a Badoglio e uno a Mussolini. Poi con la moglie e il figlio si trasferisce nella villa dell'avvocato Giorgi a Montesanquinto, in provincia di Lucca, meglio essere prudenti. Finalmente gli si aprono gli occhi e il 29 si imbarca all'aeroporto di Tassignano su un aereo messo a sua disposizione da Kesselring e vola anche lui in Germania con il figlio diciassettenne Giulio. Un giorno incontra a Monaco Dollmann, il quale si felicita con lui per lo scampato pericolo: «Caro Ricci, dopo Muti sarebbe toccato a lei».

Paga anche Claretta

Alle tre e mezza del pomeriggio di domenica 25 luglio Claretta Petacci si presenta come al solito a Palazzo Venezia e sale nell'appartamento Cybo, dove avvengono i suoi incontri intimi col Duce. Un preoccupato Navarra, usciere e paraninfo, l'avverte: «Bisogna che andiate via». Lei chiede perché. «Perché non c'è. È a Villa Savoia dal re.» Claretta esplode: «Glielo avevo detto di non andare da quell'uomo. E invece c'è andato». Prende la sua borsetta ed esce di corsa. Torna nella sua villa alla Camilluccia, la lascerà tra qualche giorno con la famiglia per trasferirsi in casa del cognato a Meina, sul lago Maggiore. Là li prenderanno tutti, padre, madre e figlie, e li rinchiuderanno nel carcere di Novara, senza che sia possibile trovare in tutto il Codice penale un solo reato ad essi imputabile.

Carlo Scorza è nella sua casa romana quando alle 10.30 del mattino del 25 viene convocato da

Mussolini a Palazzo Venezia. Va e in anticamera incontra Albini, appena uscito dal salone del Mappamondo e ancora basito per la lavata di capo ricevuta dal Duce. C'è anche Chierici, capo della Polizia, e Scorza non può non domandarsi come mai lo trovi sempre intorno a Mussolini, quando la sua presenza non è richiesta: sia nella notte del Gran Consiglio, sia qui dove nessuno lo ha chiamato. Ma non c'è tempo per riflessioni. Mussolini, come al solito in piedi dietro la scrivania, vuol sapere se sia giunta anche da Alfieri una lettera di pentimento, come quella di Cianetti. Non ancora, risponde diplomaticamente Scorza, ma la replica è inequivocabile: «Non importa, ci penseranno i tedeschi a fargliela pagare». Sul tavolo ci sono molti fogli verdi e azzurri, le famose «informative» delle spie dell'OVRA. Mussolini le legge sempre con attenzione, ogni giorno, con un impegno che il segretario del partito non riesce a spiegarsi: «Un mucchio di miserie, di pettegolezzi, roba da pattumiera». Mussolini crede di farsi un'idea degli umori popolari da materiali del genere, li divide nei vari dossier, li conserva. Anche oggi li consegna a Scorza perché siano archiviati e Scorza li caccia nella sua busta con evidente disagio.

Ordini? Sì, mandi ai vari componenti del Gran Consiglio la lettera finora procrastinata, con cui li si informa che il Duce ha preso atto e basta. La radio annuncerà alle venti i cambiamenti nel governo e nelle forze armate, poi sarà la volta del partito, divenuto una specie di agenzia di collocamento. Meglio scioglierlo e ricostruirlo su nuove basi. Infine, una direttiva sensazionale, che per altro si rifà a un consiglio dello stesso Scorza: vada dal papa, ristabilisca buoni rapporti col Vaticano, tenga aperte le porte con la Santa Sede. Forse, all'ultimo, sta pensando a quel canale per tentare un contatto con gli

Alleati? Infine, il congedo. Mussolini esce con Galbiati e Scorza va a casa, dopo essere passato dalla sede del partito. Alle 14.30 gli fa visita il colonnello Vittorio Magno Bocca, ufficiale di ordinanza di Graziani. Viene a informarlo che il Maresciallo, al corrente di quanto è accaduto in Gran Consiglio, si mette a completa disposizione di Mussolini. Scorza telefona la notizia alle 16.20 a Villa Torlonia e si sente rispondere di far trovare oggi stesso, dopo l'incontro con il re, Graziani a Palazzo Venezia. Alle 18 il segretario pensa che il colloquio a Villa Savoia dovrebbe essere terminato e prova a mettersi in contatto con Mussolini. Chiama a Palazzo Venezia, chiama a Villa Torlonia, alle 18, alle 18.15, alle 18.30, ogni quindici minuti. La risposta è sempre la stessa, non è rientrato.

Ecco una allarmante telefonata di Magno Bocca. Il colonnello si esprime con terminologia allusiva, immaginando la linea sotto controllo, per riferire una comunicazione di Graziani: Badoglio e due alti ufficiali in uniforme sono stati visti entrare alle 17.30 a Villa Savoia. La loro visita non si concilia con quella del Duce: cosa sono andati a fare dal re, ammesso che Mussolini sia appena uscito? Scorza corre al partito, dove trova riuniti i tre sottosegretari, Renato Della Valle, Alfredo Cucco e Alessandro Tarabini, il federale di Roma e un fascista della prima ora, Luigi Freddi, capo della cinematografia littoria. Scorza è perplesso per il ritardo, Mussolini avrebbe dovuto farsi vivo già da tempo secondo l'impegno preso. Tenta di nuovo di chiamare Palazzo Venezia e Villa Torlonia, si sente rispondere che le comunicazioni sono interrotte. Inutilmente si qualifica con i centralinisti, l'ordine è di non passare telefonate. Chiede di avere in linea il sottosegretario agli Interni Albini, o il capo della Polizia Chierici. Risposta: «Nemmeno con quelli potete parlare».

Scorza decide di andare a Palazzo Venezia e al Viminale, deve essere accaduto qualcosa di grave. Lascia queste disposizioni: «Appena ho notizie ritorno e prenderemo gli accordi. Ma se mi sarà impedito di tornare, Della Valle e Freddi che mi seguiranno con un'altra macchina verranno ad avvertirvi. Intanto la federazione sia messa in stato di allerta e siano mobilitate le squadre. La prima cosa da fare è di non perdere la testa».

Corre a Palazzo Venezia ed ecco confermato l'allarme: entrambi gli ingressi sono chiusi, l'accesso è vietato. Dirotta sul vicino comando dei carabinieri, dove c'è il suo amico Cerica, appena nominato, che in mattinata gli ha fatto visita di cortesia secondo il protocollo. Chi meglio del comandante dei carabinieri potrà dirgli cosa sta succedendo?

L'arresto di Scorza

Sale, l'ufficio di Cerica è affollato, tra gli altri si nota il colonnello Frignani, comandante del Gruppo interno di Roma. Scorza spiega il motivo della sua visita e le preoccupazioni sul silenzio dei movimenti del Duce. Cerica gli risponde fingendosi meravigliato: «Come? Non sai che Mussolini non è più il capo del governo? Che al suo posto c'è Badoglio?». All'altro occorrono alcuni secondi per riaversi dal colpo, prima di domandare: «Ma il Duce dov'è?». «Il Duce è ospite del re a Villa Savoia. Dopo il voto del Gran Consiglio il sovrano gli ha chiesto le dimissioni e ha dato l'incarico a Badoglio di formare il nuovo governo.» La risposta di Cerica è una delle tante bugie di cui questi ambigui personaggi hanno costellato il loro comportamento. Il comandante dei carabinieri mente perché ha eseguito lui stesso l'arresto di Mussolini, ha assegnato i compiti ai vari Frignani, Vigneri e Aversa, ha mandato i cinquanta carabinieri a titolo precauzionale, ha fornito l'autoambulanza, secondo gli ordini di Castellano. Sa che Mussolini non è affatto ospite di Vittorio Emanuele, ma si trova prigioniero in una caserma dell'Arma. Invece finge col segretario del partito (che dovrà arrestare tra qualche minuto), rassicurandolo sulla sorte del Duce, perché «il re stesso è personalmente interessato alla sua sicurezza. Del resto è già stato tutto predisposto affinché alle prime ore di domattina Mussolini possa essere alla Rocca delle Caminate con la sua famiglia».

«E la guerra?» chiede Scorza.

«La guerra continua, Badoglio a quest'ora deve averlo già comunicato ai tedeschi e alla nazione, con un proclama alla radio.»

Il segretario del partito fa l'atto di uscire, ma il colonnello Frignani lo dichiara in arresto. A questo punto, nel suo libro, Scorza descrive una patetica pantomima con l'amico Cerica, al termine della quale avrebbe ottenuto d'essere accompagnato a casa da lui per mettersi in borghese, non volendo entrare in carcere in uniforme. Così sarebbe avvenuto, senonché, una volta a casa, approfittando di un momento di «disattenzione» di Cerica e della scorta, gli sarebbe riuscito di infilarsi nella sua macchina e sparire. Diretto a Francavilla, dove aveva la famiglia.

Un bel quadretto. In realtà, una delle tante coperture della verità da parte dei servizi segreti. Scorza contrattò con Cerica il suo rilascio, promettendo in cambio di assicurare la disciplinata accettazione del nuovo stato di cose da parte dei fascisti. In parole chiare, la consegna del partito al nuovo governo. Scrisse in questo senso una lettera d'impegno a Badoglio e ordinò al suo vice Tarabini di telegrafare a tutti i federali d'Italia per mettersi a disposizione del governo. Ciò gli valse la libertà, ossia il permesso di sparire. Tarabini chiamò dal suo ufficio per trasmettere il telegramma, ma non poté farlo, essendo la sede del partito isolata e le comunicazioni interrotte. Allora si mise il testo in tasca e andò a fare la fila all'ufficio postale di piazza San Silvestro: dove alla sbalordita signorina dello sportello telegrammi consegnò l'elenco delle decine di persone a cui quel testo doveva essere inviato. Pagò l'importo di tasca sua e non si sa se in seguito sia stato rimborsato.

Bloccate le possibili reazioni del partito fascista, grazie alla complicità di Scorza, è venuto il momento di neutralizzare la Milizia, il braccio armato del regime. La Milizia è al comando del luogotenente generale Galbiati e da qualche tempo dispone della divisione camicie nere «M», di stanza a Sutri, armata con i carri «Tigre» donati da Himmler al Duce. Però nessun milite sa farli funzionare, si è dovuto ricorrere prima ai carristi dell'esercito, poi a quelli tedeschi. Di conseguenza, la formidabile (sulla carta) divisione «M» si trova perennemente in «addestramento» e in pratica risulta inutilizzabile. Se i fascisti avessero potuto disporne e soprattutto se avessero avuto in animo di farlo, in quei momenti di si salvi chi può, quei reparti sarebbero stati in grado di piombare su Roma e di spazzar via re, golpisti e carabinieri, liberando Mussolini. Nessuno ci pensò, tranne Farinacci; ma lo diceva soltanto per impressionare lo scettico Dollmann.

Al comando della Milizia, a Roma, ci sono Galbiati e numerosi ufficiali, ormai informati dalla radio degli avvenimenti di quel giorno. Tutti parlano, si agitano, si danno sulla voce, si riuniscono in accalorati capannelli. Ma solamente due capimanipolo si fanno avanti per proporre un'azione di forza, sebbene non sia chiaro contro chi. Galbiati, prudente non meno di Scorza, li invita alla calma e intanto telefona al sottosegretario agli Interni per avere chiarimenti e indicazioni. Chi ascolta, intorno, lo sente proclamare la sua fedeltà alle istituzioni, sull'attenti. Intanto cresce il caos, compare un sacchetto di caramelle e tutti, all'improvviso, sono colti dal desiderio impellente di quei dolcetti. Tra un gran succhiare e masticare si presenta il solito nunzio apostolico dei golpisti, il generale Ferone, con una lettera dell'esecutore principe del colpo di Stato, il generale Ambrosio. Una lettera a Galbiati, molto dura e autoritaria: «Lei sarà responsabile di ogni eventuale ribellione. Si tenga a disposizione fino al momento di cedere il comando al generale Quirino Armellini, nuovo comandante della Milizia».

Galbiati si ritiene fortunato d'esserne uscito pagando un prezzo così basso, poiché sa già degli arresti di molti altri gerarchi. Come Scorza, anche lui scrive subito una lettera di completa sottomissione a Badoglio: «Io ho giurato fedeltà al binomio re-Duce. Essendo venuto meno uno dei due termini, mi metto al servizio dell'autorità...» con quel che segue. Un pensierino alla divisione «M»? Nemmeno per sogno. La divisione «M» rimane al suo posto, lontano da Roma, pronta a passare agli ordini di Sua Maestà e a cambiare i fascetti delle mostrine con le stellette sabaude. Il giorno dopo si presenta al comando il generale Armellini e lo scambio delle consegne avviene in un'atmosfera idilliaca. Armellini completa l'opera di distensione indirizzando ai militi un messaggio di saluto che potrebbe essere firmato da Mussolini, tanto aulici e littorii sono i toni usati. Non è facile dimenticare di colpo vent'anni di mitologie fasciste. *Difficile est longum subito deponere amorem*, diceva Catullo. È difficile troncare di colpo un lungo amore.

A felice conclusione del rispettoso rapporto instaurato tra Scorza e Galbiati da un lato, e i generali golpisti dall'altro, i due massimi esponenti del fascio non verranno toccati. Finiscono invece in prigione i poveracci come Starace, disoccupato da sei mesi, cacciato da Mussolini come un appestato per ragioni mai note, nonostante si sia affrettato a mettersi a disposizione del nuovo governo. Sarà fatto assassinare Ettore Muti, politico maldestro, ma grande figura di soldato, nonostante si fosse detto disposto a risolvere personalmente il problema Mussolini, senza bisogno di ricorrere al Gran Consiglio e ai suoi ordini del giorno. Agli arresti provvede il nuovo capo della Polizia Senise, dopo la cacciata di Chierici. Senise prende gli ordini da Castellano, questa specie di Saint Just alla siciliana, e gli va dato atto di moderazione, di aver cercato di soprassedere a molti dei furori vendicativi dei nuovi padroni. Così finiscono in carcere soltanto pochi pesci grossi, tra cui Bottai (che vi resta poco), Buffarini Guidi (che vi rimarrà fino all'8 settembre), Tringali Casanova, Teruzzi e molta minutaglia, tipo il razzista Telesio Interlandi, l'ex federale Guglielmo Pollastrini, il console Renzo Montagna, Luigi Freddi, Asvero Gravelli, qualche gerarchetto di mezza tacca.

È impressionante la corsa dei fascisti a dichiararsi dalla parte dei vincitori (peraltro fino al giorno prima non meno fascisti di loro), pronti a servirli. Il primo di tutti, e il più autorevole, è stato – come si è visto – Mussolini, fin dal momento dell'arresto dichiarandosi agli ordini di Badoglio. Se obbedisce lui, non si vede perché non dovrebbero farlo gli altri. Infatti si registra un grande afflusso di lettere di gerarchi pentiti sul tavolo del nuovo capo del governo a partire dalle 22.45 del 25 luglio. Non c'è tempo da perdere. Non è nemmeno passata mezz'ora dall'annuncio del capovolgimento e già telegrafano Ricci, Bottai, il comandante dei moschettieri del Duce, marchese Mario d'Havet. Scrivono pregando di poter restare ai loro posti i vari Ferdinando Mezzasoma, Agostino Podestà, Marcellino Vaccari, Temistocle Testa, Francesco Grazioli. I ministri Benini e Polverelli corrono da Senise perché si faccia interprete della loro fedeltà al re. Il sottosegretario Albini, passato immediatamente dalla parte dei golpisti (ma lo era anche prima del Gran Consiglio), telegrafa ai prefetti del regno impegnandoli a continuare al servizio del nuovo governo e ad assicurare il mantenimento dell'ordine pubblico. Obbediscono tutti.

Sono sintomi dell'interiore corrosione del regime, paragonabile a un albero tarlato che crolla da solo al primo soffiar di vento. Il fascismo non è stato abbattuto da nessuno, si è dissolto senza un minimo segno di rivolta ideale, quasi con un sospiro di sollievo. Il colpo di Stato ha fatto cadere il governo, ma non c'è stato bisogno di nessun colpo di Stato per spazzar via il regime. Dopo vent'anni, ha provveduto da solo, in una calda sera di luglio, tra feste e tripudi ai quali prendevano parte migliaia e migliaia di fascisti di tutta Italia, fino a qualche ora prima disciplinati e zelanti seguaci del Duce. In ventiquattro ore, un intero passato cancellato, per mano degli stessi che ne erano stati orgogliosi protagonisti. Resta una verità inconfutabile, certo sgradita agli eroi del giorno dopo: il fascismo non cadde per opera degli antifascisti, per la sotterranea opposizione dei partiti, per la rivolta popolare, per l'insurrezione armata dei vari «tupamaros» sempre alla ribalta, con nomi diversi, dopo la felice conclusione delle cosiddette rivoluzioni. Non vi fu alcuna rivoluzione. Fu il fascismo a decidere il proprio funerale. Anzi, la propria festa: perché nessun regime politico tanto deprecato e maledetto e gravato d'ogni colpa e nequizia si concluse, come il fascismo, con un'esplosione di gioia, con balli in piazza, grandi abbracci e luminarie, e con migliaia di «resistenti» fulmineamente apparsi per dichiararsi tali. Per correre, come Longanesi, al «Messaggero», sedere alla scrivania del direttore fuggito e buttar giù un articolo liberatorio che cominciava così: «Un uomo, un uomo, un uomo solo è responsabile di quanto accaduto...». Per fortuna era presente Arrigo Benedetti e lo convinse a cambiare l'incredibile *incipit*.

Nel gran bailamme, una sola persona diede alla fine di tutto il senso della conclusione della propria esistenza. Fu Manlio Morgagni, vecchio fascista dei tempi di piazza San Sepolcro, intimo del Duce, largamente beneficato e ora presidente dell'Agenzia Stefani. Morgagni si chiuse nel suo ufficio, prese un foglio e scrisse: «Mussolini non c'è più. La mia vita non ha più scopo. Viva Mussolini». Firmò e si uccise con un colpo di rivoltella in testa. Lasciò eredi di quanto possedeva i dipendenti dell'agenzia.

XVII

COCKTAIL AL COMANDO SUPREMO

Il governo dei militari

Alle sette del mattino del 25 luglio squilla il telefono in casa del tenente colonnello Nino Valenzano, nipote del Maresciallo Badoglio e suo ufficiale d'ordinanza. Chiama il capo di Stato Maggiore Generale Ambrosio. Brevemente racconta gli avvenimenti della notte appena trascorsa al Gran Consiglio, la decisione del re e dei generali golpisti di arrestare in giornata Mussolini, la scelta fatta dal sovrano di nominare suo zio capo del governo. Conclusione: avverta Badoglio di tenersi pronto nel pomeriggio per essere chiamato da Vittorio Emanuele a ricevere l'investitura.

Passano due ore ed ecco suonare alla porta della faraonica villa del Maresciallo in via Bruxelles. Va ad aprire l'attendente ed entrano Acquarone, Ambrosio e Castellano per informare ufficialmente Badoglio di ciò di cui è già al corrente. Il re gli conferisce l'incarico di primo ministro, ecco qui il decreto da controfirmare e il messaggio da leggere alla radio dopo l'annuncio delle dimissioni di Mussolini. Il messaggio è bell'e confezionato, non deve aggiungere nemmeno una virgola, soltanto dire che è suo. In realtà lo hanno scritto i cervelloni dello Stato Maggiore e Vittorio Emanuele Orlando lo ha impreziosito con la ciliegina della frase fatale, «la guerra continua...». Con il soprappiù dell'Italia «fedele alla parola data», nello stesso momento in cui sta progettando di passare nel campo del nemico. Badoglio non batte ciglio. Gli va bene tutto. Dirà un giorno il re: «Non bisogna dimenticare che alla sua poltrona Badoglio ci tiene molto».

Usciti di là, i generali si ritrovano al Comando Supremo per mettere a punto l'arresto di Mussolini. Acquarone telefona a Villa Torlonia per confermare l'incontro del re con il Duce anticipato a oggi, alle diciassette. La complessa situazione creata dall'ambiguo voto del Gran Consiglio va chiarita subito, sono d'accordo entrambe le parti. Mussolini crede però a un normale colloquio con Vittorio Emanuele, di cui non può prevedere né gli sviluppi, né l'esito. Il re invece sa benissimo cosa accadrà, punto per punto. Compreso l'arresto del Duce in casa sua, su cui è d'accordo con i golpisti, nonostante finga pro forma un tentativo di indignata opposizione.

Ambrosio, Castellano, Carboni e Roatta si preoccupano di non lasciar nulla all'improvvisazione. L'affare è troppo importante, c'è poco da scherzare. Non ci si può permettere di sbagliare. Venga a rapporto il generale Cerica, appena nominato comandante dei carabinieri proprio per affidare a lui, obbediente esecutore, il compito di arrestare il Duce e di evitare la reazione dei fascisti. Gli ordini glieli dà l'autore del piano, Castellano, alle 12.30 in punto, dopo avere ottenuto il via libera dal re. Disponga per gli uomini da mandare a circondare Villa Savoia, per gli ufficiali, per l'autoambulanza, insomma per tutto. Con una aggiunta generosa: «Non c'è bisogno di ucciderlo». Però di ammazzarlo avevano pensato più volte, prima e dopo, Badoglio addirittura suggerendo al questore Polito, tra il lusco e il brusco, che «un colpetto» durante la traversata per Ponza, facendo cadere in mare il prigioniero con un finto incidente, avrebbe risolto molti problemi. Insomma, voi dei servizi in faccende del genere siete maestri.

Ogni cosa si svolge secondo i piani prestabiliti e Mussolini cade nella pania come un uccello all'apertura della caccia. Appena portato via da Villa Savoia, Vittorio Emanuele tira un sospiro di sollievo, si rilassa, gli torna il colorito sul volto reso terreo dalla tensione. Prende sottobraccio l'aiutante di campo Puntoni e va a passeggiare con lui nel parco, per scaricarsi. Poi lo conduce nel suo studio e gli fa leggere a futura memoria un documento, carta canta, scritto dodici giorni prima, un quadro della situazione e dei modi per uscirne, con la conclusione che il migliore è proprio quello appena messo in atto. Entra la regina ed è il momento dello sfogo di Elena a proposito dell'arresto del Duce. Vittorio Emanuele non osa replicare, la moglie ha ragione, questo gesto la storia non glielo perdonerà mai. Però è inutile farsi il sangue amaro, il fine giustifica i mezzi.

Nel frattempo Puntoni è uscito per andare ad accogliere Badoglio e portarlo dal sovrano per ricevere l'incarico. L'incontro tra il Maresciallo e Vittorio Emanuele dura mezz'ora e ha qualche lato comico. Per esempio, il nuovo capo del governo, giunto alla presenza del re nella convinzione d'essere un vero primo ministro, cava di tasca la lista dei membri del suo gabinetto, pronta per il varo reale. Il re prende il foglio e lo straccia. La lista del nuovo governo l'ha preparata lui, tutti uomini scelti personalmente, vecchia costumanza italiana dei ministeri di tecnici. Badoglio deve soltanto ubbidire. Vittorio Emanuele è chiarissimo: «Si ricordi, il suo deve essere un governo di militari e di funzionari, non un governo politico». In altre parole, un governo del re. Il Maresciallo si mette sull'attenti, saluta e si porta via l'elenco dei ministri che non conosce e gran parte dei quali non ha mai veduto.

Per andare a Villa Savoia ha indossato l'uniforme, sappiamo che ha detto ai messaggeri reali di non essersi mai presentato al re se non in perfetta divisa. Ha scherzato con i familiari, senza nemmeno mascherare la gioia da cui è sopraffatto. Ha preparato lo champagne in fresco fin dal mattino, ha voluto brindare, mentre Acquarone e Ambrosio friggevano per la fretta e lui tirava in lungo con le sue sceneggiate, senza mai decidersi a muoversi. Ora, terminato il colloquio con il sovrano, il Maresciallo e i suoi angeli custodi si avviano al Viminale, dove da questo momento avrà sede la presidenza del Consiglio, e lui prende possesso del suo ufficio. Appena insediato, lo si penserebbe interessato all'esito dell'operazione per la cattura di Mussolini, com'è andata, se si registrino reazioni. Neppur per sogno. Badoglio dà la cosa per scontata, ci hanno pensato i generali, il re gli ha detto che il Duce è stato portato via senza alcun cenno di resistenza.

Invece ha in mente una ben diversa urgenza: ordinare l'arresto e la traduzione al Forte Boccea del Maresciallo Cavallero, l'odiato nemico. Dovrà accorgersi che adesso bisogna fare i conti con lui e intanto vada in galera. Una cosa inaudita. Un altissimo ufficiale incarcerato senza una accusa, soltanto per fargli pagare di avere osato sostituirlo ai tempi del fallimento della guerra di Grecia (e per altre questioni miserabili, antiche baruffe di mogli). Tanto inaudita che il re, venuto a saperla, ordina di liberare Cavallero e di ospitarlo al Senato, di cui è membro. Badoglio non demorde, lo manda a prendere anche là e lo fa riportare al Forte Boccea, di dove lo toglieranno i tedeschi il 10 settembre. E Cavallero, per avere scritto un memoriale antimussoliniano, dovrà morire. Badoglio, perfidamente, quel memoriale lo ha lasciato fuggendo sulla sua scrivania, i tedeschi lo hanno trovato e ora il lettore può scegliere il finale della storia: o hanno ammazzato loro Cavallero per fargli pagare il «tradimento», oppure si è tolto lui la vita perché alternative non gli rimanevano.

Il re pensa a salvarsi

Il nuovo governo, presieduto da Badoglio, è formato da Raffaele Guariglia agli Esteri, Bruno Fornaciari agli Interni, Gaetano Azzariti alla Giustizia, Domenico Bartolini alle Finanze, Antonio Sorice alla Guerra, Raffaele De Courten alla Marina, Renato Sandalli all'Aviazione, Leonardo Severi all'Educazione nazionale, Domenico Romano ai Lavori pubblici, Alessandro Brizi all'Agricoltura, Federico Amoroso alle Comunicazioni, Leopoldo Piccardi alle Corporazioni, Guido Rocco alla Cultura popolare, Giovanni Acanfora agli Scambi e valute, Carlo Favagrossa alla Produzione bellica, Melchiorre Gabba all'Africa italiana che non esiste più. Vi sono tra loro numerosi fascisti, il generale Favagrossa mantiene addirittura lo stesso posto occupato nell'ultimo governo Mussolini. Quisquilie. Poiché non vi è limite al peggio, Ambrosio prega Vittorio Emanuele di soddisfare le richieste di Carboni e Castellano, a ricompensa delle loro benemerenze golpiste. Carboni vorrebbe essere nominato ministro della Cultura popolare e Castellano aspira agli Esteri. Ma il re ha il senso, se non del ridicolo, certo del limite, e rifiuta categoricamente. Però dovrà accettare di mandare proprio Castellano a trattare l'armistizio, perché secondo Ambrosio il non averlo nominato ministro esige riparazione.

I nuovi ministri giurano nelle mani del re il 27 luglio mentre – come nota Puntoni – «la situazione si aggrava», soprattutto per il crescente timore d'una reazione tedesca. Vittorio Emanuele è molto preoccupato per la sua sicurezza e già pensa a mettersi in salvo. Chiama il solito Puntoni e gli dice: «Non voglio correre il rischio di fare la fine del re del Belgio. Desidero mettermi in condizioni di continuare ad esercitare le funzioni di capo dello Stato, arbitro della mia volontà ed in assoluta libertà. Non ho alcuna intenzione di cadere nelle mani di Hitler e di diventare una marionetta di cui il Führer possa muovere i fili a seconda dei suoi capricci». Puntoni non perde tempo. Avvisa il ministro della Marina e da quel momento due cacciatorpediniere saranno pronti, sotto pressione, a Civitavecchia, per imbarcare la famiglia reale e il governo e trasferirli alla Maddalena. La Maddalena l'ha scelta Vittorio Emanuele, il viaggio dovrà avvenire per mare perché la regina non sopporta l'aereo. Poi, nella fretta, il sovrano e i generali dimenticheranno questa via di scampo.

È lecito chiedersi se il re pensava, liquidati il fascismo e la dittatura, di poter uscire indenne con la gherminella del «la guerra continua». Non doveva avere le idee molto chiare. Bisogna arrivare al 30 luglio, e dunque cinque giorni sono stati lasciati trascorrere senza far nulla, prima che il sovrano, Badoglio e Guariglia discutano «se sia il caso o no di tentare approcci con gli angloamericani per concludere una pace separata. L'atteggiamento sempre più minaccioso dei tedeschi rende la situazione estremamente delicata e pericolosa. Sua Maestà si è espresso in senso favorevole...» (Puntoni). Si rimane trasecolati: «se sia il caso *o no* di tentare approcci». Dunque è possibile anche la seconda alternativa, continuare così senza tentarli. Hanno messo in atto un colpo di Stato, causato il crollo del fascismo, incarcerato Mussolini, illuso gli italiani sull'imminente fine della guerra e si ritrovano a non saper decidere. Senza un'idea in testa, storditi dal provvisorio successo e persuasi che, sbarazzatisi del regime, non resti altro da fare. O addirittura che tocchi agli Alleati la prima mossa. Infatti: vista l'inerzia del governo italiano, gli Alleati ricominciano con i bombardamenti aerei e distruggono le tre capitali del Nord. La stasi è dipesa dal fatto che il re pensava soprattutto a salvare la monarchia e i generali a far sapere di avere il merito esclusivo del capovolgimento politico, essendo stati Grandi e il Gran Consiglio un episodio ininfluente.

La sera del 25 luglio, alle undici, mezz'ora dopo l'annuncio radio delle dimissioni di Mussolini, Acquarone si presenta al Comando Supremo in smoking. Evidentemente è reduce da una festa, non si riesce a immaginare quale. Oppure s'è messo in abito da sera per l'ipotetica festa dei generali, celebrativa della loro vittoria? Poco dopo arrivano Badoglio e l'inseparabile nipote Valenzano, entrambi in uniforme. Naturalmente ci sono Ambrosio, Castellano, Carboni, Roatta, Cerica, Sorice, i capi del golpe, con i loro collaboratori Frignani, Ferone e Chirico. L'atmosfera è allegra, molta animazione, molte chiacchiere, molte felicitazioni, molti brindisi, quasi dimenticano di dover prendere i primi provvedimenti del «dopo». Finalmente Ambrosio si sovviene della Milizia, che può rappresentare un pericolo mortale, e fa la perentoria telefonata – già riferita – a Galbiati. Per maggior sicurezza gli manda tramite Ferone la lettera con l'ordine di tenersi pronto a passare il comando. Badoglio ha sonno, mezzanotte è per lui un'ora eccezionale, di solito va a letto alle nove. Qualcuno gli chiede un giudizio su Mussolini e lui, indulgente: *Mussolini? A l'è 'n bun omm.* E torna a casa contento. Cavallero lo ha già sistemato. Domani bisognerà pensare a come levarsi di torno quel pericoloso Muti. Altro affare da servizi segreti, basterà ammazzarlo.

Contenti tutti? Non si direbbe. Due ministri vengono presto cacciati, Rocco e Fornaciari. In seno al governo non deve proprio regnare l'armonia. Segni d'insofferenza li dà anche il re, il quale comincia a convincersi di avere fatto un errore scegliendo Badoglio. Forse aveva ragione Grandi, quando gli diceva che era il peggiore. Prende da parte Puntoni e si confida: «Badoglio me ne combina di tutti i colori. Sembra che il suo intento, con la mania di colpire tutti, sia di fare il vuoto intorno alla monarchia. Non si sentono che lamentele e molte di queste sono più che giustificate. Gli ho passato un promemoria scritto perché resti traccia di quanto gli ho detto e per scindere le responsabilità della Corona da quelle del governo. Gli ho parlato in maniera così secca e risentita che se fosse a capo di un governo parlamentare, Badoglio dovrebbe dare le dimissioni».

Non le darà. Quando, rientrato a Roma nel giugno 1944, lo cacceranno i rappresentanti dei partiti del Comitato di Liberazione Nazionale, farà una scenata nel salone del Grand Hôtel dove sono riuniti.

XVIII

VENTICINQUE LUGLIO AL «POPOLO D'ITALIA»

Silenzio sul filo diretto

Sui tavoli di redazione, qua e là tazzine sporche di karkadè e di astragalo, le bevande spacciate negli anni di guerra come surrogati del caffè, ormai scomparso dai bar e dalle case d'Italia. Fa un caldo pesante. L'afa di luglio non dà respiro a una Milano svuotata d'energie. La notte mostra negli uffici del «Popolo d'Italia», in piazza Cavour, facce lucide e camicie intrise di sudore. Le finestre sono riparate da grosse tende per impedire alla luce di trapelare all'esterno. Seduti alle linotypes lavorano tipografi a torace nudo.

Giorgio Pini, bolognese, redattore capo del giornale dal 1936 e in pratica direttore (lo firma Vito Mussolini, nipote del Duce, soltanto perché la testata esibisca la continuità familiare), sta seduto alla sua scrivania. Quella sera, stranamente, non ha ricevuto la solita telefonata delle dieci da Mussolini. Sono le dieci passate del 25 luglio 1943 e non ha ancora chiamato: e nemmeno ieri sera, a ripensarci. Già fondatore e direttore del «Popolo d'Italia», Mussolini continua a sentirsi soprattutto giornalista e ogni sera vuole conoscere l'impostazione del numero del giorno dopo, suggerisce qualche titolo, fa togliere e spostare notizie. Parla con Pini su un filo diretto da Palazzo Venezia. Pini lo chiama

Presidente, gli illustra il menabò, ascolta indiscrezioni e primizie su cui dovrà mantenere il silenzio, data la fonte. Dopo la fine della guerra scriverà un libro assai noto, con quel titolo, *Filo diretto con Palazzo Venezia*, e vi raccoglierà il diario di sette anni di conversazioni notturne con il dittatore, su tutti gli argomenti e gli uomini di quel periodo critico della nostra storia.

Perché Mussolini non chiama? Mentre passa le cartelle del servizio da mandare in tipografia, il redattore capo del «Popolo d'Italia» non può non chiederselo con perplessità.

Dall'estate 1945 Pini è vissuto da solo nella sua casa di Bologna. Un figlio sedicenne gli era stato atrocemente ucciso dai partigiani. Dopo i quarantacinque giorni del governo Badoglio era tornato a esercitare la professione, dalla parte della Repubblica di Salò, come direttore del «Resto del Carlino». In seguito era stato per qualche mese sottosegretario agli Interni della RSI, tra la gestione di Buffarini Guidi e quella di Paolo Zerbino. Apparteneva alla corrente dei moderati, coloro che tentarono di evitare gli eccessi e si illusero di poter difendere (sotto i tedeschi...) l'unità nazionale. O per lo meno di non scatenare la faida. Dopo il 25 aprile lo avevano arrestato, processato e assolto. Non c'era macchia nel suo operato. Nel giornalismo non era rientrato. Del passato gli erano rimaste soltanto cupe ossessioni: e il dramma di quel figlio di cui non aveva neppure trovato il cadavere, nonostante avesse implorato aiuto perfino alle Botteghe Oscure.

Domenica 25 luglio, ore 22.30, ufficio di Giorgio Pini al «Popolo d'Italia». Entra un fattorino con gli occhi fuori dalla testa, mostrando un foglio che ha già letto: i fattorini dei giornali leggevano sempre le agenzie prima di consegnarle ai redattori. Il foglio è un «lampo» della Stefani, preceduto dall'indicazione «urgentissimo». Il fattorino lo porge senza riuscire a parlare. Dalla bocca aperta non gli esce la voce. Si chiamava Zanardi, abitava in zona Fiera, non dimenticò mai quei momenti. Pini prende il pezzo di carta, lo scorre e anche lui rimane di sasso. È l'annuncio che Sua Maestà Vittorio Emanuele III ha accettato le dimissioni del cavaliere Benito Mussolini da capo del governo e lo ha sostituito con il Maresciallo d'Italia, cavalier Pietro Badoglio. Lo stesso testo tra qualche istante verrà letto ai microfoni dell'EIAR, con l'aggiunta della doccia scozzese di quell'infelice «la guerra continua», geniale parto di Vittorio Emanuele Orlando per convincere i tedeschi a restarsene calmi.

Chiesi a Pini se non avesse avuto un sospetto, un'idea, una «soffiata» di cosa si stava preparando a Roma. Se il 25 luglio lo avesse colto di sorpresa al punto da far uscire il giorno stesso un giornale con un titolo dal quale sembrava che non fosse successo niente e che niente bollisse in pentola. Allora cosa serviva il famoso filo diretto con Palazzo Venezia?

Disse Pini: «Sembrerà incredibile, ma non ero al corrente assolutamente di nulla. Non mi era giunta nessuna informazione riservata, nessuna voce. Il capo dell'ufficio romano del nostro giornale si chiamava Lido Caiani, sansepolcrista, redattore del "Popolo d'Italia" fin dai giorni della marcia su Roma. Un pigro. Forse pensava che bastassero le notizie fornite direttamente da Mussolini, tanto mi diceva tutto lui. Così osservava un impenetrabile silenzio. Non seppi neppure che era stata indetta una riunione del Gran Consiglio e che si era svolta nella notte tra sabato 24 e domenica 25. Il giornale era collegato con Roma da una delle prime telescriventi, ma l'apparecchio, avveniristico per i tempi, rimase muto. Neanche il normale corriere postale ci portò una segnalazione purchessia.

«Quella notte, a parte la mancanza della telefonata del Duce (ma dall'inizio della guerra capitavano delle interruzioni di tanto in tanto), lavoravo sul solito materiale: i bollettini delle operazioni, le corrispondenze degli inviati, le notizie di cronaca interna. Il giorno prima era stata bombardata Livorno. In Sicilia gli Alleati continuavano ad avanzare. Erano stati fissati i nuovi prezzi dei tessuti. Si dovevano pubblicare le nuove norme per ottenere gli assegni familiari. Il quadro della situazione, fino alle 22.25, pareva questo. Poi, la "bomba" del "comunicato agli italiani"».

Giornalisti col fiato sospeso

Come si è detto, il «Popolo d'Italia» era formalmente diretto da Vito Mussolini, figlio di Arnaldo, il fratello scomparso di Benito. Vito era un giovanotto introverso, faceva quel mestiere senza vocazione, per obbligo dinastico. Era stato direttore suo padre, poi era toccato a lui; ma tra corsi allievi ufficiali, matrimonio, richiami, guerra d'Etiopia, viaggi a Roma e funzioni di rappresentanza, al giornale non c'era quasi mai. Si occupava di tutto Pini. Anche quella sera Vito mancava, stava a Santa Margherita Ligure in vacanza. Come al solito, il redattore capo dovrà sbrigarsela da solo. Colto completamente in contropiede, Pini si domanda con angoscia se Mussolini si sarà veramente dimesso, se non si tratti invece di un colpo di Stato, se «lui» era d'accordo su quella soluzione, se sarà possibile parlargli. Come imbastire il giornale del capo del governo, per annunciare che il governo passa a un altro capo, dopo ventun anni?

Disse Pini: «Ho chiamato nel mio ufficio i capiservizio e tutti i redattori presenti. Sono venuti con facce preoccupate, avevano già ascoltato la radio, temevano il peggio. C'erano i miei «vice», Michele Serra e Arrigo De Angelis, poi Fantasio Piccoli, Ferdinando Scarpetta, il segretario di redazione Igino Mariotto, Curzio Villa, Ferdinando Poch, Quinto Scarpellini, Benito Marolpi, tanti altri. Ho letto il "lampo" dell'Agenzia Stefani, ci guardavamo senza saper cosa dire. Vivevamo lontani da Roma, ci mancava il bagaglio dei pettegolezzi romani, dei sussurri, delle chiacchiere che avrebbero potuto allarmarci in tempo, anticipare l'avvenimento. Per noi crollava non un governo, ma il mondo. È umano che in quel momento molti pensassero prima di ogni altra cosa a se stessi e al proprio futuro. Il giornale sarebbe continuato ad uscire? Sarebbero stati pagati gli stipendi? Avrebbero licenziato tutti in tronco? Aveva un senso quel governo presieduto da Badoglio? Era finita la presidenza di Mussolini o era finito il fascismo?».

Pini alza il telefono e cerca di parlare con Roma. La linea è interrotta. Allora prova con Santa Margherita Ligure e stavolta ottiene la comunicazione. Dall'altra parte del filo un Vito Mussolini sbigottito e attonito si prepara a mettersi in viaggio immediatamente e a raggiungere Milano al più presto. Ma dal fondo di via Manzoni, nello stesso istante, si comincia a sentire come un mugghio lontano, un misto di urla e di rumori che rompono la calda notte estiva della città. Poco alla volta il boato si fa più nitido e forte. Sono grida di gioia, canti, suoni di trombe, frastuono di colpi battuti sulle serrande dei negozi, i segnali di una folla in tripudio scatenata e avanzante.

Telefonano in prefettura. Rispondono che si segnalano manifestazioni popolari. Il famoso «Covo» di via Paolo da Cannobio, sede del fascio della vigilia, vicino a piazza Duomo, è stato preso d'assalto e devastato: voi cosa intendete fare? Come?, risponde Pini: siete voi a dovercelo dire, siete voi a doverci proteggere, noi vogliamo fare il giornale come tutte le altre notti. Gli dicono che manderanno qualcuno, se potranno. Poi la comunicazione è tolta, mentre la folla è già arrivata sotto le finestre del palazzo in piazza Cavour e mostra l'intenzione di attaccarlo.

Disse Pini: «Mi sono affacciato a guardare. Il giornale era circondato da una marea di gente, urlavano insulti e schernivano. Tutto intorno si erano accese le luci delle case. Nessuno badava più all'oscuramento, volevano vedere cosa stava succedendo. Si intrecciavano richiami e incitamenti tra la piazza e le persone apparse alle finestre, in maniche di camicia, in canottiera, in abbigliamento notturno. Non vi erano dubbi sugli umori. Già volavano sassi contro il nostro palazzo, uno fece crollare una grande vetrata, un altro finì sopra la mia scrivania. Le grida salivano di tono, si udivano "abbasso" ed "evviva" di ogni genere. L'assalto pareva sul punto di essere scatenato, ma intanto erano scesi gli operai del giornale e avevano sbarrato il portone. Con una pompa avevano cominciato ad annaffiare i tumultuanti, per tenerli in qualche modo lontani. Giunsero alcuni poliziotti, fecero opera di persuasione e l'assembramento si sciolse».

Finalmente si è fatta un po' di calma e Pini cerca di riordinare le idee. Si aspetta che, da un momento all'altro, almeno il corrispondente Caiani chiami da Roma, gli dica qualcosa. Aspetterà invano. Caiani non si farà vivo, né allora né mai più. Arriva invece un gruppetto di autorevoli personaggi, non meno storditi e incapaci di afferrare il senso degli avvenimenti di quanto non siano quei poveri giornalisti alla deriva. Sono il prefetto Oscar Uccelli che il giorno dopo, alle 21.30, telegraferà al Ministero degli Interni, fra l'altro: «Sono stati incendiati alcuni gruppi rionali, danneggiati Covo, GUF et sindacato commercio. Lamentansi atti violenza contro altre sedi gruppi fascisti, negozi gestiti squadristi et abitazioni alcune personalità fasciste»; il questore; il vicesegretario federale perché il federale è andato a Roma; il consigliere nazionale Sandro Giuliani, membro del Direttorio del partito e negli anni Venti redattore capo del «Popolo d'Italia». Con ingenuità al limite del comico dicono di essere venuti a informarsi su cosa stia succedendo. Pini non riesce a nascondere l'irritazione: «E lo chiedete a me? Dovreste essere voi a dirmelo». Sì, dovrebbero, ma non sanno nulla. Hanno ascoltato la radio, hanno veduto le dimostrazioni nelle piazze e nelle strade, sarebbe necessario impedire devastazioni, mantenere l'ordine pubblico. Il prefetto dà qualche assicurazione generica, poi se ne va col questore, esortando i giornalisti a continuare a lavorare come se nulla fosse accaduto.

Occorre un titolo...

Rimane Sandro Giuliani, fascista della prima ora. Siede alla scrivania di Pini, si consultano. Sono entrambi d'accordo, il giornale dovrà uscire. Ma come? Che titolo dare, sul quotidiano di Mussolini, alla notizia che Mussolini ha dovuto andarsene? Si fa un articolo di fondo? Si commenta l'avvenimento in qualche modo? Si prende una posizione o, in attesa degli sviluppi della situazione, si tiene un tono generico? Pini e Giuliani discutono a lungo nella notte, mentre si odono ancora grida di folla e un uomo di fatica raccoglie da terra i frantumi dei vetri rotti dalle sassate. In tipografia i linotipisti continuano a comporre notizie di guerra e fatti di cronaca, poi viene passato il comunicato Stefani con la sostituzione del capo del governo e, subito dopo, i proclami del re e di Badoglio. Pini scrive in alto a destra sui fogli «neretto», corpo dodici su dodici, fuso su due colonne, spaziato, ridotto ai lati. Il massimo dell'evidenza. Sottolinea le firme di Vittorio Emanuele e del Maresciallo, perché si capisca che le vuole in un carattere ancora più forte. E il titolo? Quella frase malaugurata: «La guerra continua», la meno antifascista tra quante si possono scovare nei due testi.

Disse Pini: «Il "Popolo d'Italia" era un grande giornale, aveva le strutture del grande quotidiano a diffusione nazionale. Pur striminzito a causa della mancanza di carta, tirava sulle trecentomila copie al giorno e aveva uno staff di famosi giornalisti, professionisti di prim'ordine. Le "stelle" – molti le ricorderanno – erano Mario Appelius e Luigi Barzini senior. Barzini era l'inviato speciale principe del giornalismo italiano. Dal "Corriere della Sera" era passato con noi dopo anni di soggiorno in America del Sud, dove aveva diretto il giornale per gli italiani. Senatore, stimato da Mussolini, autorevole, vantava un passato di servizi memorabili, dal raid Pechino-Parigi alle celebri corrispondenze della prima guerra mondiale. Scriveva chiaro, senza enfasi. Già allora era considerato il Maestro da tutte le grandi firme venute dopo. Appelius godeva in quegli anni di una popolarità enorme. Viaggiatore infaticabile, polemista tumultuoso, teneva contemporaneamente delle conversazioni alla radio di propaganda bellica, concluse con l'infelice frase: "Dio stramaledica gli inglesi". I suoi articoli avevano fatto aumentare la tiratura, ma ora Appelius era entrato in crisi, si sapeva che molti ridevano di lui.

«Il capocronista Oreste Gregorio nel luglio 1943 si trovava in guerra. Nino Nutrizio, capo dei servizi sportivi, era prigioniero e lo sostituiva Mario Sanvito. Le rubriche critiche erano tenute da colleghi illustri: Celso Salvini e Silvio Giovaninetti quella teatrale, Dino Falconi quella cinematografica, Costantini quella d'arte, Alceo Toni quella musicale. Redattore della terza pagina era Dante Dini. Racconto queste cose non soltanto per rievocare un'atmosfera, ma per dare un'idea precisa della posizione e del prestigio del giornale nel quadro della stampa italiana di allora. Era un grande quotidiano, per firme e servizi, non un qualsiasi organo di partito».

Mentre passano le ore e mancano notizie che non siano «voci» fantasiose, arrivate chissà come dalla strada, Pini decide. Bisognerà scrivere un saluto a Benito Mussolini, non fosse che nella sua veste di proprietario del «Popolo d'Italia». Butta giù un paio di cartelle, titolo su una colonna, «Viva l'Italia», che serve sempre e va bene a tutti. Vi si legge: «... Con affetto filiale imperituro rivolgiamo il nostro pensiero a Benito Mussolini che ha intensamente lavorato nell'unico scopo del bene dell'Italia. Il Duce tutto ha fatto nell'interesse del popolo lavoratore del quale è figlio, per il quale ha lavorato e sofferto come nessuno, al fine di procurargli una più dignitosa e umana esistenza. Con animo romano egli ora affronta l'esigenza del momento, ispirato dal suo insuperabile amor di patria...». Giuliani legge e rilegge. Correggono qualcosa, sono d'accordo. Pini ha la consapevolezza di mettere l'epitaffio, la pietra tombale sul giornale. Tra tanti dubbi sulla svolta politica, questa realtà se la vede netta davanti.

Si è fatta notte alta e un po' di fresco entra dalle finestre spalancate, perché ormai nessuno si preoccupa più dell'oscuramento. Le tazze di karkadè e di astragalo sono rimaste mezze vuote sulle scrivanie. In qualcuna naviga una cicca spenta. I mozziconi di sigarette traboccano dai portacenere. Per terra, fogli strappati e «veline» della Stefani appallottolate. Ogni tanto qualche giornalista fa capolino nell'ufficio di Pini. Invece di portare notizie, ne chiede. Non si sa se restare o andarsene. Cosa si farà quando il giornale sarà chiuso? Si potrà fidarsi di uscire in strada, sotto la protezione di quei quattro agenti insonnoliti?

Arriva il proto e sollecita il titolo di testa della prima pagina. Il tempo stringe. Anche stavolta, naturalmente, tocca a Pini. Meglio tenersi sulle generali: «Badoglio è nominato capo del governo», su nove colonne. Sopra, questo occhiello: «Nell'ora solenne che incombe sui destini della patria». Non si sbaglia mai: le ore sono sempre solenni e incombono sempre sui destini della patria, in qualsiasi momento. Una più una meno... Sotto, il sommario: «Un proclama agli italiani del re imperatore che ha assunto il comando di tutte le forze armate: "L'Italia ritroverà la via della riscossa"». Infine, altro sottotitolo a nove colonne: «Governo militare del Paese con pieni poteri», e il giornale è fatto. Una foto di Badoglio, con la sua faccia di contadino astuto, un'altra con i resti di un aereo abbattuto sull'Italia meridionale, una breve cronaca di «dimostrazioni patriottiche» seguite all'annuncio del cambio della guardia. La prima pagina di lunedì 26 luglio è questa. Diventerà storica.

Il giornale non uscì

Disse Pini: «Tirammo le solite duecentocinquantamila, trecentomila copie. Rimasero tutte in magazzino. Gli edicolanti rifiutavano di vendere il giornale per paura che la gente gli bruciasse le edicole. Così le poche copie circolate si trasformarono in una rarità da collezionisti. L'impostazione di quel numero mi fu in seguito rimproverata dai fascisti. Gli pareva troppo ossequiente verso il nuovo governo. Non ricordavano – evidentemente – che Scorza aveva consegnato il partito a Badoglio e Galbiati la Milizia. Prendersela con un giornalista era molto più facile. Alla fine, uno alla volta, quasi tutti i redattori uscirono per tornare a casa. Nei giorni seguenti, qualcuno si fece rivedere, altri scomparvero. Il "Popolo d'Italia" sospese le pubblicazioni e non le riprese più».

Rimasto solo, Pini distende la schiena sulla poltrona e cerca di riordinare le idee. Fino a qualche ora fa poteva considerarsi il giornalista politico più informato d'Italia, una potenza. Parlava direttamente con Mussolini una volta al giorno, quale altro collega godeva di un simile privilegio? Di colpo, tutto finito. D'ora innanzi può accadere qualsiasi cosa, la devastazione del giornale, un arresto a scopo «protettivo», certamente la disoccupazione, forse il rischio di dover subire ritorsioni che in coscienza sente di non meritare. Si alza, va alla finestra. È quasi l'alba. In strada ricomincia ad adunarsi gente sotto l'ingresso del palazzo. Arriva una macchina, si ferma con stridore di freni. Ne scende un giovanotto, Pini lo riconosce subito, è Vito Mussolini, il direttore, venuto di volata da Santa Margherita Ligure. Si salutano, si chiudono in ufficio a discutere gli avvenimenti. Ma c'è poco da discutere, Vito ne sa quanto lui e peraltro la situazione si va facendo chiara: il fascismo è finito, del Duce non vi sono notizie, bisognerà vedere come la prenderanno i tedeschi. Restano insieme qualche tempo, poi Pini sceglie di rincasare anche lui. È stanco morto, stressato, sogna soltanto una doccia, un letto per buttarcisi sopra e non pensare, il silenzio.

Disse Pini: «Allora abitavo in corso di Porta Nuova, vicinissimo al giornale. I miei erano in vacanza, ero solo. All'ultimo momento cambiai idea, meglio restare. Non potevo abbandonare il posto. Preferivo attendere gli eventi. Così rimasi nel mio ufficio per tre giorni di seguito, in permanenza; e per tre giorni nessuno venne, nessuno si presentò. Nell'euforia generale sembrava si fossero dimenticati di noi. Al giornale continuava a funzionare la mensa e andavo a mangiare qualcosa con gli operai. Non mi ero mai cambiato la camicia, ero sporco, dovevo avere un aspetto da far paura. Ma mi pareva che, nella mia posizione, altre soluzioni non vi fossero. Aspettare: e le ore passavano inerti, lente, non c'è di peggio di un giornale morto, quelle scrivanie vuote, quelle macchine ferme, quell'ordine innaturale, quei telefoni muti, quei corridoi deserti. Per sapere cosa succedeva in Italia mi facevo portare gli altri quotidiani. Le mie sole fonti di informazione erano quelle della concorrenza.

«Finalmente, al terzo giorno, si presenta un ufficiale, al comando di un plotone di militari. Ha ordine di occupare lo stabile ed esegue. Poco dopo però i soldati vengono ritirati e sostituiti da un plotone di allievi ufficiali di Sanità, studenti di medicina, i quali per prima cosa si preoccupano di razziare tutto quanto gli capita sottomano. Vedo un tenente e tento di protestare. Lui mi caccia via in malo modo, mi sbatte fuori senza nemmeno lasciarmi il tempo di prendere gli occhiali dalla mia scrivania. Esco per l'ultima volta dal giornale dove ho lavorato per sette anni e dove non metterò più piede. È il 29 luglio 1943, giovedì. Mi accompagna Manlio Barilli. Camminiamo insieme adagio, attraverso una Milano che mi par di vedere per la prima volta. Poche centinaia di metri e sono arrivato. Ci lasciamo sotto la porta di casa. Ricordo tante cose, ma ora parlandone mi viene in mente per prima la stanchezza che mi faceva sentire vecchio».

La vicenda del «Popolo d'Italia» si chiude qui. Quelle personali di molti dei suoi redattori e dei suoi tipografi cominciavano allora. Milano visse i giorni successivi al 25 luglio tenuta con pugno di ferro per ordine esplicito di Badoglio, il quale non voleva manifestazioni perché avrebbero rivelato l'esistenza di partiti e del dissenso, l'esistenza di una opinione pubblica. Nessuno doveva permettersi di avere opinioni, tutto doveva continuare come prima. Era cambiata soltanto la facciata. Il prefetto Uccelli telegrafava il 27 al Ministero dell'Interno: «Per giudicare situazione che va insuperbendosi (chissà cosa intendeva dire...) Milano... elementi sovversivi vanno organizzando la caccia all'uomo, si colpiscono vecchi fascisti et gerarchi, si minacciano industriali et cellule sovversive agiscono apertamente. Il Corriere della Sera oggi fatto sequestrare con fermo gerente... Questo giornale ha pubblicato stamane la notizia di una riunione et di un appello partiti sovversivi comunismo in testa. Nelle piazze milanesi hanno ieri arringato la folla scaturita da ogni più bassa sentina uomini di fede sovvertitrice a cominciare da comunista Giovanni Roveda et dal figlio di Amendola...». Il prefetto Uccelli ha già le idee chiare: da una parte il governo, dall'altra i sovversivi. Sono tutti sovversivi. Dal «Corriere della Sera», al figlio di Amendola, quel sovversivo di cui anticiparono la morte le bastonate di «elementi del passato regime».

Davanti al «Popolo d'Italia» montano la guardia soldati dell'esercito, ma non succederà nulla. Mussolini venderà vantaggiosamente l'edificio all'industriale Cella negli ultimi giorni della Repubblica Sociale. Ne seguirà una causa civile trascinata per anni, conseguenza ulteriore del ribaltone del fascismo. Nel palazzo si stampava anche «Il Secolo Sera», che vi aveva la redazione. Due giornalisti di questo giornale incontrarono per le scale Vito Mussolini e gli fecero una scenata.

XIX

UNA NUOVA DITTATURA

Esplode la gioia, tutti antifascisti

Come lo *speaker* Giambattista Arista termina la lettura del comunicato straordinario che annuncia le dimissioni di Mussolini, e dei messaggi del re e di Badoglio, esplode l'Italia. Sono le 22.40, l'ora è tarda, ma si direbbero pochissimi gli italiani già a letto. Forse la calda, afosa notte di luglio rende difficile il sonno, forse l'ansia per le possibili incursioni aeree, forse i rumori che salgono dalle strade nelle case attraverso le finestre aperte in cerca di un filo d'aria: qualunque sia la causa, almeno tre quarti della popolazione, nelle città e nei paesi, ha ascoltato quelle parole che tolgono un macigno dal cuore.

Un urlo unico, da Roma a Milano, da Palermo a Trento: e dai portoni spalancati sul buio è uscita la folla, provata da tre anni di lutti e di patimenti e ora in preda a una gioia sfrenata ed equivoca, perché si basa su un malinteso, su un inganno. La folla, sentito l'annuncio, lo ha interpretato nel solo modo logico e naturale: è finita la guerra, perché la guerra era Mussolini e, tolto di mezzo lui, la guerra non ha più ragione di continuare. La straripante esultanza, l'entusiasmo incontenibile della gente nascono da qui. Domani tornerà la pace, la vita diventerà normale, non ci saranno più bombardamenti, i soldati saranno rimandati a casa, ricompariranno il pane, la carne, la benzina, le stoffe, i benedetti generi da troppo tempo spariti e quasi scordati. E invece non è vero nulla.

Si scatena la festa, la baldoria. Si formano cortei e avanzano verso le piazze principali, bandiera tricolore in testa, al grido di «Viva il re». Si cantano inni e canzoni patriottiche, si accendono dovunque le luci proibite dalle norme sull'oscuramento. Perché dovrebbe continuare il buio se cambia tutto, se tutto torna come prima, se con Mussolini sono stati cacciati quei fascisti che finora hanno imposto con arroganza le loro leggi e adesso impareranno cosa significhi non contare più nulla, dover chiedere e non più pretendere? Nella notte c'è un immenso sfogo collettivo, ma senza dramma, senza regolamenti di conti. Soltanto un grande ammucchiarsi nei tombini delle strade dei distintivi del fascio portati all'occhiello, gettati per liberazione (e per prudenza). Soltanto qualche bercio e qualche schiaffo a fascisti non ancora convinti del cambiamento o non ancora informati dell'epocale novità.

Come quel centurione della Milizia che alle undici di sera entra al Caffè Aragno come al solito, ignaro dell'annuncio della radio, e si trova circondato dal gruppetto di intellettuali angariati dalla dittatura, benché remunerati dal regime. Sono clienti abituali, lo hanno salutato per anni e ora si prendono finalmente il gusto di schernirlo impunemente e di cacciarlo fuori. Per una notte, c'è una fraternità popolare quale non si rivedrà mai più in Italia. Si abbracciano borghesi e operai, artigiani e contadini, aristocratiche e bottegaie. Qualche prostituta sorpresa dalla novità lungo i viali si unisce ai cortei ed è gradita anche la sua presenza. La festa dura almeno due giorni: fino a quando non si chiarisce che la frase «la guerra continua» non era affatto interlocutoria, ma esprimeva proprio l'intenzione di continuarla ancora. Fino a quando la borghesia non si convince che le cose non sono cambiate, i nuovi non sono migliori dei vecchi e quarantotto ore di entusiasmo spontaneo, in un Paese abituato all'entusiasmo comandato, possono bastare e avanzare.

Succedono tante cose, pur in uno spazio di tempo così breve. Come se fosse corso un pensiero collettivo, la gente si butta a scalpellare i segni marmorei del littorio, ad abbattere le statue celebrative del fascismo, e spesso occorrono le gru, le corde, le scavatrici. La principessa di Piemonte ricorda una enorme testa bronzea del Duce divelta chissà dove e fatta rotolare a bastonate verso la piazza del Quirinale. Si tenta di cancellare le scritte sui muri, i motti del regime, ma la vernice resiste e resisterà per anni. Ancora oggi su certe case di campagna o sui caselli ferroviari si leggono, sia pur sbiaditi, gli incitamenti dell'epoca, «Credere obbedire e combattere», «Se avanzo seguitemi, se indietreggio uccidetemi, se muoio vendicatemi», «È l'aratro che traccia il solco, ma è la spada che lo difende». Con altre intenzioni e altri slogan, dovunque c'è uno spazio disponibile, si scarabocchiano nuovi evviva e nuove sciocchezze, abbandonandosi alla voluttà nazionale di lordare i muri. Un vecchietto viene udito da un coetaneo gridare «Porco Mussolini» e lo fa rilevare all'amico: «Vedi, grido porco Mussolini e non succede niente. Questa è la libertà». L'altro gli frena l'esultanza: «Prova a gridare porco Badoglio e vedrai dove va a finire la libertà».

I citati intellettuali del Caffè Aragno, dopo anni di antifascismo di cui per la verità si sono accorti in pochi, si precipitano a occupare il «Messaggero», per dare ai romani una libera stampa. Così Missiroli, Pannunzio, Talarico, Benedetti, Longanesi, Calcagno, finalmente sgravati del pluriennale servaggio, interrompono la consueta fronda, peraltro nota e tollerata, e corrono a battere a macchina, a quattro mani, gli articoli per il giorno seguente. Ma il giornale non uscirà, perché il capo della Polizia Senise provvede a sequestrarlo e a calmare quelle «teste calde». Salvo una copia, sottratta chissà come e immediatamente consegnata all'ambasciata di Germania, chissà da chi. Non sarà un sequestro a scoraggiare chi ha così a lungo inghiottito rospi in silenzio. Per esempio l'attrice Paola Borboni, di cui non si sarebbe immaginata la propensione per la politica, essendosi sempre mostrata compiacente con chiunque fosse al potere. Ma questa sera no, questa sera esplode la sua carica di rivalsa da troppo tempo compressa: ed eccola scendere in strada dalla sua camera d'albergo così come si trova, cioè mezzo discinta, e in quello stato, tra i giustificati applausi d'una folla ammirata, dirigersi cantando verso il centro o verso dove la porta il cuore.

Cambiano nome le strade. Ai toponimi fascisti vengono sovrapposti nuovi nomi, di personaggi all'indice o dichiarati tabù, Matteotti, don Minzoni, Turati, Gobetti, Amendola. Molti gli evviva al re, sono in tanti a riscoprire che in Italia esiste una monarchia e che il piccolo signore del Quirinale può rappresentare l'ancora di salvezza, dopo i disastri littorii. Molti anche gli evviva al papa, meglio due ancore di una sola. I romani hanno sempre fatto ricorso alla protezione del pontefice contro le calamità a cui non si riesce ad opporsi: come quando sono corsi a impetrare la sua benedizione e il suo aiuto dopo il bombardamento di Roma. Purtroppo l'improvvisa libertà coglie tutti impreparati, mancano le istruzioni per l'uso e occorre scegliersi nuovi padroni. Oppure affidarsi alla buona sorte. Il 27 luglio il «Corriere della Sera» scrive: «È difficile fare noi stessi un giornale, quando per anni ce lo siamo visti dettare da un ministero». Naufraghi. Bisognerà cominciare a pensare, e non è semplice né comodo. Prima il fascismo pensava per tutti e in fondo sollevava da ogni responsabilità.

Il 26 sera, a Roma, un gruppo di temerari, contravvenendo alle direttive badogliane, fa uscire senza permesso un giornale, «La riscossa». Ne sarà pubblicato un numero soltanto. Basta quel numero per offrire uno straordinario campionario di balordaggini, in nome della riconquistata libertà di stampa: Mussolini ha tentato di fuggire da Palazzo Venezia, ma è stato subito arrestato dalle autorità militari; alcuni gerarchi sono riusciti ad affacciarsi allo storico balcone e a gridare alla folla: «Venduti allo straniero», e via di questo passo. Può mancare la nota profetica? La sera del 25 luglio, al Teatro Eliseo di Roma, si rappresentava una commedia dal titolo *Addio a tutto questo*. Chi lo avrebbe mai detto?

Il 26 mattina, dopo la sbornia notturna d'entusiasmo e di giubilo, nessuno va a lavorare. Chiusi fabbriche, uffici e negozi, come dopo una vittoria della nazionale di calcio ai campionati del mondo. La festa mobile continua. Ancora cortei nelle strade, ancora devastazioni di sedi fasciste, ancora luci accese nella notte e gli Alleati a fingere di nulla. Vogliono lasciare agli italiani l'occasione di sfogarsi, di gustare quanto sia bella la pace, per correre a chiedergli di firmare un armistizio e mettere fine alla dolorosa partita.

Ordine di sparare

Libertà, libertà. Quale libertà? Quella offerta da Badoglio e dai generali, restauratori della costituzione, dell'ordine e della legalità? Per ora si tratta di una libertà da golpisti: proclamato lo stato d'assedio, vietati gli scioperi, prolungato il coprifuoco, censura sulla stampa e sui manifesti, proibite le dimostrazioni e la circolazione delle automobili private, guai a fermarsi a discutere a gruppetti in strada. Se occorrono maggiori particolari, ecco la circolare del generale Roatta, affissa sui muri delle città e dei paesi, da cui si apprende che l'esercito ha l'ordine di sparare su chiunque sosti in capannelli e non obbedisca all'intimazione di sciogliersi; e che si farà fuoco ad altezza d'uomo per uccidere, perché «poco sangue versato inizialmente risparmia fiumi di sangue in seguito».

Il generale Enrico Adami Rossi, a Torino, fedele agli ordini ricevuti, fa sparare sugli operai che protestano e grazie al cielo vi sono soltanto feriti. Questo generale aderirà alla Repubblica Sociale dopo avere consegnato la città ai tedeschi, avrà il comando regionale di Firenze e ordinerà le fucilazioni dei renitenti fiorentini alla leva. È un decorato della prima guerra mondiale, ha una medaglia d'argento, due di bronzo, due croci al valore, ma le ha conquistate combattendo negli uffici del Comando Supremo. Dopo la liberazione sarà processato per «resa in campo aperto al nemico e collaborazione militare con il tedesco invasore». Per il primo reato avrà tre mesi, per un generale arrendersi senza combattere parrebbe un peccato veniale; per il secondo sarà condannato a morte, avendo sulla coscienza la fucilazione di 23 ragazzi toscani. Sarà una condanna a morte all'italiana. La Cassazione la trasformerà in 24 anni di carcere e il 20 novembre 1953 ecco assolto il valoroso ufficiale. Verrà anche reintegrato nel grado e gli saranno restituite le proprietà in Toscana e in Sardegna, precedentemente confiscate. *À tout seigneur, tout honneur.*

Libertà badogliana. Il 28 luglio a Bari il questore Tommaso Pennetta fa sparare su un corteo di cittadini che, dopo aver manifestato in favore delle forze armate, si sono diretti alle carceri per chiedere la liberazione dei prigionieri politici. Risultato, una strage: ventitré morti e settanta feriti. Sono proibiti i cortei e il questore si adegua. Anzi, fa arrestare alcuni dei feriti e li tiene in carcere per venti giorni. Non gli basta. In carcere anche l'editore Laterza e il direttore della «Gazzetta del Mezzogiorno», autore di un articolo dal titolo sovversivo, «Viva l'Italia». Nove morti a Reggio Emilia, dove la polizia spara sulla folla, morti a Castellammare di Stabia e altrove. In quarantacinque giorni Badoglio è riuscito in un record impensabile: ha fatto ammazzare più gente di Mussolini in vent'anni. Ha ragione Mussolini quando scrive: «Credere che forze disfrenate potessero rientrare nell'alveo di una qualsiasi legalità, sotto un governo di funzionari, era una pietosa illusione».

Passata la festa, restano il livore e le accuse. Scrive Corrado Alvaro, un antifascista autentico: «La stampa e l'opinione pubblica si nutrono del triste pasto dell'antifascismo». Del ricordo di quei giorni ci lascia una breve cronaca: «... molta ragazzaglia per le strade, devastazioni di uffici, furti di macchine da scrivere negli uffici e degli orologi negli autobus. Ma c'erano donne del popolo, quelle che soffrono tutta la vita, che erano vive e veramente felici per un giorno. Una a Campo dei fiori, con un bandierone tricolore, urlava, ed era veramente la libertà, qualcosa di luminoso, che saliva dalla sua sofferenza di povera donna. Una madre portava sulla strada un suo bambino in fasce, dicendo: "Voglio che respiri quest'aria anche lui". Alle carceri c'era molta folla. I condannati politici uscivano coi loro fagotti, le facce pallide, un poco gonfie, come fossero stati bolliti, cotti dalla prigionia. La folla, come aveva acclamato per vent'anni, ora insultava i suoi idoli. Trascinavano sculture di personaggi sul selciato, legate a una corda, e non sono sicuro che non fosse per appropriarsi del bronzo...».

Quanti divieti in nome della libertà. Anche di uscire di casa senza la carta d'identità, di tenere aperte le persiane durante l'orario del coprifuoco, di chiudere i portoni di giorno. Per i trasgressori, arresto e tribunale militare, perché è l'autorità militare, non i «tecnici», a governare il Paese. L'autorità militare «dimentica» il primo provvedimento suggerito da Grandi, l'abrogazione delle leggi razziali. Non si devono irritare i tedeschi ed è meglio non toccare niente delle grandi scelte ideologiche e politiche mussoliniane. Gli elenchi degli ebrei censiti non verranno distrutti, non si scioglie la Direzione per la difesa della razza al Ministero degli Interni e l'8 settembre i tedeschi non avranno problemi. Porteranno via diecimila ebrei italiani grazie alla «dimenticanza» compiacente di Badoglio, e li manderanno a morire nelle camere a gas.

A Milano la folla pensa per prima cosa di saccheggiare e distruggere il «Covo» di via Paolo da Cannobio, tempio di memorie mussoliniane antemarcia e sede della scuola di Mistica fascista. Assaliti anche i gruppi rionali «D'Annunzio», «Corridori», «Sciesa» e spari di cecchini fascisti rifugiati sui tetti al Cordusio, in via Dante e in via Torino, con una quindicina di feriti. In piazza del Duomo, sfidando i divieti, parlano Giovanni Roveda e Giambattista Boeri. Luigi Gasparotto arringa la folla ammassata sotto il portone del «Corriere della Sera», affacciandosi al balcone con a fianco un giovanissimo Gaetano Afeltra. A San Vittore i detenuti comuni tentano di evadere, avendo visto uscire i politici. Accorre un reparto del VII Fanteria e il problema viene risolto brutalmente con una breve azione di fuoco e alcune esecuzioni sommarie. Le manifestazioni, come si vede, cominciano a degenerare. L'acre sapore della rivalsa eccita gli animi di gente per troppo tempo costretta a subire e a tacere. A Torino viene attaccata la Federazione fascista, si contano morti e feriti e il 30 luglio, per avere circolato durante il coprifuoco, i colpevoli finiscono davanti al Tribunale militare che irroga condanne a un anno di reclusione. Una, a un anno e sette mesi.

Calano i titoli di Stato, c'è panico in Borsa, si allungano agli sportelli delle banche le code di gente spaventata, per ritirare i propri depositi prima che sia troppo tardi. La sfiducia nel domani è totale e non sarà certo questo governo di tecnici a rasserenare gli animi. Le razioni distribuite con la tessera sono sempre le stesse. Finisce un'altra delle illusioni nate dopo il 25 luglio, cioè che di colpo sarebbe cominciata l'abbondanza. Invece si continua come prima e di sicuro avrà scherzato Storoni quando, rivolgendosi al commissario per l'alimentazione, gli risolve ogni problema con la frase: «Adesso bisogna subito raddoppiare la distribuzione di pane e di carne». Dove li trova, l'improvvisato governo Badoglio, quei generi già così parsimoniosamente razionati da Mussolini? Nessuno possiede la bacchetta magica. Si fa presto ad accorgersene ed ecco comparire i primi sfottò, i frizzi satirici, come quello presto celebre: «Si stava meglio quando si stava peggio». E poco dopo, sui muri di Roma: «Aridatece er puzzone».

Badoglio non ha tempo per queste minuzie, deve pensare a convincere gli Alleati a concederci un armistizio, a imbrogliare i tedeschi fingendo fedeltà all'alleanza e ostentando il proposito fierissimo di voler continuare la guerra. Tutto questo mentre i soldati si rifiutano di combattere e dal

Brennero scendono senza sosta nuove divisioni corazzate del Reich, su treni che nelle fiancate recano scritto «Nach Rom», «W Mussolini». Per cui non occorre molto a capire come andrà a finire quando verrà il giorno di gettare la maschera.

APPENDICE

MEMORIALE CAVALLERO

Forte Boccea, 27 agosto 1943

Nel novembre u.s., allorché Mussolini fu gravemente ammalato, si dovette considerare l'ipotesi peggiore. Me ne preoccupai e, quale Capo di Stato Maggiore Generale, impartii disposizioni per tale ipotesi al gen. Maghi, al capo di Stato Maggiore dell'Esercito generale Ambrosio, al Sottosegretario alla Guerra generale Scuero. Le riunioni a tale scopo furono due; dissi chiaramente che dovevano essere pronti ad assicurare al Paese e prima di tutto a Roma una situazione ordinata, per consegnarla al Sovrano che avrebbe deciso a chi affidare governo e comando.

Previdi che la persona sarebbe stata il Maresciallo Badoglio ai cui ordini, dissi ai miei subordinati, ci saremmo messi tutti quanti. Un inaspettato intervento della Milizia nella faccenda guastò un poco le cose; però la situazione fu superata dal miglioramento del malato.

La questione non riapparve più nei mesi di dicembre e gennaio perché tutta l'attenzione era assorbita dalla guerra in Africa. A fine gennaio lasciai il comando; però il problema dell'allontanamento di Mussolini almeno dalla grave responsabilità della condotta della guerra ha continuato ad occuparmi.

Era mio avviso che, ove fosse caduta la Tunisia, quello sarebbe stato il momento propizio per risolvere la crisi. Ricordo di avere parlato di ciò con varie persone, anche con insistenza. Ne parlai anche col tenente colonnello Roberto di Sanmarzano, ripetutamente: debbo aggiungere qui che a questo ufficiale, fratello del mio compianto ufficiale addetto, e vecchio amico di casa, avevo detto in precedenza quanto pensavo, e già da novembre quanto stavo preparando.

Questi miei rapporti col tenente colonnello di Sanmarzano erano determinati dal fatto che egli si trovava presso S.A.R. il Principe di Piemonte. Tali rapporti continuarono fino alla sera del 25 luglio. Del problema si parlò molto altresì col marchese Giovanni Visconti Venosta, vecchio amico del tempo di guerra, e si concluse insieme che convenisse far giungere il nostro pensiero in alto loco. Visconti Venosta mi assicurò di avere provveduto per parte sua.

Venne poi l'attacco alla Sicilia. La situazione diveniva sempre più pressante, il mio pensiero prese forma più concreta. Si pensava con l'amico Visconti Venosta, e oggi riconosco che si aveva torto, che fosse utile far pervenire questo pensiero in alto; esso pensiero si concretava come segue:

– Sua Maestà il Re che aveva delegato il comando a Mussolini, poteva revocare la delega. Con ciò e con il dichiarare tutto il territorio in stato di guerra, si potevano passare alle autorità militari tutti i poteri; il resto sarebbe venuto da sé.

– L'amico Visconti Venosta ed io eravamo pienamente concordi nel ritenere che il governo non avrebbe potuto essere affidato ad altri che al Maresciallo Badoglio. Per far pervenire questo pensiero in alto loco Visconti Venosta mi chiese se avrei potuto parlarne al Grande Ammiraglio. Questi ha sempre avuto per me benevolenza e perciò aderii. Ebbi col Grande Ammiraglio alcuni colloqui e lo trovai pienamente nel nostro ordine di idee. Avevo fatto studiare l'aspetto giuridico-costituzionale del problema dal consigliere di Cassazione Giovanni Provera, mio compagno di adolescenza. Il Grande Ammiraglio ebbe la grande cortesia di scrivere sotto la mia dettatura il sunto di quell'esame e capii che si sarebbe senz'altro occupato della cosa. Tutto ciò avveniva verso Pentecoste.

– Frattanto io stavo svolgendo una misurata propaganda nel senso anzidetto. Per limitare il numero delle persone che cito, ricorderò il senatore Luigi Burgo, mio buon amico, che avevo occasione di vedere nelle mie frequenti gite in Piemonte. Il Burgo fu da me messo al corrente per almeno tre mesi della evoluzione del mio pensiero e in parte del lavoro che stavo svolgendo. Egli si entusiasmò del programma e giunse a dirmi che avrebbe messo – ove necessario – a mia disposizione una somma di cento milioni ed anche superiore per finanziare un eventuale movimento; naturalmente, nel ringraziare della generosa offerta, risposi che di denaro non vi sarebbe stato bisogno. Avevo saputo nel frattempo che fermenti andavano nascendo in seno all'Esercito; ne ebbi terrore, perché ritenevo e ritengo che qualsiasi movimento fuori della legge costituzionale avrebbe condotto ad un disastro. Non mancai di esprimere il mio pensiero e particolarmente col generale Ambrosio che trovai perfettamente allineato in tal senso.

– Un colloquio sull'argomento generale che qui si tratta ebbe luogo con Ambrosio, credo verso fine maggio, essendomi recato da lui per conferire, a sua domanda, su una questione di servizio.

– Gli apersi l'animo mio, dicendo quanto stavo facendo e gli feci prevedere, perché in ciò avevo fede, che il fatto auspicato sarebbe avvenuto. Egli mi disse che gli sarebbe occorso un preavviso di sette giorni; gli feci prevedere che avrebbe avuto un preavviso di un'ora.

– Sulle impazienze di cui avevo notizia trovai Ambrosio orientato, e bene deciso ad impedirle. Ambrosio venne a casa mia ai primi di luglio per visitare l'abitazione che dovevo cedergli. In quell'occasione gli riparlai dell'argomento, dicendogli che il nuovo capo sarebbe stato certamente il Maresciallo Badoglio, e che per intanto io mi mettevo agli ordini di Ambrosio, per ogni evenienza, del che egli si mostrò grato.

– Vi sono ancora due persone che giova ricordare quali testimoni continuati del mio travaglio spirituale e al corrente dei miei pensieri. Una vecchia signora, che considero come madre, novantaduenne ma di spirito agile e lucida di mente, donna Rosa Celoria Manzi, vedova del senatore Celoria già astronomo di Brera (Casale Monferrato, via Vittorio Emanuele 12), e un alto prelato, consigliere abituale della mia famiglia e perciò anche mio; di quest'ultimo dirò il nome se necessario.

– Accenno di sfuggita che i miei rapporti con Farinacci nascono da rapporti familiari di lui adolescente con gli zii di mia moglie, Zanibelli di Casalmaggiore. Ciò premesso, preciserò che pochissimo ho veduto Farinacci prima della mia assunzione alla carica di Capo di Stato Maggiore Generale e dopo, salvo il periodo di Albania, durante il quale egli era colà distaccato.

– Dopo la cessazione dalla carica, ci incontrammo un paio di volte prima del luglio. I nostri rapporti si erano alquanto raffreddati, ma mi interessò molto, all'atto della nomina di Scorza a segretario del Partito, la dichiarazione sua che Scorza era nettamente contrario al Duce. Pure interessandomi di seguire la cosa, mi astenni dallo stringere maggiori contatti. Fu solo dopo la tempestosa riunione dei gerarchi presso il Duce avvenuta il 15 luglio che Farinacci desiderò vedermi e mi mise al corrente della situazione.

– Era ben chiaro, nel pensiero di Farinacci, che il Duce dovesse cessare dal comando e che questo fosse ripreso dal Sovrano. Questo era per me il punto essenziale dal quale tutto poteva derivare. Né potevo io, all'oscuro di quanto altrove si progettava, pensare a una soluzione più radicale che fu per tutti inaspettata. Nell'altro campo del Fascismo io non potevo penetrare perché la situazione era tenuta da persone a me ostili (Ciano).

– Quando, la sera del 25 luglio, potei avere da me il tenente colonnello di Sanmarzano, lo misi al corrente della situazione ed egli prese alcuni appunti, lasciando poi la mia casa cinque minuti prima del mio fermo. Ritenni che questo mio fermo fosse stato ordinato da Mussolini: solo più tardi appresi la verità.

– I miei rapporti con Farinacci in quel periodo si sono limitati a constatare e rafforzare in lui il concetto del passaggio del potere militare al Sovrano.

– Dopo la mia cessazione dalla carica i miei rapporti sia diretti che indiretti con le autorità germaniche furono nettamente troncati. Non ho più riveduto, fino ad oggi, né un comandante tedesco, né un loro dipendente. Così pure, salvo una volta della quale dirò, non ebbi più rapporti né con l'ambasciatore, né con l'ambasciata, se si eccettui un invito del maggio a una serata musicale, tutta di civili, e ad una successiva visita di ringraziamento.

– Il solo incontro di cui sopra è avvenuto presso Farinacci, per desiderio di questo, ed io vi ho, dichiaratamente, soltanto assistito (un paio di giorni avanti il Gran Consiglio). Contenuto del colloquio: Farinacci ha fatto un violento attacco contro il Duce; Mackensen si è schermito, Farinacci ha rincarato la dose e Mackensen ha pregato di smettere; poi, però, ha detto che le stesse critiche egli le aveva presentate per suo conto al Führer e che questi ne aveva fatto oggetto di rimarco al Duce a Feltre. Poi Farinacci ha chiesto se si potevano attendere rinforzi, specie aerei, dalla Germania, secondo le richieste, a noi note, fatte da Ambrosio a Feltre. Mackensen fu vago nel rispondere accennando a condizioni, o meglio premesse, che il Führer aveva chiesto fossero realizzate avanti invii di truppe o forze aeree: non precisò queste premesse.

– Fu accennato, mi sembra da Mackensen, alla questione di un comando unico, con una velata tendenza a farvi prevalere l'elemento germanico, al che io dissi chiaramente che ciò non poteva assolutamente andare; e che, secondo me, si poteva pensare ad aggregare al comando italiano un comando tedesco in sottordine. Mackensen mi ha detto che avrebbe riferito il contenuto del colloquio a Bastianini.

– Questo è il solo contatto, come si vede del tutto anodino, avuto con le autorità germaniche dal gennaio ad oggi.

Maresciallo Ugo Cavallero

BIBLIOGRAFIA

AA.VV., *Il regime fascista*, Laterza, Bari 1995.
AA.VV., *Italia drammatica*, Della Volpe, Milano 1959.
Acerbo Giacomo, *Tra due plotoni di esecuzione*, Cappelli, Bologna 1968.
Afeltra Gaetano, *I 45 giorni che sconvolsero l'Italia*, Rizzoli, Milano 1993.
Alfieri Dino, *Due dittatori di fronte*, Rizzoli, Milano 1948.
Alvaro Corrado, *Quasi una vita*, Bompiani, Milano 1950.
– «Mercurio», dicembre 1944, n. 13.
Amicucci Ermanno, *I seicento giorni di Mussolini*, Faro, Roma 1948.
Anfuso Filippo, *Da Palazzo Venezia al lago di Garda*, Cappelli, Bologna 1948.
Artieri Giovanni, *Cronaca del regno d'Italia* (vol. II), Mondadori, Milano 1978.
– *Prima, durante e dopo Mussolini*, Mondadori, Milano 1990.
– *Le guerre dimenticate di Mussolini*, Mondadori, Milano 1995.
Badoglio Pietro, *L'Italia nella seconda guerra mondiale*, Mondadori, Milano 1946.
Bastianini Giuseppe, *Uomini cose fatti*, Vitagliano, Milano 1959.
Bellini Fulvio e Gianfranco, *Storia segreta del 25 luglio*, Mursia, Milano 1993.
Bertoldi Silvio, *Mussolini tale e quale*, Longanesi, Milano 1965.
– *Vittorio Emanuele III*, Utet, Torino 1970.
– *Badoglio*, Rizzoli, Milano 1982.
– *L'ultimo re, l'ultima regina*, Rizzoli, Milano 1992.
Biagi Enzo, *1943 e dintorni*, Rizzoli, Milano 1983.
– *1943*, ERI-Rizzoli, Milano 1994.
– *Mia bella signora*, Rizzoli, Milano 1981.
– *Lunga è la notte*, Rizzoli, Milano 1995.
Bianchi Gianfranco, *Venticinque luglio. Quarant'anni dopo*, Mursia, Milano 1963.
– *Perché e come cadde il fascismo*, Mursia, Milano 1970.

Bocca Giorgio, *Storia d'Italia nella guerra fascista*, Laterza, Bari 1969.
Bonomi Ivanoe, *Diario di un anno*, Garzanti, Milano 1957.
Bottai Giuseppe, *Diario 1935/1948*, Rizzoli, Milano 1988.
– *Vent'anni e un giorno*, Garzanti, Milano 1949.
Bracalini Romano, *Il re vittorioso*, Feltrinelli, Milano 1980.
Bucciante Giuseppe, *I generali della dittatura*, Mondadori, Milano 1987.
Buffarini Guidi Glauco, *La vera verità*, Sugarco, Milano 1970.
Cambria Adele, *Maria José*, Longanesi, Milano 1966.
Canevari Emilio, *Graziani mi ha detto*, Magi Spinetti, Roma 1947.
– *La fine del Maresciallo Cavallero*, Latinità, Roma 1947.
Caracciolo Nicola, *Tutti gli uomini del Duce*, Mondadori, Milano 1983.
Carboni Giacomo, *L'Italia tradita dall'armistizio alla pace*, EDA 1947.
– *Memorie segrete 1935/1948*, Parenti, Firenze 1955.
Cassinelli Guido, *Appunti sul 25 luglio*, SAPPI, Roma 1944.
Castellano Giuseppe, *La guerra continua*, Rizzoli, Milano 1963.
Cavallero Carlo, *Il dramma del Maresciallo Cavallero*, Mondadori, Milano 1954.
Cavallero Ugo, *Comando supremo*, Cappelli, Bologna 1948.
Caviglia Enrico, *Diario*, Casini, Roma 1952.
Cervi Mario, *25 luglio/8 settembre 1943*, Rizzoli, Milano 1993.
– *Mussolini, album di una vita*, Rizzoli, Milano 1992.
Cervone Pier Paolo, *Enrico Caviglia, l'anti Badoglio*, Mursia, Milano 1992.
Cianetti Tullio, *Memorie*, Rizzoli, Milano 1993.
Ciano Edda, *La mia testimonianza*, Rusconi, Milano 1973.
Ciano Galeazzo, *Diario 1937/1943*, Rizzoli, Milano 1980.
Ciuni Roberto, *L'Italia del re*, Rizzoli, Milano 1994.
Collier Richard, *Duce! Duce!*, Mursia, Milano 1971.
Cucco Alfredo, *Non volevamo perdere*, Cappelli, Bologna 1949.
Deakin Frederick, *Storia della Repubblica di Salò*, Einaudi, Torino 1963.
De Begnac Yvon, *Palazzo Venezia*, La Rocca, Roma 1951.
De Felice Renzo, *Mussolini l'alleato* (vol. II), Einaudi, Torino 1990.
– *Rosso e nero*, Baldini & Castoldi, Milano 1995.
De Marsico Alfredo, *Venticinque luglio, memorie per la storia*, Laterza, Bari 1983.
De Vecchi Cesare, *Il quadrumviro scomodo*, Mursia, Milano 1983.
Di Benigno Jo, *Occasioni mancate*, SEI, Roma 1945.

Dinale Ottavio, *Quarant'anni con lui*, Ciarrocca, Milano 1953.
Dollmann Eugene, *Roma nazista*, Longanesi, Milano 1943.
Eden Anthony, *Memorie*, Garzanti, Milano 1962.
Ellwood David, *L'alleato nemico*, Feltrinelli, Milano 1977.
«Epoca», «Ritrovati i documenti del 25 luglio», 10 aprile 1966.
Faldella Emilio, *L'Italia nella seconda guerra mondiale*, Cappelli, Bologna 1959.
Favagrossa Carlo, *Perché perdemmo la guerra*, Rizzoli, Milano 1946.
Federzoni Luigi, *L'Italia di ieri per la storia di domani*, Mondadori, Milano 1967.
Fest Joachim, *Hitler*, Rizzoli, Milano 1974.
Fornari Harry, *La suocera del regime*, Mondadori Milano 1971.
Fucci Franco, *Emilio De Bono, il maresciallo fucilato*, Mursia, Milano 1989.
Fusco Giancarlo, *Le rose del Ventennio*, Rizzoli, Milano 1974.
Galbiati Enzo, *Il 25 luglio e la MVSN*, Barnabò, Milano 1950.
Gambetti Fidia, *Inchiesta sul fascismo*, Mastelloni, Milano 1953.
Gatta Bruno, *Mussolini*, Rusconi, Milano 1988.
Giudice Gaspare, *Mussolini*, Utet, Torino 1971.
Giuriati Giovanni, *La parabola di Mussolini nei ricordi di un gerarca*, Laterza, Bari 1981.
Goebbels Joseph, *Diario intimo*, Mondadori, Milano 1948.
– *Diari degli anni '42/'43*. Zurigo 1948.
Goldoni Luca-Servasi Enzo, *Benito contro Mussolini*, Rizzoli, Milano 1993.
Grandi Dino, *Venticinque luglio, quarant'anni dopo*, Il Mulino, Bologna 1983.
Graziani Rodolfo, *Ho difeso la Patria*, Garzanti, Milano 1947.
Grimaldi Alfassio Ugoberto-Bozzetti Gherardo, *Farinacci, il più fascista*, Bompiani, Milano 1972.
Guariglia Raffaele, *Ricordi*, ESI, Napoli 1949.
Guerri Giordano Bruno, *Ciano, una vita*, Bompiani, Milano 1979.
– *Giuseppe Bottai*, Feltrinelli, Milano 1976.
– *Fascisti*, Mondadori, Milano 1995.
Guspini Ugo, *L'orecchio del regime*, Mursia, Milano 1973.
Hibbert Christopher, *Mussolini*, Garzanti 1962.
Kirkpatrick Ivone, *Storia di Mussolini*, Longanesi, Milano 1970.
Innocenti Mario, *L'Italia del 1943*, Mursia, Milano 1993.
Lazzero Ricciotti, *Il PNF*, Rizzoli, Milano 1985.
Lepre Aurelio, *Mussolini*, Mondadori, Milano 1995.
– *L'occhio del Duce*, Mondadori, Milano 1992.

Lessona Alessandro, *Memorie*, Lessona, Firenze 1958.
Leto Guido, *OVRA, fascismo e antifascismo*, Cappelli, Bologna 1952.
Longo Luigi, *Un popolo alla macchia*, Mondadori, Milano 1947.
Mack Smith Denis, *Mussolini*, Rizzoli, Milano 1981.
– *Le guerre del Duce*, Laterza, Bari 1974.
Malaparte Curzio, *Tecnica del colpo di Stato*, Bompiani, Milano 1948.
Marchi Cesare, *Quando eravamo povera gente*, Rizzoli, Milano 1988.
Maria José di Savoia, *Diario*, Archivio Zanotti Bianco, Fondazione Fortunato, Roma.
Monelli Paolo, *Roma 1943*, Longanesi, Milano 1963.
Montagna Renzo, «Cento colloqui con Mussolini», «OGGI», Milano 1958.
Montanelli Indro, «Vent'anni or sono improvvisamente finì il fascismo», «Corriere della Sera», Milano, 24/7-23/8/1963.
Montanelli Indro-Cervi Mario, *L'Italia della disfatta*, Rizzoli, Milano 1982.
Mussolini Benito, *Storia di un anno* (Opera omnia, vol. XXXIV), La Fenice, Firenze 1961.
– *Pensieri pontini e sardi*, La Fenice, Firenze 1961.
Mussolini Edvige, *Mio fratello Benito*, La Fenice, Firenze 1957.
Mussolini Rachele, *La mia vita con Benito*, Mondadori, Milano 1948.
– *Benito, il mio uomo*, Rizzoli, Milano 1957.
– *Mussolini privato*, Rusconi, Milano 1973.
Mussolini Vittorio, *Vita con mio padre*, Mondadori, Milano 1957.
Napolitano Vitantonio, *Il Venticinque luglio*, SPES, Roma 1946.
Navarra Quinto, *Memorie del commesso di Mussolini*, Longanesi, Milano 1983.
Nello Paolo, *Un fedele disubbidiente*, Il Mulino, Bologna 1993.
Nenni Pietro, *Venti anni di fascismo*, L'Avanti!, Milano 1965.
Orlando Francesco, *Mussolini volle il 25 luglio*, SPES, Roma 1946.
Page Nelson, *L'americano di Roma*, Longanesi, Milano 1950.
Petacco Arrigo, *Pavolini*, Mondadori, Milano 1982.
– *Riservato per il Duce*, Mondadori, Milano 1979.
– *Come eravamo negli anni di guerra*, De Agostini, Novara 1984.
– *La nostra guerra 1940/1945*, Mondadori, Milano 1995.
Petacco Arrigo-Zavoli Sergio, *Dal Gran Consiglio al Gran Sasso*, Rizzoli, Milano 1973.
Piccardi Leopoldo, *La storia non aspetta*, Laterza, Bari 1957.

Picone Chiodo Marco, *In nome della resa*, Mursia, Milano 1990.
Pieri P.-Rochat G., *Pietro Badoglio*, Utet, Torino 1975.
Pini Giorgio, *Filo diretto con Palazzo Venezia*, Cappelli, Bologna 1950.
Pini G.-Susmel D., *Mussolini* (vol. IV), La Fenice, Firenze 1955.
Pirelli Alberto, *Taccuini 1922/1943*, Il Mulino Bologna 1984.
Puntoni Paolo, *Parla Vittorio Emanuele III*, Palazzi, Milano 1958.
Rintelen Enno, *Mussolini l'alleato*, Corso, Roma 1952.
Roatta Mario, *Otto milioni di baionette*, Mondadori, Milano 1946.
Rossi Francesco, *Mussolini e lo Stato Maggiore*, Regionale, Milano 1951.
Salvatorelli L.-Mira G., *Storia d'Italia nel periodo fascista*, Einaudi, Torino 1956.
Scorza Carlo, *La notte del Gran Consiglio*, Palazzi, Milano 1968.
Senise Carmine, *Quando ero capo della Polizia*, Ruffolo, Roma 1946.
Setta Sandro, *Renato Ricci*, Il Mulino, Bologna 1986.
Sforza Carlo, *L'Italia dal 1940 al 1944 quale io la vidi*, Mondadori, Milano 1944.
Shirer William, *Storia del Terzo Reich*, Einaudi, Torino 1962.
Soleri Marcello, *Memorie*, Einaudi, Torino, 1949.
Spinosa Antonio, *Vittorio Emanuele III*, Mondadori, Milano 1990.
– *Mussolini*, Mondadori, Milano 1989.
– *Edda*, Mondadori, Milano 1993.
Tamaro Attilio, *Due anni di storia*, Tosi, Roma 1948.
Tomkins Peter, *Italy betrayed*, Simon & Schuster, New York 1966.
Toscano Mario, *Dal 25 luglio all'8 settembre*, La Nuova Italia, Firenze 1966.
Vailati Vanna, *Badoglio racconta*, ILTE, Torino 1955.
– *Badoglio risponde*, Rizzoli, Milano 1958.
Valiani Leo, *Tutte le strade conducono a Roma*, La Nuova Italia, Firenze 1947.
Venè Gianfranco, *Mille lire al mese*, Mondadori, Milano 1988.
Vergani Orio, *Ciano, una lunga confessione*, Longanesi, Milano 1974.
Zachariae Georg, *Mussolini si confessa*, Garzanti, Milano 1966.
Zamboni Mario, *Diario d'un colpo di Stato*, Newton Compton, Roma 1990.
Zangrandi Ruggero, *1943: 25 luglio-8 settembre*, Feltrinelli, Milano 1964.

– *Il lungo viaggio attraverso il fascismo*, Feltrinelli, Milano 1962.
Zuccotti Susan, *L'olocausto*, Mondadori, Milano 1988.

L'autore si è valso inoltre delle sette ore di colloquio registrato su nastro con Dino Grandi, della corrispondenza privata con Carlo Scorza e dei documenti del duca Pietro Acquarone, presentati all'Alta Corte di Giustizia.

INDICE DEI NOMI

INDICE GENERALE

Finito di stampare nel mese di settembre 1996
presso il Nuovo Istituto Italiano d'Arti Grafiche
Bergamo

Printed in Italy